QUANMIAN JIANCHENG
XIAOKANG SHEHUI
TONGSU DUBEN

中共中央党史和文献研究院第七研究部　著

全面建成小康社会
通俗读本

中央文献出版社

目录

引 言

2021 年 7 月 1 日，习近平总书记在庆祝中国共产党成立 100 周年大会上代表党和人民庄严宣告："经过全党全国各族人民持续奋斗，我们实现了第一个百年奋斗目标，在中华大地上全面建成了小康社会，历史性地解决了绝对贫困问题，正在意气风发向着全面建成社会主义现代化强国的第二个百年奋斗目标迈进。"到 2020 年全面建成小康社会，是中国共产党带领全国各族人民进行社会主义现代化建设进程中提出的重大战略目标，是党的"两个一百年"奋斗目标中的第一个目标，是中华民族伟大复兴征程中的重要里程碑，是党向人民、向历史作出的庄严承诺。如期实现这一奋斗目标，是中华民族的伟大光荣！是中国人民的伟大光荣！是中国共产党的伟大光荣！

党的十八大以来，以习近平同志为核心的党中央坚持人民至上，坚持以人民为中心的发展思想，把近一亿贫困人口脱贫作为全面建成小康社会的底线任务和标志性指标，在全国范围打响了脱贫攻坚战。经过八年的攻坚克难，我国现行标准下近一亿农村贫困人口全部脱贫，832 个贫困县全部摘帽。千百年来困扰中华民族的绝对贫困问题终于历史性地画上句号。这是中国历史上亘古未有的伟大跨越，也是中国人民对人类社会的伟大贡献。

"小康"一词，最早源于《诗经》"民亦劳止，汔可小康"，是"休息，安乐"的意思。在西汉的《礼记》中，"小康"又成了儒家追求的一种带有政治色彩的理想社会模式。此后，"小康"的内涵不断发展变化，与"大同社会""桃花源"等种种美好设想一起，共同反映着中国人民对宽裕殷实、衣食无忧理想生活的憧憬和追求。

新中国成立后，以毛泽东同志为核心的党的第一代中央领导集体，始终把为中国人民谋幸福、为中华民族谋复兴作为初心和使命，先提出了实现社会主义工业化的目标，后又提出了实现"四个现代化"的目标。1964年12月三届全国人大一次会议首次将"四个现代化"确立为党的战略目标，正式写进《政府工作报告》，提出"要在不太长的历史时期内，把我国建设成为一个具有现代农业、现代工业、现代国防和现代科学技术的社会主义强国"。1975年1月四届全国人大一次会议通过的《政府工作报告》重申了"四个现代化"的奋斗目标，明确提出"在本世纪内，全面实现农业、工业、国防和科学技术的现代化，使我国国民经济走在世界的前列"。

改革开放新时期，以邓小平同志为核心的党的第二代中央领导集体，为了尽快改善人民群众生活水平，继续推进社会主义现代化建设，从国民经济的实际出发，首次提出了20世纪末实现"小康"的"中国式的现代化"目标。1982年党的十二大正式确立了这个战略目标，即从1981年到20世纪末的二十年，力争使全国工农业的年总产值翻两番，人民的物质文化生活可以达到小康水平。经过全党全国各族人民的共同努力，20世纪末我国人民生活总体上达到小康水平。进入

21世纪，党的十六大提出了本世纪头20年全面建设惠及十几亿人口的更高水平的小康社会的奋斗目标。

2012年党的十八大以来，中国特色社会主义进入新时代。党面临的主要任务是，实现第一个百年奋斗目标，开启实现第二个百年奋斗目标新征程，朝着实现中华民族伟大复兴的宏伟目标继续前进。党的十八大明确提出全面建成小康社会为第一个百年奋斗目标。全面建成小康社会，是我国社会主义现代化建设历史进程中必经的一个承上启下的重要发展阶段，是实现中华民族伟大复兴中国梦的关键一步。为了实现这个战略目标，以习近平同志为核心的党中央从坚持和发展中国特色社会主义全局出发，统筹推进"五位一体"总体布局，协调推进"四个全面"战略布局，为如期实现全面建成小康社会提供了科学的理论指导和实践指南。针对制约全面建成小康社会的重点难点问题，党中央坚持补短板、强弱项，聚焦防范化解重大风险、精准脱贫、污染防治三大攻坚战，努力使全面建成小康社会得到人民认可、经得起历史检验。

自改革开放之初党中央提出小康社会的战略构想以来，我们党紧紧扭住这个奋斗目标，一茬接着一茬干，一棒接着一棒跑，实现了由贫困到温饱，从总体小康到全面小康，从全面建设小康社会到全面建成小康社会的历史性跨越，走出了一条目标清晰、扎实稳进的发展道路。从小康目标的提出到全面建成小康社会，中国共产党团结带领中国人民接续奋斗，向人民、向历史交出了一份优异的答卷，使具有5000多年历史的中华文明在现代化进程中焕发出新的蓬勃生机。

一、一诺千金——"小康社会"
目标的提出

　　小康社会是中华民族自古以来追求的理想社会状态,寄托着中国人民对幸福美好生活的憧憬和愿望。近代以来,随着帝国主义的野蛮侵略,民族矛盾的日益加深,生灵涂炭,民不聊生,小康生活成了中国人民求而不得的奢望和梦想。一批先进分子以拯救民族危亡为己任,开始探索让中国摆脱贫困落后,实现国家富强、民族振兴、人民幸福的正确道路。

1. 初心：为中国人民谋幸福

鸦片战争后，由于列强的入侵和封建统治的腐败，中国逐步成为半殖民地半封建社会，山河破碎，生灵涂炭，中华民族遭受了前所未有的苦难。

半殖民地半封建社会的苦难生活

帝国主义列强的侵入，西方资本主义的掠夺，加速了中国封建社会的逐步解体。虽然在此期间民族资本主义有了初步发展，但速度缓慢、力量软弱。因此，近代中国始终处于帝国主义列强的争夺和控制之下。以交通大动脉——铁路为例，20 世纪 20 年代中国的 13040.5 公里铁路中，帝国主义列强以各种方式控制经营的有 11996.5 公里，占92%。其余投资、关税、租界、驻兵、领事裁判等特权更不胜枚举。同时，封建的土地所有制和对农民的剥削依旧在中国的经济社会生活中占据支配地位，军阀割据和连绵不休的战乱，更让人民困苦日甚一日。

在美国农民人均年产粮食两万公斤的时候，中国仅为 1400 公斤。在这样低水平的农业生产率下，农民还要承担 50%—70% 的地租，剥削之重世所罕见。当时一次关于北平（今北京）郊外乡村的社会调查显示，100 户家庭中，全年吃白面在五次以下的约占半数，其中不少仅在过年时吃一次。吃五至九次的占 1/10，每天都吃得起白面的一共五家；大多数的家庭只在过年、端午、中秋买些肉吃，其中不乏全年只在过年时吃一次肉的，其他时间吃得起肉的不过三两家，也不能买多少；全年用于购买水果的费用，平均每家约四角钱，夏天荸荠、藕，冬天柿子、黑枣，吃不起其他水果。这还是生活水平好于一般农民的城乡结合部的情况。涉及 22 个省、168 个地区的《中国土地利用》调查显示，广大农村人口的食物中，几乎没有牛奶，一个男子一年平均消费 8.35 个鸡蛋，蛋白质、钙的摄入量远远少于西方。即使仅以食品开支衡量，中国农村绝大多数人民也基本上处于勉强度日和绝对贫困状态。

就是这样勉强度日的生活，也常被灾荒、战乱打破。20 世纪上半叶的中国，几乎是无年不荒、无处无灾。以 1920—1924 年五年间为例：1920 年，北方五省发生 40 年未遇的大旱，灾民近 2000 万；甘肃海原 (今属宁夏) 发生 8.5 级大地震，死亡 20 余万。1921 年，江苏、安徽、河南、山东、直隶、陕西、湖北、浙江八省大水。1922 年，河南 70 余县遭遇旱蝗，湖北先涝后旱，安徽、江苏、河南、山东等省上年水灾之地发生荒歉，江苏、浙江、安徽三省水灾灾民逾 1200 万。1923 年，18 省水灾，初时各省水淹溺亡者便逾万人，受灾者 2027 万余人；同年陕西大旱，赤地千里，竟至易子而食。1924 年，16 省区发生水灾。

旱涝、饥荒、疫病、战乱，20 世纪上半叶的中国，从南到北，到处都有人流离失所，衣不蔽体，食不充饥。1928 年北平社会调查部发布的《第一次中国劳动年鉴》记载，湖南中部的农民"衣服仅足蔽体，料子系极粗老棉布。农民衣裤常补缀甚多，终年赤足，只有到人家拜年时，始穿一双鞋袜。一二天后复收而藏之，预备明年此时之用"。1931 年陕西北部流行鼠疫，据统计死亡人数约在 10 万—20 万人之间。当时中国传染病死亡率为 72%，是人口死亡的最重要原因。不少灾民为了求得一线生机，外出逃荒。但仅据 1935 年 11 月、12 月两个月间天津《大公报》的报道统计，天津倒毙街头的无名乞丐便有 600 名之多。当时北方首屈一指的大城市尚且如此，其余各地灾民、乞丐的命运可想而知。当时中国的人口死亡率为 25‰，婴儿死亡率为 200‰，产妇死亡率为 15‰，平均期望寿命仅为 35 岁。

生计已经如此困窘，更谈不上教育子女，筹谋未来。当时中国每万人中只有小学生 189.52 名，中学生 5.05 名，大学生 0.54 名。同一时代的日本，这三个数字则分别是 1939.17、567.27 和 21.44。

为了结束这样苦难的生活，为了摆脱经济文化落后的局面，中国人民不屈不挠、奋力抗争，在迷雾中苦苦寻觅强国富民的新道路。

为中国革命指明方向

1921 年夏，中国共产党第一次全国代表大会召开，宣告了中国共产党的正式成立。这是开天辟地的大事变。从此，苦难沉重的中国人民开始掌握自己的命运，谋求民族独立、人民解放和国家富强、人民幸福的斗争有了主心骨、领路人。

在 20 世纪初的中国，一个新政党的成立不算新鲜。1911 年至 1913 年，各种新兴团体有 600 余个，其中具备近代政党性质的有 300 多个。但正如中国共产党的主要创始人之一李大钊所指出的：中国共

位于今上海兴业路 76 号的中共一大会址　　　　　　　新华社记者刘颖 摄

产党"这个团体不是政客组织的政党，也不是中产阶级的民主党，乃是平民的劳动家的政党"。中国共产党从一开始就把实现共产主义作为自己的奋斗目标，并坚持用革命的手段来实现这个目标。中共一大通过的党的第一个纲领明确提出：我们党承认苏维埃管理制度，要把工农劳动者和士兵组织起来，并以实行社会革命作为自己的根本政治目的。

为什么要革命？毛泽东的回答掷地有声：为了使中华民族得到解放，为了实现人民的统治，为了使人民得到经济的幸福。

要实现为中国人民谋幸福、为中华民族谋复兴的志愿，一个重大的任务就是尽快制定出一个适合中国国情的革命纲领。为此，就要了解中国的客观的实际情形，就要像李大钊所说的那样"打起精神来，寻着那苦痛悲惨的声音走"，才能"晓得痛苦的人，是些什么人？痛苦的事，是些什么事？痛苦的原因，在什么地方？要想解脱他们的苦痛，应该用什么方法"。

28 岁的毛泽东换上粗布短褂，穿着草鞋，在纱厂、印刷厂、黑冶炼厂结交工人朋友，发展党员；27 岁的邓中夏在长辛店办起了劳动补习学校，日班教工人子弟，夜班教工人；24 岁的周恩来组织起了旅欧中国共产主义青年团，在华工和勤工俭学的学生中常能看到他们的身影；27 岁的向警予在上海平民女校教课，和南洋烟厂的女工唐景、陈倩如成了朋友，发展她们加入了共产党……这些受过良好教育的青年，舍弃了轻松的生活、丰厚的收入，选择了马克思主义的信仰，扎进工矿厂房、田间地头，寻着苦痛悲惨的声音，探索为千百万人民谋幸福的方法。

1922 年 6 月，中国共产党第一次发表对于时局的主张，明确指出"因为民主政治未能成功，名为共和国家，实际上仍旧由军阀掌握政权，这种半独立的封建国家，执政的军阀每每与国际帝国主义互相勾结……军阀政治是中国内忧外患的源泉，也是人民受痛苦的源泉"，并提出"取消列强在华各种治外特权""没收军阀官僚的财产，将他们的田地分给贫苦农民""定保护童工女工的法律及一般工厂卫生工人保险法""实行强迫义务教育"。

1922 年 7 月，中国共产党第二次全国代表大会在上海召开。在大会宣言中，第一次明确提出了反帝反封建的民主革命纲领，让在黑暗中摸索了许久的人们认清了革命的对象和斗争的目标，为中国革命指明了方向。大会一同提出的，还有改善人民生活的大声疾呼：

1. 改良工人待遇：（甲）废除包工制，（乙）八小时工作制，（丙）工厂设立工人医院及其他卫生设备，（丁）工厂保险，（戊）保护女工和童工，（己）保护失业工人……等；

2. 废除丁漕等重税，规定全国——城市及乡村——土地税则；

3. 废除厘金及一切额外税则，规定累进率所得税；

4. 规定限制田租率的法律；

5. 废除一切束缚女子的法律，女子在政治上、经济上、社会上、教育上一律享受平等权利；

6. 改良教育制度，实行教育普及。

工时、保险、教育……与百姓生活息息相关的种种细节，让被压迫了上千年的中国人民感受到了这个"平民的劳动家的政党"为穷苦大众谋幸福、救中华大地出水火的一腔赤诚。

推翻压在中国人民头上的"三座大山"

刚刚成立一年，尚不足200人的中国共产党，在第二次全国代表大会通过的议决案中郑重宣示：我们共产党不是空谈主义者，不是候补的革命者，乃是时时刻刻要站起来努力工作的党，乃是时时刻刻要站起来为无产阶级利益努力工作的党。

在带领广大人民开展新民主主义革命的艰辛实践中，中国共产党用实际行动践行了自己的承诺。

1928 年 12 月，湘赣边界特委公布了毛泽东总结农村革命根据地土地革命经验制定的井冈山《土地法》，用法律的形式否定了封建土地所有制，肯定了农民分得土地的神圣权利。赣西南开展土地革命后，农民"不还租，不还债，不完粮，不纳捐税，工人增加了工资，农民分得了土地，好像解下了一种枷锁，个个都喜形于色"。

1931 年，以江西瑞金为中心的赣南、闽西大地上，建立起一个崭新的"广大被剥削被压迫的工农兵士劳苦群众的国家"——中华苏维埃共和国，颁布了劳动法、土地法，采用了八小时工作制，并另外颁布了许多有利于士兵、贫民、青年、妇女的法律，群众生活有了很大改善。以兴国县长冈乡为例，1933 年时，"衣增一倍"，"吃肉，贫农增一倍，工人增二倍"；全乡设四所列宁小学，每村一所，学生共 187 人，占全乡学龄儿童总数 65%；全乡设九所夜学，"学生平均每校约 32 人"，"全乡 16 岁至 45 岁的青年壮年共 413 人，大多数进了夜学"。长冈乡的老百姓说："红军共产党什么都想到了！""政府工作人员真正顾乐（爱惜）我们！"

全民族抗战时期，由于水、旱、蝗、雹等自然灾害和侵略者的"扫荡"，根据地经济形势日益困难。中共中央以"发展经济，保障供给"为总方针，开展大生产运动。陕甘宁边区党政机关、部队战士、领导干部一起动手，开荒、种粮、纺线，减轻根据地人民负担。边区农民所交的公粮，从 1941 年占总收获量的 13.58%，降至 1943 年的不足 9%。1943 年以后，敌后各根据地的机关一般能自给两三个月甚至半年的粮食蔬菜，人民的负担占总收入的 14% 左右。而在抗战胜利后陕西的国民党统治区，仅田赋一项负担即占去每亩收获量的14%—25%，此外还有征实、征借、省县公粮、"绥靖"公粮，再加上抓丁、杂税以及名目繁多的"自卫特捐"、富户捐、被褥费、工具费、保公所麦、乡公所麦……一般农民收入的绝大部分甚至全部均被抢去，年年揭借，生活痛苦不堪。

"领导农民的土地斗争，分土地给农民；提高农民的劳动热情，增加农业生产；保障工人的利益；建立合作社；发展对外贸易；解决群众的穿衣问题，吃饭问题，住房问题，柴米油盐问题，疾病卫生问题，婚姻问题。总之，一切群众的实际生活问题，都是我们应当注意的问题。"正像毛泽东所指出的，"我们对这些问题注意了，解决了，满足了群众的需要，我们就真正成了群众生活的组织者，群众就会真正围绕在我们的周围，热烈地拥护我们"。成立之初仅有50多人、赤手空拳的中国共产党，以为人民谋幸福的真挚初心和实际行动，团结起四万万五千万人民。北伐战争、土地革命战争、抗日战争、全国解放战争……28年艰苦卓绝的浴血奋斗，中国共产党团结带领人民在实践中找到了使革命走向胜利的道路，把被人视为"一盘散沙"的中国人民团结和凝聚成万众一心的不可战胜的力量，推翻了压在中国人民头上的帝国主义、封建主义、官僚资本主义"三座大山"，迎来了中国人民争取民族独立和自身解放斗争的胜利。

1949年10月1日，人民民主专政的中华人民共和国宣告成立，结束了百余年来中华民族遭受帝国主义和封建统治压迫与剥削的历史，实现了中国从几千年封建专制政治向人民民主的伟大飞跃。被压迫、被奴役了上千年的劳动人民，被欺辱、被蔑视了一个世纪的中国人，终于成了自己国家的主人，中华民族以崭新的姿态屹立于世界民族之林，中国历史开始了新的纪元。这是伟大的中国人民走向繁荣昌盛的开始，为自己创造文明与幸福的开始。

2. 从工业化到"四个现代化"

新中国的成立实现了国家的统一、民族的独立、人民的解放，为中国走向现代化提供了最基本的条件。1949 年 10 月 2 日，新中国成立的第二天，《人民日报》发表的社论《不可战胜的人民国家》就提出："我们必须努力恢复与发展现有的生产，并有计划地发展新民主主义的人民经济与文化教育事业，以便逐渐改变落后的农业国成为文明进步的工业国。"随后，中国共产党领导全国各族人民恢复发展国民经济，为开始进行国家工业化、推动民族复兴创造了有利条件。

工业化：梦想照进现实

工业化是现代化的基础，是近代以来无数仁人志士梦寐以求的理想。从张之洞的"工本商末"，到康有为的"振兴实业""定为工国"，再到孙中山在《建国方略》《实业计划》中勾画的工业发展目标，折射出几代中国人对国家独立和富强的渴望。

但在半殖民地半封建社会的旧中国，外国资本—帝国主义列强在不平等条约的保护下，利用种种特权向中国进行商品输出和资本输出，控制了中国的财政经济命脉。20 世纪 30 年代，帝国主义在中国的工业资本占整个中国工业资本的 71.6%，垄断和控制了中国生铁产量的 96.8%，煤产量的 65.7%，发电量的 77.1%，棉布产量的 64%。在外资肆无忌惮的剥削和掠夺下，中国的民族工业勉力挣扎，艰难求生。到 1936 年，近代工业只占国民经济的 10%，其余是分散的、个体的农业和手工业。

就是这一点微弱的发展，还要受到国民党官僚资本的挤压和兼并。抗战胜利后，官僚资本大发"接收"财，在国内工业资本总额中的比重迅速从 1936 年的 15% 膨胀至 67.3%，民族资本则从 85% 跌至不足三分之一。经历了战争的破坏和官僚资本的掠夺，中国的工业生产不仅没有发展，反而大大下降了。以钢铁生产为例，1936 年中国的钢产量是 41.43 万吨，美国是 4853 万吨，相差 116 倍。到 1949 年，分别是 15.8 万吨、7074 万吨，相差 447 倍。工业化的梦想几近幻灭。

以国家富强、人民幸福为己任的中国共产党，很早就认识到了工业化的重要性，并结合革命工作和群众生活的需要，在局部地区进行探索实践。国民党区域工业大部分破产，连布匹这样的日用品也要从美国运来的时候，解放区却能用发展工业的方法，自己解决布匹和其他日用品的需要。1944 年，毛泽东在中共中央办公厅为陕甘宁边区工厂厂长及职工代表会议举办的招待会上讲话时指出："边区工业的进步是很快的，它的数目虽小，但它所包含的意义却非常远大。""我们共产党是要努力于中国的工业化的。中国落后的原因，主要的是没有新式工业。日本帝国主义为什么敢于这样地欺负中国，就是因为中国没有强大的工业，它欺侮我们的落后。因此，消灭这种落后，是我们全民族的任务。老百姓拥护共产党，是因为我们代表了民族与人民的要求。"他要求共产党员要关心工业，关心经济，"学习使中国工业化的各种技术知识"。

1945年举行的党的七大，更加明确地提出了建立新民主主义国家、变农业国为工业国的主张："没有工业，便没有巩固的国防，便没有人民的福利，便没有国家的富强。"这一主张得到广大人民的拥护，被吸收进新政协制定的《共同纲领》："中华人民共和国必须……发展新民主主义的人民经济，稳步地变农业国为工业国。""应以有计划有步骤地恢复和发展重工业为重点，例如矿业、钢铁业、动力工业、机器制造业、电器工业和主要化学工业等，以创立国家工业化的基础。同时，应恢复和增加纺织业及其他有利于国计民生的轻工业的生产，以供应人民日常消费的需要。"

1949年3月，在革命即将取得全国性胜利前夕，毛泽东在党的七届二中全会上的报告中，明确提出："在革命胜利以后，迅速地恢复和发展生产，对付国外的帝国主义，使中国稳步地由农业国转变为工业国，把中国建设成一个伟大的社会主义国家。"

新中国成立后，按照《共同纲领》的规定，中国共产党带领人民完成了全国大陆的统一、土地制度改革和其他民主改革任务；肃清帝国主义在华特权和势力，改组和改造旧的半殖民地半封建经济，调拨资金重点恢复国计民生急需的矿山、钢铁、动力、机器制造和主要化学工业，同时兴修水利、建设交通，恢复被长期战争破坏的国民经济；统一全国收支、物资调度、现金管理，打击投机，稳定物价，改善人民生活。到1952年底，全国有3亿多无地少地的农民无偿地获得了约7亿亩土地和大量生产资料，免除了过去每年要向地主交纳的 3000 万吨以上粮食的苛重地租。人民生活得到改善和提高，农民消费用粮比历史上最高年份（1936 年）增长了 27.8%，城市职工的平均工资增长速度达到 60% 以上。国民经济生产已经恢复或超过解放前的水平：粮食总产量从 1949 年的 11318.4 万吨增加到 16393.1 万吨，钢产量从 15.8 万吨增加到 135 万吨，化肥产量从 2.7 万吨增加到 18.1 万吨，棉布产量从 18.9 亿米增加到 38.3 亿米；工业生产力在国民经济中的地位得到加强，现代性工业产值在全国工农业总产值中的比重上升到 43.1%，重工业在工业总产值中的比重为 35.5%。全国工农业生产达到历史上最高水平。

我国第一座无缝钢管厂——鞍钢无缝钢管厂 1953 年提前完工，全部移交生产部门。这是大批新制好的无缝钢管正被吊运输送出厂

新华社照片

中国人民在实现工业化的梦想、把一个落后的农业国变为先进工业国的道路上，终于迈出了重要的第一步。

社会主义工业化的起步

1953 年，根据国民经济各项事业恢复发展的实际情况，党中央正式提出逐步实现国家的社会主义工业化，并逐步实现国家对农业、对手工业和对资本主义工商业的社会主义改造的过渡时期总路线。中国国民经济建设的第一个五年计划，也是从这一年开始实施的。

考虑到我国当时几乎没有重工业，国际上又面临帝国主义的经济封锁和军事威胁等实际情况，中共中央作出了优先发展重工业的战略决策。这一点，后来在第一届全国人民代表大会第二次会议上通过的《关于发展国民经济的第一个五年计划的报告》中有详细阐释："只有建立起强大的重工业，即建立起现代化的钢铁工业、机器制造工业、电力工业、燃料工业、有色金属工业、基本化学工业等等，才可能制造现代化的工业设备，使重工业和轻工业得到技术改造；才可能供给农业以拖拉机和其他现代化的农业机械，供给农业以充足的肥料，使农业得到技术改造；才可能生产现代化的交通工具，如火车头、汽车、轮船、飞机等等，使运输业得到技术改造；才可能制造现代化的武器装备保卫祖国的军队，使国防更加巩固。同时，只有在发展重工业的基础上，才能够显著地提高生产技术，提高劳动生产率，不断增加农业生产和消费品工业的生产，保证人民生活水平的不断提高。"

"边计划、边执行、边修正"。就在参与编制新中国第一个五年计划的干部们不分昼夜地用算盘、计算尺、手摇计算器测算计划数据的同时，大规模的经济建设热火朝天地铺展开来。

第一座现代化大型露天煤矿建成投产了，第一套六千千瓦火力发电机组组装成功了，鞍钢轧出了第一根无缝钢管，黄河上架起了第一座铁路桥，天津研制出了第一块国产手表……"一五"期间，全国同时开展了一万多个工矿建设单位的施工。到1956年底，"一五"计划原定主要指标提前一年完成，工业总产值第一次超过农业总产值。新中国在工业建设上不到五年取得的成就，超过了旧中国100年。从前连铁钉、火柴都被称作"洋钉""洋火"的中国，制造出了自己的第一辆解放牌汽车、第一架新型喷气式歼击机，建立起了自己的石油、航空、机床、汽车、电子等旧中国根本没有的新工业部门，为建立独立完整的工业体系奠定了基础。

也是在这一年，上海、北京、天津、广州等大中城市一个接一个庆祝完成社会主义改造；加入农业生产合作社的农户达到了96.3%，农村也基本完成了社会主义改造。

中华民族实现了有史以来最为广泛而深刻的社会变革。社会主义的新中国，为中国人民追求小康生活的梦想奠定了根本政治前提和制度基础，提供了强大精神支撑和安全保证，为老百姓的生活带来了实实在在的变化：村子里开进了拖拉机，出现了会计、拖拉机手、气象站技术员、图书室管理员；农村开始建立"五保户"制度，为缺乏或丧失劳动力、生活无依靠的老、弱、孤、寡、残提供照顾，保吃、保穿、保烧（燃料）、保教（少年儿童）、保葬；工资改革后，原有职工平均工资比上年增长14.5%；上海、北京、天津相继举行了时装展览会；

新拍摄的《天仙配》《上甘岭》《祝福》等电影陆续上映；新中国的运动员第一次打破了世界纪录……一名 1957 年自费到中国旅行的英国记者在书中感慨："对十年前的中国有所了解的人都知道，对于百分之九十的人民来说，生活水平确实是提高了——五亿多农民尤其如此，他们所消费的他们自己的生产品，比中国历史上任何时候都多。"

"四个现代化"战略目标的提出

人们第一次听到"四个现代化"的表述，是在 1954 年 9 月举行的一届全国人大一次会议上通过的《政府工作报告》中："如果我们不建设起强大的现代化的工业、现代化的农业、现代化的交通运输业和现代化的国防，我们就不能摆脱落后和贫困，我们的革命就不能达到目的。"

随着社会主义改造的完成和工业化的发展，1956 年 9 月召开的党的八大，对迈入社会主义后国内主要矛盾的变化作出了明确的判断，"我们国内的主要矛盾，已经是人民对于建立先进的工业国的要求同落后的农业国的现实之间的矛盾，已经是人民对于经济文化迅速发展的需要同当前经济文化不能满足人民需要的状况之间的矛盾"，并规定了新形势下的主要任务是"把我国尽快地从落后的农业国变为先进的工业国"。会议实际上确定了中国社会主义现代化建设分两步走的构想：第一步，用三个五年计划的时间初步实现工业化；第二步，再用几十年的时间接近或赶上世界最发达资本主义国家。会上，国务院总理周恩来作了关于第二个五年计划的建议的报告，提出了社会主义工业化的具体目标，特别强调要用好价值规律，满足人民多样的生活需要。

在探索和开展社会主义建设的过程中，党和人民遭遇了"大跃进"和人民公社化运动的挫折。经过努力纠"左"和调整，党对社会主义现代化建设的构想回到正确的轨道上来。1963 年 9 月，中央工作会议提出了完成过渡阶段任务后分"两步走"实现"四个现代化"的长远设想：第一步，用 15 年时间，建立一个独立的、比较完整的工业体系和国民经济体系，使我国工业体系大体接近世界先进水平；第二步，到 20 世纪末，使我国工业走在世界前列，全面实现农业、工业、国防和科学技术的现代化。1964 年 12 月，周恩来在三届全国人大一次会议上所作的《政府工作报告》中郑重提出实现"四个现代化"的历史任务，即"在不太长的历史时期内，把我国建设成为一个具有现代农业、现代工业、现代国防和现代科学技术的社会主义强国，赶上和超过世界先进水平"。从此，"四个现代化"家喻户晓，成为党和全国各族人民的共同奋斗目标，成为凝聚和团结全国各族人民不懈奋斗的强大精神力量。

到 1965 年，我国已形成了冶金、采矿等工业设备制造以及飞机、汽车、工程机械制造等十几个基本行业，并且能够独立设计和制造一部分现代化大型设备；全国有效灌溉面积达到 3305.5 万公顷，比 1957 年增长 21%，农业机械总动力、化肥施用量、农村用电量更是增长了数倍；大部分县、镇通了汽车，图书报刊的印数也有大幅增长；科技发展进步显著，成功爆炸了第一颗原子弹，在国际上首次人工合成了结晶牛胰岛素。

　　遗憾的是，"两步走"实现"四个现代化"的战略刚开始实施，就被"文化大革命"打断，国民经济和其他各项事业遭到极为严重的破坏。内乱之中，人民并没有放弃对美好生活的追求和向往。1975年1月举行的四届全国人大一次会议上，周恩来在《政府工作报告》中重提"四个现代化"，让饱受动乱之苦的人们重新看到了希望。

3. "翻两番"：小康目标的确定

1976 年 10 月，党和人民粉碎"四人帮"，结束了"文化大革命"。内乱之后，百废待兴，最重要的还是经济建设。伴随着拨乱反正的历史进程，社会主义现代化建设各项事业逐步摆脱困境，人民群众强烈希望迅速恢复发展经济，摆脱贫困的生活；党和国家领导人也急切地希望短期内把国民经济搞上去，改变党和国家工作的被动局面。

首提"小康社会"目标

1978 年，党的十一届三中全会摒弃"以阶级斗争为纲"的错误方针，决定把党的工作重点转移到社会主义现代化建设上来，同时作出改革开放的重大决定。历史进入改革开放的新时期。

面对国民经济濒临崩溃的严峻局面，关于如何迅速恢复和发展经济，提高广大人民群众的生活水平，党中央已经着手部署工作。由于在指导思想上的偏差和对经济建设工作上经验的欠缺，从上至下出现了急于求成、片面追求速度的冒进急躁思想倾向，引起了邓小平、陈云等中央领导同志的关注。如何在中国这样一个人口众多、贫穷落后的东方大国开展社会主义现代化建设，刚刚复出工作不久的邓小平认为必须要真实地了解世界现代化发展进程，做到开眼看世界。他说：

"看看人家的现代工业发展到什么水平了，也看看他们的经济工作是怎么管的。资本主义国家先进的经验、好的经验，我们应当把它学回来。"于是在1978年前后，我国先后派出多批经济代表团、考察团，到日本、西欧和美国等发达国家参观考察，邓小平本人也频繁地出国访问，这期间的参观考察，使得邓小平真切地感受到中国与发达国家的差距，感受到世界现代化高度发展的水平和程度。在日本访问期间，邓小平看到日产汽车的劳动生产率比当时中国长春第一汽车制造厂高几十倍时，不无感慨地说："我懂得什么是现代化了。"在访美期间，他还先后参观了福特汽车厂、约翰逊航天中心、休斯顿公司、波音公司等大型现代化企业，欧美发达的生产技术、高效的生产效率、先进的机器设备，给邓小平留下了深刻的印象，坚定了他改革的决心。

1979年3月21日，中央政治局召开会议，讨论1979年国民经济计划和国民经济调整问题。会上陈云针对经济建设中出现的急躁冒进倾向指出："制订计划，要从国情出发。"在23日会议上，邓小平指出："过去提以粮为纲、以钢为纲，现在到该总结的时候了。一个国家的工业水平，不光决定于钢。"4月，中央召开工作会议，确定了用3年时间对国民经济实行以调整为中心的"调整、改革、整顿、提高"的方针。同年的理论工作务虚会上，邓小平指出"底子薄"和"人口多，耕地少"是中国实现四个现代化和中国现代化建设"必须看到"和"必须考虑"的"两个重要特点"。

国内经济政策的调整和放眼看世界的参观考察，促使邓小平对如何实现中国式的现代化进行了思考，当时的实际情况是，1978年中国人均国民生产总值是250美元，所以邓小平认为"在本世纪末我们肯定不能达到日本、欧洲、美国和第三世界中有些发达国家的水平"。有鉴于此，1979年7月，邓小平在青岛接见山东省委和青岛市委负责人时，第一次为"中国式的现代化"定出标准，他指出，"如果我们人均收入达到1000美元，就很不错，可以吃得好，穿得好，用得好。""吃得好，穿得好，用得好"使得"中国式的现代化"的抽象名词，瞬间变得具体和生动，能够带给广大人民群众更加鲜活的形象和模样。在10月召开的各省、市、自治区党委第一书记座谈会上，邓小平参照国际上通用的人均国民生产总值的衡量标准，对"中国式的现代化"目标作了新的解释和说明，他指出，"我们到本世纪末国民生产总值能不能达到人均上千美元？前一时期我讲了一个意见，等到人均达到1000美元的时候，我们的日子可能就比较好过了"。

1979年12月，邓小平会见来访的日本首相大平正芳，当大平正芳提出"中国在将来要实现的四个现代化的蓝图是什么"的问题时，邓小平沉思片刻后给出了明确的回答，他说："我们要实现的四个现代化，是中国式的四个现代化。我们的四个现代化的概念，不是像你们那样的现代化的概念，而是'小康之家'。到本世纪末，中国的四个现代化即使达到了某种目标，我们的国民生产总值人均水平也还是很低的。要达到第三世界中比较富裕一点的国家的水平，比如国民生产总值人均1000美元，也还得付出很大的努力。就算达到那样的水平，同西方来比，也还是落后的。所以，我只能说，中国到那时也还是一个小康的状态。"这是邓小平第一次提出"小康"的概念，第一次用"小康之家"来描述四个现代化的战略目标。

鉴于党内曾经存在并且一直尚未摆脱的急躁冒进倾向，邓小平表

曾在社会主义建设中作出过贡献的劳动模范、先进生产者、上海工人代表表示决心贯彻"调整、改革、整顿、提高"的方针

新华社记者崔宝林 摄

现出了伟大政治家的睿智和从容，他指出"小康"是"四个现代化的最低目标"。用世界上通用的人均国民生产总值 1000 美元与人民长期以来追求的物质文化需求目标紧密地结合起来，既与世界发展潮流和经济发展规律相符合，又使得广大百姓有了更能发挥想象的目标和向往。在定量、定性的方面，做到了精细和精准，一个立足于国情、民情基础之上的科学目标，呼之欲出。

"翻两番"的目标及六条标准的确立

立足国情、尊重实际是作出决策部署的重要原则和出发点。实现人均收入 1000 美元，是否科学可行、能否按时实现、要不要调整目标，到底是"可能"还是"可行"，围绕这些问题，1980 年，邓小平先后到陕西、四川、湖北、河南等地调研视察。在听取河南省委书记第一书记段君毅、第二书记胡立教关于省内经济发展的情况汇报后，邓小平指出："八亿人口能够达到小康水平，这就是一件很了不起的事情。""你们河南地处中原，是中州，处于中等水平，也是个标准，要认真算算账。""'中原标准''中州标准'，有一定的代表性。""河南能上去，其他一些省也应该能上去"。同年 10 月，由于经济形势严峻，邓小平提出："经济工作要接受过去的教训，再也不要打肿脸充胖子，一定要搞扎实。"12 月，中央召开工作会议，确定了经济上进一步调整、政治上进一步安定的方针，国民经济调整序幕拉开。

面对经济调整和一些人的质疑和反对，邓小平在广泛调研和科学细致研判、综合考量世界经济发展的现状和趋势后，将 1000 美元的标准降为 800 至 1000 美元，并多次明确表示坚持自己这个设想。在会见日中友好议员联盟访华团时，他指出："经过这一时期的摸索，看来达到 1000 美元也不容易，比如说 800、900，就算 800，也算是一个小康生活了。特别是前一个时期，我们的脑子有点热，对自己的估计不很切合实际，大的项目搞得太多，基本建设战线太长，结果就出现问题了。尽管出现了这样的问题，我们的目标没有放弃，只是我们吸取和总结了经验教训，更加量力而行了。"为了实现最低 800 美元的远景构想，邓小平提出："到本世纪末人均国民生产总值达到 800 至 1000 美元，进入小康社会。"这个构想，被写入 1981 年 11 月五届人大四次会议通过的《政府工作报告》。1982 年 9 月，党的十二大正式把邓小平提出的 20 世纪末实现小康目标的构想确定为今后 20 年中国经济建设总的奋斗目标：从 1981 年到本世纪末的 20 年，力争使全国工农业的年总产值翻两番，即由 1980 年的 7100 亿元增加到 2000 年的 2.8 万亿元左右。人民的物质文化生活达到小康水平。这就是著名的"翻两番"。

人均 800 美元的小康目标虽然确定了，但能不能如期完成这个目标，仍然是邓小平十分关心的问题。1982 年 10 月，邓小平同国家计委负责人宋平谈话时指出："翻两番"靠不靠得住？十二大说靠得住。相信是靠得住的。但究竟靠不靠得住，还要看今后的工作。

带着这种思考，1983 年 2 月，邓小平先后到经济发展较快的江苏、浙江、上海等地考察，在这些地方他最为关注和反复询问的就是：到 2000 年，能不能实现翻两番？有没有信心？人均 800 美元，达到这样的水平，社会上是一个什么面貌？发展前景是什么样子？2 月 7 日，邓小平在苏州听取汇报时，江苏的同志回答用不了 20 年时间，就有把握实现翻两番。邓小平又问苏州的同志："苏州有没有信心，有没有可能？"苏州方面为邓小平提供了 16 份典型材料，从各方面介绍苏州实行联产承包、发展社队工业、促进经济增长、改善人民生活的情况和当地的发展水平。当时的苏州经济发展水平已位于江苏省前列，1978 年工农业总产值为 65.59 亿元，国民生产总值为 31.9 亿元。到 1982 年底，工农业总产值增加到 104.88 亿元，国民生产总值增加到 47.61 亿元，人均接近 800 美元。四年间，苏州的工农业总产值和国民生产总值分别以 12.45% 和 10.53% 的年均速度递增。按照这样的速度，苏州大约用 15 年时间，到 1995 年就能实现"翻两番"的目标。

在杭州，邓小平了解到：1980 年浙江人均 330 美元，预计 1990 年可达到 660 美元，到 2000 年达到 1300 多美元，通过努力可以翻三番。了解到这些情况后，邓小平进一步指出，到 2000 年，江苏、浙江应该多翻一点，拉一拉青海、甘肃、宁夏这些基础落后的省份，以保证达到全国翻两番的目标。

苏浙沪之行给邓小平留下了深刻印象，使他对实现"翻两番"的小康目标充满了信心。在此基础上，邓小平开始思考经济上"翻两番"之后，中国的长远发展规划以及社会发展的相关问题。返京后，3 月 2 日，邓小平约请中央负责人谈话，介绍了他在江苏、浙江、上海了解到的达到小康目标时的社会状况，他总结了六条："第一，人民的吃穿用问题解决了，基本生活有了保障；第二，住房问题解决了，人均达到 20 平方米，因为土地不足，向空中发展，小城镇和农村盖二三层楼房的已经不少；第三，就业问题解决了，城镇基本上没有待业劳动者了；第四，人不再外流了，农村的人总想往大城市跑的情况已经改变；第五，中小学教育普及了，教育、文化、体育和其他公共福利事业有能力自己安排了；第六，人们的精神面貌变化了，犯罪行为大大减少。"这六条，包括经济、政治、教育、文化和社会、法制等各个方面，不仅描述了经济发展和人民生活的小康水平，还描述了整个社会发展的小康水平。这就是后来被认为是最早提出的小康社会的六条标准。小康社会理论由此初步形成。

"翻两番"小康目标的提出和小康社会的六条标准的确定，是邓小平立足于中国国情，并广泛参考和吸取世界发达国家现代化建设的先进经验和成果。小康目标的确定，为党和国家科学制定和完善中国现代化发展的战略，以及全面建设小康社会的宏伟目标，奠定了重要的理论基础和现实依据。

4. "三步走"：通向小康的路径选择

在制定和不断完善 20 世纪末实现小康社会目标的同时，邓小平开始把注意力更多地放在 21 世纪长远发展战略问题上，提出了"三步走"的战略构想，明晰了小康的科学道路，勾画了中国现代化发展的宏伟蓝图。

"三步走"发展战略的提出和丰富

1981 年 9 月，邓小平在会见日本公明党委员长竹入义胜为团长的日本公明党第十次访华代表团时指出："实现四个现代化是相当大的目标，要相当长的时间。本世纪末也只能搞一个小康社会，要达到西方比较发达国家的水平，至少还要再加上 30 年到 50 年的时间，恐怕要到 21 世纪末。"同年 11 月，他在会见美国财政部部长唐纳德·里甘时进一步明确提出，在实现小康的基础上，"在下个世纪再花 30 年到 50 年时间，接近西方的水平。"1984 年 3 月，邓小平在会见日本首相中曾根康弘时指出："翻两番，国民生产总值人均达到 800 美元，就是到本世纪末在中国建立一个小康社会。这个小康社会，叫做中国式的现代化。"1984 年 4 月，邓小平又指出：我们的第一个目标就是到本世纪末达到小康水平，第二个目标就是要在 30 年至 50 年内达到或接近发达国家的水平。

随着改革开放的推进和经济体制改革的深入，1984 年党的十二届三中全会通过《中共中央关于经济体制改革的决定》，我国进入了全面改革的新的发展阶段。这一年，我国工农业总产值增长 14.2%，比"六五"计划确定的 1981 年到 1985 年年均增长 4% 到 5% 的目标高出了近 10 个百分点，成为我国进入新时期后经济发展最快、最好的一年。到 1985 年 10 月，面对经济发展的大好形势，邓小平十分乐观地预见，20 世纪末人均国民生产总值 800 美元的"目标肯定能实现，还会超过一点"。因此，到 1986 年 6 月，他又对人均指标作了一个调整，把人均 800 美元改为 800 至 1000 美元。此后，他一直沿用 800 至 1000 美元或 1000 美元的说法。

1987 年 2 月，邓小平在会见加蓬总统邦戈时，提出"到下世纪中叶我们建成中等发达水平的社会主义国家"，把他之前提出到 21 世纪中叶我国要"达到或接近发达国家的水平"的目标，修改为达到"中等发达水平"。这一修改，是经过长期的实际调研和对国内外经济状况的反复对比后提出的，是符合实际、科学合理、容易达到的。1987 年 4 月，邓小平提出："到本世纪末，中国人均国民生产总值将近达到 800 至 1000 美元，看来 1000 美元是有希望的。""更重要的是，有了这个基础，再过 50 年，再翻两番，达到人均 4000 美元的水平"。"那时，15 亿人口，国民生产总值就是 6 万亿美元，这是以 1980 年美元与人民币的比价计算的，这个数字肯定是居世界前列的。"这样，邓小平就把 21 世纪中叶的战略目标确定为"中等发达国家"，具体指标是"人均 4000 美元"和"国民生产总值 6 万亿美元"。

1987年4月，邓小平在同西班牙政府副首相格拉会谈时，第一次比较完整地概括了从新中国成立到21世纪中叶100年间中华民族百年图强的"三步走"经济发展战略。他指出："我们原定的目标是，第一步在八十年代翻一番。以1980年为基数，当时国民生产总值人均只有250美元，翻一番，达到500美元。第二步是到本世纪末，再翻一番，人均达到1000美元。实现这个目标意味着我们进入小康社会，把贫困的中国变成小康的中国。那时国民生产总值超过一万亿美元，虽然人均数还很低，但是国家的力量有很大增加。我们制定的目标更重要的还是第三步，在下世纪用30年到50年再翻两番，大体上达到人均4000美元。做到这一步，中国就达到中等发达的水平。这是我们的雄心壮志。"

1987年10月，党的十三大正式确认了邓小平提出的三步走发展战略：第一步，实现国民生产总值比1980年翻一番，解决人民的温饱问题。这个任务已经基本实现。第二步，到本世纪末，使国民生产总值再增长一倍，人民生活达到小康水平。第三步，到下个世纪中叶，人均国民生产总值达到中等发达国家水平，人民生活比较富裕，基本实现现代化后，在这个基础上继续前进。"三步走"战略，使国家现代化的目标不再是可望不可即的抽象口号，而是成了看得见、摸得着的发展规划，为全国人民建设小康社会指明了方向。在改革开放的推动下，我国经济从1984年到1988年经历了一个加速发展的飞跃时期，除1986年增长8.5%以外，其余年份的增长速度都在10%以上。全国绝大多数地区基本解决了温饱问题，部分地区开始向小康水平过渡。贫困地区人民生活也有了不同程度的改善。到1990年，"三步走"

战略目标的第一步目标顺利实现。

小康社会的美好远景

　　小康社会是中国现代化的重要里程碑，如何实现这一长远目标，这个目标究竟包括哪些内容？在 20 世纪末要步入的小康社会究竟是个什么样的面貌？在提出小康社会的远景目标后，从 20 世纪 80 年代中后期开始，邓小平在提出"三步走"发展战略的过程中，阐述了一系列新颖的设想和论断，丰富了小康社会理论，推动了小康社会理论的实践。

　　首先，党的十三大提出了达到小康水平对经济、社会发展的具体要求："社会经济效益、劳动生产率和产品质量明显提高，国民生产总值和主要工农业产品产量大幅度增长，人均国民生产总值在世界上所占位次明显上升。工业主要领域在技术方面大体接近经济发达国家七十年代或八十年代初的水平，农业和其他产业部门的技术水平也将有较大提高。城镇和绝大部分农村普及初中教育，大城市基本普及高中和相当于高中的职业技术教育。人民群众将能过上比较殷实的小康生活。"对小康社会，邓小平有着生动形象的描述，他指出："所谓小康社会，就是虽不富裕，但日子好过。"其实，这就是最贴近生活、最能让老百姓感知的标准。

　　其次，小康社会坚持了马克思主义辩证法和方法论，注重平衡、和谐、稳步、全局。小康社会是物质文明建设和精神文明建设一起抓、全面进步的社会。邓小平说，我们进行社会主义现代化建设，"不仅经济要上去，社会秩序、社会风气也要搞好"。这种辩证的"两手抓"思想，邓小平在很多方面提出了重要论述，他指出："搞四个现代化一定要有两手，只有一手是不行的。""所谓两手，即一手抓建设，一手抓法制"；"一手抓改革开放，一手抓打击各种犯罪活动"；"一手抓改革开放，一手抓惩治腐败"；等等。这些论述都为小康社会的全面发展指明了道路。

最后，邓小平指出小康社会的重要特点就是共同富裕、保持稳定。他曾多次指出："我们搞的四个现代化，是社会主义的四个现代化。只有社会主义，才能有凝聚力，才能解决大家的困难，才能避免两极分化，逐步实现共同富裕。如果中国只有 1000 万人富裕了，10 亿多人还是贫困的，那怎么能解决稳定问题？我们是允许存在差别的。像过去那样搞平均主义，也发展不了经济。但是，经济发展到一定程度，必须搞共同富裕。我们要的是共同富裕，这样社会就稳定了。"对于在实现小康过程中可能出现的问题，他也十分警惕，指出："如果搞两极分化，情况就不同了，民族矛盾、区域间矛盾、阶级矛盾都会发展，相应地中央和地方的矛盾也会发展，就可能出乱子。"因此，在实践过程中，邓小平高瞻远瞩地提出，沿海地区和内地共同发展、相互促进的战略构想，他指出，"我们的发展规划，第一步，让沿海地区先发展；第二步，沿海地区帮助内地发展"。对于共同富裕，邓小平满怀信心，他认为在 20 世纪的战略目标实现后，随着沿海地区的经济发展，必将带动西部内陆地区的经济增长，历史的发展证明，邓小平关于先富带动后富、发达地区带动落后地区的战略构想是正确的。

让沿海地区先发展起来

小康社会是共同富裕、保持稳定的社会。邓小平指出："社会主义的本质，是解放生产力，发展生产力，消灭剥削，消除两极分化，最终达到共同富裕。"为此，邓小平提出了沿海地区和内地共同发展、相互促进的两个大局的战略构想。即中国的发展规划，第一步是让沿海地区先发展，然后在此基础上，沿海地区帮助内地发展。具体措施上，要推动沿海地区的对外开放，让这个拥有两亿人口的宽广区域较快地发展起来，从而带动内地更好更快地发展。在发展到一定程度的时候，沿海地区要拿出更多力量帮助内地发展，沿海要服从这个大局。邓小平坚定地认为，在 20 世纪末中国经济发展第二步战略目标实现后，东部沿海发达地区的经济实力将会变得越来越强大，国家的经济基础也将更加雄厚和夯实，这些沿海地区更加大力度地为支持、帮助内地发展提供了有利条件。

共同富裕是社会主义的本质规定和奋斗目标，也是我国社会主义的根本原则。实现全社会的共同富裕是一个长期的历史进程，也是个复杂的历史进程。十多亿人口怎样实现富裕，富裕起来以后财富怎样分配，是邓小平晚年思考最多的问题。先富带后富、实现共同富裕的战略构想，是邓小平共同富裕思想的主要内容，为了避免分配不公导致的两极分化的现象出现，邓小平指出"要利用各种手段、各种方法、各种方案来解决这些问题"。

对于达到总体小康后，第三步怎么走，邓小平没有设计出具体的步骤，但他告诫后来人，第三步比前两步要困难得多，需要五六十年的努力。1992 年他在南方谈话中指出："我们要在建设有中国特色社会主义的道路上继续前进。资本主义发展几百年了，我们干社会主义才多长时间！何况我们自己还耽误了 20 年。如果从建国起，用 100 年时间把我国建设成中等水平的发达国家，那就很了不起！从现在起到下世纪中叶，将是很要紧的时期，我们要埋头苦干。我们肩膀上的担子重，责任大啊！"

二、从贫困到温饱

中国是一个人口众多的大国。千百年来，吃饭问题始终困扰着中国历朝历代的百姓和官员。同样，吃饭问题也是共产党领导的新中国必须解决的一个难题。1959年，毛泽东在一次党内通信中写道："须知我国是一个有六亿五千万人口的大国，吃饭是第一件大事。"然而，中国的农业现代化之路是坎坷的。到1978年改革开放之初，我国仍有2.5亿人口没有解决温饱问题。可喜的是，农村改革特别是联产承包责任制的实行，极大地解放了农村的生产力，调动了广大农民的生产积极性，加快了农业发展和实现四个现代化的步伐，终于解决了亿万人民的温饱问题。

1. 小康不小康，关键看老乡
——农村改革的起步和深化

新中国成立后，实行了土地改革，极大地解放了生产力，调动了广大农民的生产积极性，在新中国成立初期迎来了农村发展的黄金时期。随着我国开始大规模的工业建设，城市人口急剧增加，引起了城乡和工业农业的矛盾。人民公社化运动中农村快速建立集体化体制的弊端已经显露，"文化大革命"期间在全国开展"农业学大寨、普及大寨县"，也未曾寻找到正确的出路，反而使中国农业发展陷入了更为窘困的局面。广大农村基层干部和亿万农民具有强烈的改革愿望，即为了改变自身的面貌和命运，发挥聪明才智，自谋发展出路，带头冲破人民公社体制的束缚的强烈愿望。这种强烈意愿最终掀起了全国性的农村改革大潮。

农村改革先行突破

1978 年 12 月召开的党的十一届三中全会深入讨论了关于加快农业发展的问题。鉴于我国农业面临问题的严重性和紧迫性，全会决定，"全党目前必须集中主要精力把农业尽快搞上去。"原则通过《中共中央关于加快农业发展若干问题的决定（草案）》和《农村人民公社工作条例（试行草案）》，并决定下发各省、市、自治区讨论和试行。

两个文件的下发试行，推动了农村改革浪潮的兴起，农业大省安徽和四川走在了改革的前列。

邓小平说，中国的改革从农村开始，农村的改革从安徽开始，万里是立了功的。1977 年 6 月，中央任命万里担任中共安徽省委第一书记。他上任之后，在积极推动全省的拨乱反正，扭转"左"倾错误的同时，开展了大量的调研工作，深入到最基层的农村了解社情民意。经过认真调查和研究，1977 年 9 月，安徽召集各地市农村政策研究室负责人召开一次座谈会，围绕农村最为突出的矛盾和解决办法进行讨论，并组织起草《关于当前农村经济政策几个问题的规定》，经多次座谈讨论，数易其稿，最后以"试行草案"的形式下发全省各地贯彻执行，这就是著名的"省委六条"。这个文件的最大特点是突破了许多禁区甚至是"原则问题"，如自留地和家庭副业，尊重生产队自主权等等。最明显的例子就是，1978 年安徽肥西县山南区试点包产到户，次年获得了夏粮大丰收，后来秋季水稻也大丰收。1978 年 2 月 3 日，《人民日报》在头版发表文章《一份省委文件的诞生》，详细介绍了"省委六条"的主要内容、诞生背景，以及推出后广大群众的热烈反响等情况。恢复工作不久的邓小平看到后连连称赞，他指出思想要解放一点，胆子要大一点，要抓住抓紧现在的这个时机，要找出我们自己的办法。邓小平还在出访途中向四川省委主要领导作了推荐，并引起中央有关领导同志的关注。四川省委迅速制定了《关于当前农村经济政策的几个主要问题的规定》（即"四川十二条"），允许和鼓励社员经营正常的家庭副业。安徽"省委六条"如一颗重磅炸弹，打破了中国农村的沉寂，以后一系列大胆的尝试，奏响了中国农村改革的序曲，成为中国农村改革标志性的事件。

安徽和四川的农村改革，实现了农业增产增收，调动了农民生产积极性，是对新中国成立以来我国农村经济体制的一次重大突破，是对社会主义经济体制的一次艰辛和成功的探索。万里调任中央主管全国农村工作后，还主持制定了从1982年起连续五个关于农业的中央"一号文件"。这五个中央"一号文件"，绘制了改革开放新时期中国农村改革和发展的整幅蓝图。"要吃米，找万里"成为人民群众对他这一时期农村改革工作的肯定和赞扬。

农村改革的发源地：安徽凤阳小岗村

提及中国农村改革的发源起步，必然提到安徽凤阳县小岗村。安徽凤阳县有"十年倒有九年荒""叫花子县"之说，梨园公社小岗村是远近闻名的"吃粮靠供应，花钱靠救济，生产靠贷款"的"三靠村"，小岗生产队20户人家，除了两户单身汉，18户家家讨过饭。1978年夏秋之际，适逢安徽大旱，当地农业生产面临严峻困境，为了生存，小岗村18个农民聚在严立华家一起讨论，以破釜沉舟的决心，秘密分田单干。会上还定下了两条规定：一是我们分田到户，瞒上不瞒下，不准向任何人透露；二是上交公粮的时候，该交集体的交集体，剩下的归自己，任何人不准装孬。会上，写下了全国第一份包干合同书，18位农民在自己的名字上重重地摁下了红色指印，紧接着，他们丈量土地，分农具、牲畜，开始热火朝天地干了起来。

小岗村分田单干的消息很快传了出去，公社领导专门找大队干部

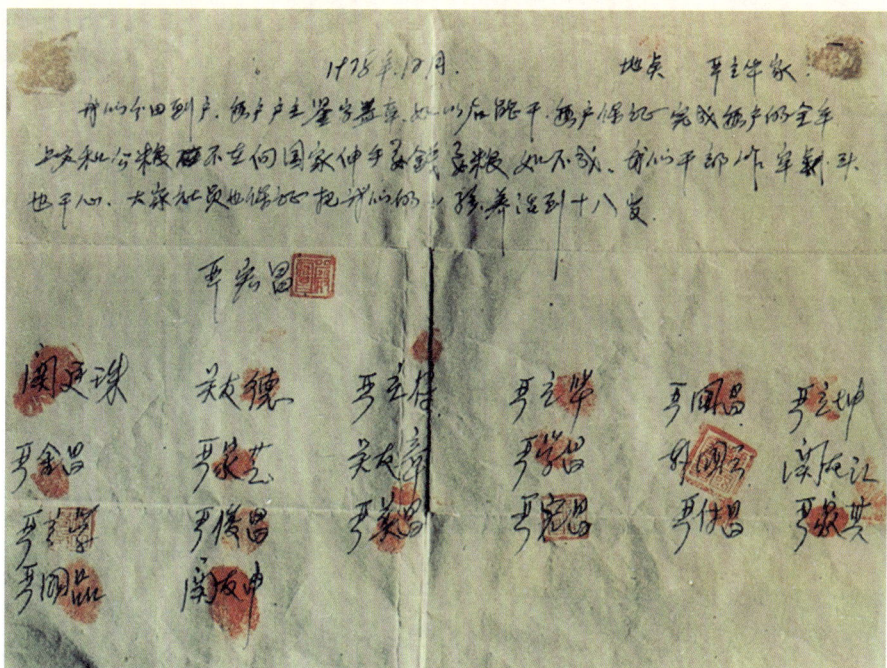

小岗村18位农民按下指印的"大包干"契约　　　　　　新华社照片

进行询问,但都被严宏昌等人借口是分田到组为由搪塞过去。万幸的是,小岗村的分田到户得到了时任凤阳县委书记陈庭元的支持,有了他的撑腰,小岗村村民心中踏实了。1979年10月,在这个特殊的收获季节,小岗村交上了让人羡慕的答卷:粮食总产量66吨,相当于1966年至1970年五年粮食产量总和,以往年年靠返销救济度日的小岗村,第一次向国家交了公粮。小岗村一鸣惊人,成为试行农村改革的明星,他们的经验也随之广为传颂。1980年5月31日,邓小平在同胡乔木、邓力群关于农村政策问题的谈话中指出:"安徽肥西县绝大多数生产队搞了包产到户,增产幅度很大。'凤阳花鼓'中唱的那个凤阳县,绝大多数生产队搞了大包干,也是一年翻身,改变面貌。有的同志担心，这样搞会不会影响集体经济。我看这种担心是不必要的。"

思想的总开关一旦打开，改革就如迸发的激流一样喷涌而出，瞬间迸发出巨大的力量。谁也未曾想到，一张有 18 个红手印的契约引发的蝴蝶效应如星星之火燎原，演变成了一场惠及中国亿万人的改革巨浪，小岗村作为农村改革的发源地成为中国现代化道路的重要历史地标。习近平总书记评价他们道：当年贴着身家性命干的事，成为中国改革的一声惊雷，成为中国改革的一个标志。

五个中央"一号文件"的历史追溯

中国农村改革波澜壮阔、急流勇进，展现了复杂而生动的历史画面。历史的车轮滚滚向前，新生事物的诞生必然受到落后旧势力的阻挠，中国的农村改革也是如此。在以邓小平同志为核心的党的第二代中央领导集体的坚强领导下，中国农村改革，不断创新、稳步推进，在制度层面逐步完备，连续下发中央文件，推动中国农村走上了历史发展的快车道。

1978 年安徽推行了积极灵活的农业政策，贵州、四川、内蒙古等地也开展了包产到户的具体实践。1979 年 7 月，邓小平到安徽视察，对安徽的农村改革给予充分肯定和支持。1980 年 2 月，万里调北京担任中央书记处书记，他将安徽两年多的实践经验带到了中央的最高决策层，为农村改革奔走呼号，有力推动了农村改革的思想解放和农村改革中商品经济的发展。

1979 年 6 月召开的五届全国人大二次会议间隙，万里向陈云汇报，安徽一些农村已经搞起了包产到户，怎么办？陈云答复："我双手赞成"。万里又去询问邓小平的意见，邓小平答复："不要争论，你就这么干下去就完了，就实事求是干下去。"但是在中央，关于包产到户一直有两种态度，改革的质疑声从未平息，农村改革受到很多方面因素的影响，反对者的声音也很大。1980 年 9 月召开的各省、市、自治区党委第一书记座谈会上，争论依旧激烈，如黑龙江担心包产到户影响机械化生产，江苏担心包产到户影响社队财产等等，其他也有省份提出了自己的意见。在综合各方意见后，中央出台了《关于进一步加强和完善农业生产责任制的几个问题》（1980 年中央第 75 号文件），文件明确指出："可以包产到户，也可以包干到户。"正式回应了多年争论的包产到户的问题，并以中共中央文件的形式对包产到户作了肯定性的回应。政策的闸门打开了，包产到户、包干到户迅速席卷全国，中国农村改革大幕徐徐拉开，并将呈现出让世界叹为观止的精彩内容。

1980 年 9 月上旬，五届全国人大三次会议作出决议，同意中央提出的对国务院部分组成人员进行调整的建议，中央领导集体关于农村改革的意见得到统一。在此基础上，1981 年，中共中央召开农村工作会议，讨论起草农业问题的指示的相关文件，并将放宽政策问题作为重点，12 月中央政治局讨论通过文件，定名为《全国农村工作会议纪要》，为新年的第一号文件。1982 年中央"一号文件"，是党中央以文件形式第一次肯定家庭联产承包责任制，结束了关于包产到户问题长达 30 年的争论。这份旗帜鲜明的中央一号红头文件，支持和鼓励广大农民包产包干到户，顺应了历史发展潮流，符合社情民意，广大农民欢欣鼓舞。此后，连续下发的《当前农村经济政策的若干问题》《关于一九八四年农村工作的通知》《关于进一步活跃农村经济的十项政策》《关于一九八六年农村工作的部署》等中央"一号文件",极大推动和有力指导了中国农村的改革。

参与制定相关文件和调研工作的著名农村问题专家陆学艺,在回忆中生动地总结道:第一个中央一号文件,农民说是"顺气丸",农民搞包产到户、包干到户更加理直气壮;第二个中央一号文件,农民说是"大力丸",增强了广大农民的信心;第三个中央一号文件,农民说是"长效定心丸",消除了农民怕变的心理顾虑;第四个中央一号文件,农民评价是"跌打丸",出台了农产品购销政策,但也存在着农民利益受损的现象;第五个中央一号文件,农民的评价是"樟(涨)脑丸",随着城市和国企改革启动,波及农民粮价等。

农村的改革调动了亿万农民的生产积极性,解放了农村生产力,使农业生产迅速扭转了长期徘徊不前的局面。1979年至1984年,农业总产值以年均7.7%的速度增长,平均每年增产粮食171亿公斤。1984年粮食产量达到4073亿公斤,人均393公斤,接近世界人均水平。同时,家庭联产承包责任制的普遍实行,人民公社制度的取消,为农村商品经济的发展创造了条件。值得一提的是,农村改革直接推动了乡镇企业的崛起,乡镇企业的前身是农村手工业和社队企业,其发展经历了一个艰难而漫长的过程。乡镇企业的产生和发展,改变了我国二元经济结构,使农村中集体的、个体的及私营的企业如雨后春笋般成长起来,打破了农村、农业、农民三位一体的自然经济,涌现出一大批企业家。1984年全国乡镇企业发展到606万个,乡镇企业总产值达1709亿元,乡镇企业总收入达1537亿元,从业人员5206万人,

我国重要的商品粮基地吉林省梨树县，1982 年向国家交售商品粮 9 亿斤。这是梨树县第二粮站正在收购新粮

新华社记者袁兆义 摄

占农村总人口劳动力的 14%。乡镇企业的发展壮大，在提供财政收入、解决农村剩余劳动力、发展出口贸易、推进我国工业化进程方面作出了重要贡献。

改革的力量是巨大的，中国用了三年多的时间，在全国实行了以包干到户为主要形式的家庭联产责任制，取得了巨大的成功，改变了落后的生产体制，极大地调动了广大农民的生产积极性。随着家庭联产承包责任制的推行和农业生产率的提高，中国农村向着专业化、商品化、社会化的生产方向开始转变，为中国农村的改革发展奠定了坚实基础，客观上影响和推动着城市的经济体制改革。

2. 解放生产力，发展生产力
——以城市为重点的经济体制改革

1956 年，随着社会主义改造的基本完成，我国确立了社会主义基本制度，确立了高度集中的计划经济体制。在我国推进工业化初期，这种体制对于迅速恢复国民经济，集中力量开展大规模社会主义建设发挥了重要的作用。但是随着时间的推移和经济的发展，这种高度集中的计划经济体制的弊端愈来愈显现出来，并且严重地阻碍了社会生产力的发展。邓小平认为，只讲在社会主义条件下发展生产力，没有讲还要通过改革解放生产力，不完全，"应该把解放生产力和发展生产力两个讲全了"。作为中国改革开放和社会主义现代化建设的总设计师，邓小平领导了以城市为重点的经济体制改革，推动了社会主义市场经济制度在我国的成功确立。

先行试点打破思想的束缚

在中国农村改革的大幕徐徐拉开后，家庭联产承包制度极大地解放了农村生产力，推动了农村生产力的发展，短时间内取得了丰硕的成果。1984 年，全国粮食增产量就达到 4070 亿斤，创造了历史最高纪录。面对日益高涨的农村发展形势，城市的发展还是计划经济体制模式，条块分割，依靠指令性计划和行政手段开展生产，造成生产效率低下、人浮于事，"吃大锅饭"现象严重，城市的改革迫在眉睫。党的十一届三中全会提出了"坚决实行按经济规律办事，重视价值规律的作用"的论点，理论上有所突破。实际上，在党的十一届三中全会前，城市经济体制改革在内地部分地区已在进行试点。十一届三中全会后，在对改革试点经验进行初步总结基础上，开始对城市经济体制改革进行探索。1978 年 10 月，四川省确定成都灌县（今都江堰市）宁江机床厂等六家企业率先进行扩大企业自主权改革试点，得到中央的支持。党中央决定进一步扩大试点企业范围。1979 年 5 月，国家经委等六部门选择首都钢铁公司、天津自行车厂、上海柴油机厂等八家企业进行扩大企业自主权改革试点。

几十年习惯于计划经济的生活模式的社会大众，对于市场、商品、价值等有着天然的抵触，在人们的思想认识中，市场经济就是资本主义，社会主义就是计划经济。在这种情形下，如何改变人们的僵化思想和固有思维，迫切需要中央层面的领导表态、政策支持和文件说明。

1978 年 12 月，邓小平在中央工作会议上发表《解放思想，实事求是，团结一致向前看》的讲话中指出："现在我国的经济管理体制权力过于集中，应该有计划地大胆下放，否则不利于充分发挥国家、地方、企业和劳动者个人四个方面的积极性，也不利于实行现代的经济管理和提高劳动生产率。应该让地方和企业、生产队有更多的经营管理的自主权。"1979 年 4 月召开的中央工作会议对我国经济体制改革的方向、步骤作了原则规定。会议确定，鉴于在最近几年内，国民经济将以调整为中心，城市改革只能在局部领域进行，认真调查研究，搞好试点。改革要侧重于扩大企业自主权，增强企业活力，实行严格的经济核算，认真执行按劳分配原则，把企业经营好坏同职工物质利益挂钩。要划分中央和地方的管理权限，在中央统一领导下，调动地方管理经济的积极性。要精简行政机构，更好地运用经济手段来管理经济。要在整个国民经济中，以计划经济为主，同时充分重视市场调节的作用。在这次会议精神指导下，以扩大企业自主权为主要内容的城市经济体制改革逐步开展起来。同年7月，国务院印发《关于扩大国营工业企业经营管理自主权的若干规定》等五个文件，用来指导改革，并要求地方和部门再选择一些企业进行试点。据统计，1979年底全国试点企业扩大到4200个，1980年6月发展到6600个，约占全国预算内工业企业数的16%，产值和利润分别占60%和70%左右。

城市经济体制改革的初步展开

农村改革的步伐日益加快，对外开放尤其是特区发展突飞猛进，中国经济发展进入快车道，倒逼加快城市改革的步伐。此时，城市经济体制改革首先从扩大企业自主权、实行经济责任制、改革所有制结构等方面寻找到了突破口。

扩大企业自主权的目的就是让企业有部分的自主计划权、产品销售权和资金使用权，以及部分的干部任免权等。此外，自主权的扩大，有助于培养企业的经营意识，增强企业市场意识，推动企业了解市场需要、关心盈利亏损，逐步摆脱企业只按照国家指令性计划生产的传统思维和落后思想。扩大自主权是适应企业市场经济的"催化剂"，比如：1979年6月25日《人民日报》刊出了四川省宁江机床厂向全

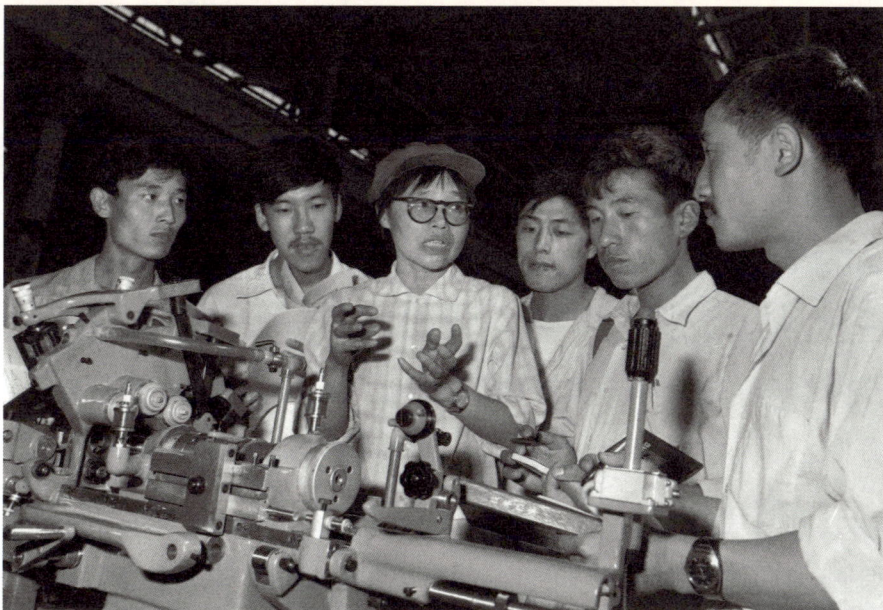

四川宁江机床厂在扩大企业自主权中，狠抓产品质量升级，增强了竞争能力。这是机床厂的技术人员在讲解机床结构情况

新华社记者熊汝清 摄

国发出"我们这里有机床卖"的一则不到 50 字的广告，迅速使该厂积压的机床成为畅销产品，变产销脱节为双方满意，产生了良好的企业效益和社会影响。

在及时总结扩大自主权改革试点经验基础上，自 1981 年开始，从中央到地方，逐步开始实行经济责任制改革，目的就是改善企业和职工的关系，搞活企业。这次，经济责任制改革首先由山东省在企业中试行。主要措施是通过承包划分国家同企业之间、企业同职工之间的责权利关系，坚持按劳分配的原则，最大可能地调动企业和职工的积极性。10 月，国务院批转《关于实行工业生产经济责任制若干问题的意见》，要求在各工业企业中研究执行。有了中央政策的支持，经济责任制在很短时期内推行到全国 3.6 万个工业企业。

此时，尚处于改革初期，由于经济责任不能触及企业独立的市场主体问题，所以这种改革还很不彻底。同时，商业流通体制改革也在悄然推动，从 1979 年起，国务院有关部门先后重新限定农副产品的统购和派购范围，1980 年又进一步放宽农副产品的购销政策，放宽自由运销范围，允许供销合作社基层社可以出县出省购销，集体所有制商业、个体商贩和农民也可以长途贩运，提倡厂店挂钩、队店挂钩、产销直接见面。这些主动灵活的措施，为加快城乡商品流通奠定了坚实基础。

随着商品流通的加快，要求转变过去片面追求"一大二公"的所有制结构的改革呼声日渐高涨。此时的形势是，随着上千万知识青年陆续返回城市，国营和集体企业安置压力巨大，全社会的就业问题十分突出。鉴于此种情况，从 1979 年起，党中央、国务院开始逐步采取措施支持城镇集体经济和个体经济的发展，允许多种经济形式并存，采取灵活措施拓宽劳动就业渠道和搞活经济。

1980 年 8 月，中央召开全国劳动就业工作会议，会后印转了会议议定的文件《进一步做好城镇劳动就业工作》：提出解决城镇就业问题，在国家统筹规划和指导下，实行劳动部门介绍就业、自愿组织起来就业和自谋职业相结合的方针。到 1980 年底，通过兴办各种类型的集体经济，包括街道办集体企业和民办集体企业，吸收了全国城镇 651 万人就业。集体经济、个体经济，全民、集体、个体联营经济多种经济形式的存在，不仅让"文化大革命"期间上山下乡知识青年回城后的就业问题有了更多的解决方案，而且多种经济形式的涌现和发展，极大地促进了市场的繁荣，进一步摆脱了计划经济体制的束缚和限制，推动了经济社会的发展。需要提及的是，这些改革和试点，范围还仅限于部分地区，相关的政策法规还很不完善，要想从根本上解决城市经济体制改革中存在的弊端和缺陷，依然任重而道远。

以城市为重点推进经济体制改革

党的十二大召开后，经济体制改革全面展开，改革的重点逐步转向城市，城市经济体制改革由试点发展到全面铺开。

1984年10月，党的十二届三中全会通过《中共中央关于经济体制改革的决定》，总结新中国成立以来特别是党的十一届三中全会以来经济体制改革的经验，初步提出和阐明了经济体制改革的一系列重大理论和实践问题。这个文件的重大贡献是突破把计划经济同商品经济对立起来的传统观念，提出我国社会主义经济是"公有制基础上的有计划的商品经济"；突破把全民所有同国家机构直接经营企业混为一谈的传统观念，提出"所有权同经营权可以适当分开"。这是党在计划与市场关系问题上得出的全新认识。《决定》就增强企业活力、发展社会主义商品经济、重视经济杠杆作用、实行政企职责分开、扩大经济技术交流等一系列重大问题作出部署。随后，以城市为重点的经济体制改革全面展开。城市改革的逐步深入、所有制结构的变化、经济杠杆的宏观调控，对发展经济、方便人民生活和扩大就业起了积极作用，随着各方面改革的逐步推进展开，过去僵化封闭的计划经济体制开始被打破，农业、工业、商业、城市的改革稳步推进，对外开放的步伐进一步加大，中国经济发展的面貌焕然一新。

3. 解决深度贫困地区人民的温饱问题

党的十一届三中全会后，以邓小平同志为主要代表的中国共产党人立足国情、审时度势，以超凡的政治勇气、理论勇气及实事求是的科学态度，以实现共同富裕为目标，在深入认识贫困的实质基础上，提出了一系列有关消除贫困的新论述新举措，把中国共产党人对于贫困尤其是解决深度贫困地区人民的温饱问题的认识提高到了一个新水平，在实践上给予多方政策扶持，促进了农村贫困地区的经济发展，扶贫工作取得了显著成效，赢得了国内外的关注和认可。

大力发展经济来实现脱贫

1987年5月，邓小平在会见新加坡第一副总理吴作栋时指出："从1957年至1978年，'左'的问题使中国耽误了差不多20年。中国在这一时期也有发展，但整个社会处于停滞状态。那段时期，农民年均现金收入60元，城市职工月收入60元。在近20年的时间里没有变化，按照国际标准，一直处于贫困线以下。"在深刻总结国际共产主义运动的经验和我国社会主义建设过程中正反两方面的经验教训并吸收借鉴其他社会主义国家建设得失成败经验的基础上，邓小平提出要通过解放生产力发展生产力，大力发展经济来实现脱贫。邓小平认为，社会主义制度优越性就是在于我们的社会生产力和人民的物质文化生活水平超过资本主义国家，并把它作为"社会主义和资本主义谁战胜谁"的最大的政治问题。在此基础上，党中央对解决深度贫困地区人民温饱问题进行了深入思考和调研，逐步深化了对扶贫的认识。

随着我国经济体制改革不断推进，国民经济调整深入进行，商品经济迅速发展，打破了僵化的计划经济桎梏，农业、工业、商业取得突破性进展。一是完善和稳定了以家庭联产承包责任制为基础的农村改革。随着家庭联产承包责任制的普遍推行，尊重人民群众的选择，克服了以往分配中的平均主义、"吃大锅饭"等弊病，极大地提高了农业生产效率，中国农村向着专业化、商品化、社会化生产方向转变。二是城市经济体制改革从试点到全面铺开。从中央到地方，涌现出多种经济形式，突破了把计划经济同商品经济对立的传统观念，逐步从经济责任制和财政体制等方面进行改革，增强了企业活力，股份制企业不断出现，城市在财政、税收、金融、商业、劳动工资等方面的改革都有了长足进步。三是对外开放和经济特区的创办。开拓性地利用外资、兴办中外合资经营企业和中外合作经营企业，助推改革开放。同时创办了经济特区，显现了良好的发展势头，成为改革开放的窗口。四是启动了政治体制改革。改革党和国家领导体制，努力探索具有中国特色的，以制度化、法律化为主要内容的政治体制和具体制度。这一时期，拨乱反正的全面展开，解决历史遗留问题的有序进行，社会主义民主法治建设逐步走上正轨，各项事业蓬勃发展，经济发展水平不断提高，这一切为解决深度贫困地区人民的温饱问题奠定了扎实有力的物质和制度基础。

改革开放初期，日新月异的深圳市蛇口工业区   新华社记者徐佑珠 摄

制定政策推动扶贫

　　贫困问题是一个世界性的难题。经济社会发展的不平衡、社会生产力发展水平低下，都是导致贫困的重要原因。邓小平认为："中国既是大国，又是小国。大就是地方大，人口多；小就是人均国民收入很低。我国大而贫穷，还是一个不发达的国家，或者称发展中国家。对内设法摆脱贫困，对外维护世界和平，这是我们工作的总纲领。现在我们实行对外开放政策。一个国家关起门来固然搞不好建设，但对外开放政策也必须建立在自力更生的基础上。要根据自身条件，制定独立的政策。只有这样，才能摆脱困境。"

1979 年通过的《中共中央关于加强农业发展若干问题的决定》，揭开了农村经济改革与发展的帷幕，也开启了中国反贫困的新历程。尤其是以家庭联产承包为主题的生产责任制和以统分结合的双层经营体制为内容的农村经济体制改革，极大地调动了农民的生产积极性，取得了丰硕的成果，遏制了农村的贫困状况，为经济发展创造了条件。邓小平指出："就我们国家来讲，首先是要摆脱贫穷。要摆脱贫穷，就要找出一条比较快的发展道路。"消除贫困特别是解决深度贫困地区人民的温饱问题是与社会主义经济建设、农村经济发展一脉相承的，对消除贫困的工作机制进行了许多有益探索，中国的扶贫工作，从"输血型"到"造血型"、从"救济式"扶贫到"开发式"扶贫，找到了一条成功的路子。

"发挥社会主义制度能够集中力量办大事的优势"。1984 年 9 月，党中央、国务院发出了《关于帮助贫困地区尽快改变面貌的通知》，通过设立专项资金、制定明确计划，正式拉开了我国有组织、有计划、大规模扶贫开发的序幕。《通知》要求各级党委和政府必须高度重视帮助贫困地区发展的重要战略意义，拿出切实可行的措施帮助贫困地区人民摆脱贫困，向全国经济发展水平看齐。1986 年 5 月 16 日，国务院成立了贫困地区经济开发领导小组，这是贫困地区的经济开发工作的协调机构，中国的扶贫开发事业有了制定反贫困方针、政策和规划的枢纽。其后，从国务院到贫困面较大的省、市（地）、县，扶贫开发领导机构和办事机构相继组建，由政府牵头、组织、协调、监督、检查的扶贫开发工作卓有成效地在全国大规模开启。

中国的国情决定了不可能同时、同步、同等程度消灭贫困。消灭贫困的进程只能是渐进式、优先式的，只能遵循客观规律逐步推进。1978 年 12 月，邓小平在中央工作会议上所作的《解放思想，实事求是，团结一致向前看》的讲话中提出："在经济政策上，我认为要允许一部分地区、一部分企业、一部分工人农民，由于辛勤努力成绩大而收入先多一些，生活先好起来。一部分人生活先好起来，就必然产生极大的示范力量，影响左邻右舍，带动其他地区、其他单位的人们向他们学习。这样，就会使整个国民经济不断地波浪式地向前发展，使全国各族人民都能比较快地富裕起来。"这个思想在解决贫困问题上也得到了贯彻，那就是逐步通过生产力的发展梯次解决普遍贫困问题。

将深度贫困地区人民的温饱问题作为工作重点

邓小平把农村经济的发展、农民生活水平的提高和中国经济的发展、解决深度贫困地区人民的温饱问题紧密结合起来。他指出："只有占中国 80% 人口的农民富裕起来，中国才算富起来"，"农民没有摆脱贫困，就是我国没有摆脱贫困"。为了解决深度贫困地区温饱问题，党中央实施了以"三西"（指甘肃的河西、定西和宁夏的西海固）地区农业建设为主要内容的区域性扶贫开发计划，出台了专门针对贫困地区的优惠和扶持政策。1984 年中央发出《关于帮助贫困地区尽快改变面貌的通知》，指出：由于自然条件、工作基础和政策落实情况的差异，农村经济还存在发展不平衡的状况，特别是还有几千万人口的地区仍未摆脱贫困，群众的温饱问题尚未完全解决，其中绝大部分是山区，有的是少数民族聚居地区和革命老根据地。

邓小平指出："中国根据自己的经验，不可能走资本主义道路。道理很简单，中国十亿人口，现在还处于落后状态，如果走资本主义道路，可能在某些局部地区少数人更快地富起来，形成一个新的资产阶级，产生一批百万富翁，但顶多也不会达到人口的百分之一，而大量的人仍然摆脱不了贫穷，甚至连温饱问题都不可能解决。只有社会主义制度才能从根本上解决摆脱贫穷的问题。"中国如果放弃坚持社会主义制度将会连温饱问题都解决不了。要解决我国的贫困问题和中国发展问题，就要坚持社会主义，坚持改革开放。实践证明，发挥制度优势，聚焦农村扶贫，是广大贫困地区人民摆脱贫困奔向富裕的有效途径。

这一系列方针政策，大大缓解了贫困问题，赢得了广大人民群众的拥护。自 20 世纪 80 年代中期以来，我国开始有组织、有计划、大规模地进行农村扶贫开发。1986 年，国家科委、农业部、民政部等十个部委率先定点包扶贫困地区，推动定点扶贫工作不断发展。在这个过程中，扶贫工作从最初的政府动员逐步向制度化、组织化、长期化迈进，参与的主体日渐多元，扶贫效果明显，扶贫机制科学，扶贫体系完整，成为中国扶贫工作尤其是深度贫困地区扶贫的重要特点，充分显示了社会主义制度的优越性。

4. 发展社会主义民主，健全社会主义法制

中国的小康是全面的小康，是"物质文明、政治文明、精神文明、社会文明、生态文明协调发展的小康；是不断满足人民日益增长的多样化多层次多方面需求，不断促进人的全面发展的小康；是国家富强、民族振兴、人民幸福，多维度、全方位的小康"。因此，民主和法制建设是小康社会建设的重要内容。

党的十一届三中全会明确提出，发展社会主义民主，健全社会主义法制是国家的一项根本任务。邓小平多次强调说：要继续发展社会主义民主，健全社会主义法制。这是三中全会以来中央坚定不移的基本方针，今后也决不允许有任何动摇。全面小康既有效保障人民经济权利，也有效保障人民政治权利。能够实现中国人民当家作主，依法享有广泛、充分、真实的民主，真正成为国家、社会和自己命运的主人。

没有民主，就没有社会主义现代化

"文化大革命"对中国民主和法制的践踏，教训是惨痛而深刻的。党的十一届三中全会后，党和国家相继明确了一定要靠法制来治理国家的根本原则，提出为了保障人民民主，必须加强社会主义法制，使民主制度化、法律化，使制度和法律具有稳定性、连续性和权威性，

做到有法可依、有法必依、执法必严、违法必究；强调制度问题更带有根本性、全局性、稳定性和长期性；要靠法制，搞法制靠得住些；一手抓建设，一手抓法制等一系列重要的决策和思想。

1978年12月，邓小平在中共中央工作会议闭幕会上明确指出："为了保障人民民主，必须加强法制。必须使民主制度化、法律化，使这种制度和法律不因领导人的改变而改变，不因领导人的看法和注意力的改变而改变。现在的问题是法律很不完备，很多法律还没有制定出来。往往把领导人说的话当做'法'，不赞成领导人说的话就叫做'违法'，领导人的话改变了，'法'也就跟着改变。"充分强调了民主和法制对社会主义现代化建设的重要性，明确指出不能用"人治"代替"法治"的思想。

同时，邓小平还提出了加强法制建设的一系列必要的现实任务。"应该集中力量制定刑法、民法、诉讼法和其他各种必要的法律，例如工厂法、人民公社法、森林法、草原法、环境保护法、劳动法、外国人投资法等等，经过一定的民主程序讨论通过，并且加强检察机关和司法机关，做到有法可依，有法必依，执法必严，违法必究。"

在新时期社会主义现代化建设过程中，随着经济体制改革的全面展开，社会主义民主法制建设实现新的迈进。

1980年8月，邓小平在中央政治局扩大会议上讨论党和国家领导制度改革时指出，要保证充分发扬人民民主，要肃清封建主义残余影响，切实改革并完善党和国家的制度，"从制度上保证党和国家政治生活的民主化、经济管理的民主化、整个社会生活的民主化，促进现代化建设事业的顺利发展"。1987年3月，邓小平在一次谈话中指出："搞社会主义现代化建设，没有这两个开放不行。同时，还要使人民有更多的民主权利，特别是要给基层、企业、乡村中的农民和其他居民以更多的自主权。在发扬社会主义民主的同时，还要加强社会主义法制，做到既能调动人民的积极性，又能保证我们有领导有秩序地进行社会主义建设。"充分说明了社会主义现代化建设和小康社会的建设离不开民主和法制。在这些思想的指引下，我国的民主法制建设沿着健康的道路得以顺利发展。

实行村民自治

党的十一届三中全会后，以包产到户为主要形式的家庭联产承包责任制在农村迅速发展，极大地解放和发展了农村的生产力。与此同时，原来实行的"三级所有、队为基础"的"政社合一"管理体制逐步瓦解。这一变革，极大地调动了农民生产的积极性，促进了农村生产力的迅速发展。与此同时，随着人民公社解体、集体经济削弱甚至消失，农村公共事务面临无人管事、无钱办事的新的问题，迫切要求农村事务的治理方式也要发生改变。广西等地的农民自发地组织起来，建立"村民委员会""村民自治会"一类组织，民主推选负责人，来办理本村的公共事务和公益事业。

1980 年 9 月，当时担任全国人大宪法修改委员会副主任委员的彭真在主持宪法修改工作的时候，对这种新的村民自治形式给予了很大关注。1981 年下半年，彭真派全国人大法制委员会的干部到广西宜山和罗城两个县对村民自治的形式进行了调查研究，并同民政部有关方面负责人一起听取汇报，总结经验。1982 年 4 月，彭真在五届全国人大常委会第二十三次会议上建议，将村民委员会定性为基层群众性自治组织，并写入宪法。这一举措为后来农村基层群众自治提供了宪法依据。

1987 年 11 月，六届全国人大常委会第二十三次会议通过了《村民委员会组织法（试行）》。这部法律从 1988 年 6 月 1 日起施行，它的颁布为广大农民行使基层民主权利走上法制化轨道提供了法律保障，有力地促进了中国农村基层民主建设的发展。后来经过十年的试行，1998 年 11 月，九届全国人大常委会第五次会议通过了《村民委员会组织法》，村民自治获得了更加充分和坚实的法制保障。

民主是社会主义的本质要求，在中国实现人民当家作主是一个关系国家长治久安的大问题。在中国农村，实行村民自治，是实现农民当家作主的好办法，使中国亿万农民的民主权利真正落到实处。通过村民自治，实现村民的自我管理、自我教育、自我服务，能够极大地激发农民的主动性、创造性和当家作主的责任感，进一步发展农村的生产力，促进农村经济和社会的发展，为小康社会的建设提供有力保障。

村民自治的实现是社会主义基层民主建设的重要内容。1987 年 3 月，邓小平在会谈中明确指出要给基层、企业、乡村中的农民和其他居民以更多的自主权。同年 8 月，在另一次会谈中，邓小平又说："把权力下放给基层和人民，在农村就是下放给农民，这就是最大的民主。我们讲社会主义民主，这就是一个重要内容。"

村民自治在中国农村的实行和村民自治法制化的实现对于中国基

层民主政治建设和推动农村小康社会建设起到非常积极的作用。

"1982 年宪法"

党的十一届三中全会后，国家层面加快了立法的脚步。1982 年宪法的制定是我国社会主义民主法制建设进步的重要标志，为当时经济体制改革和经济发展、社会稳定、小康社会的建设提供了重要的政治保证，标志着中国现代化建设事业的新发展。

关于制定 1982 年宪法，邓小平提出要求：要使我们的宪法更加完备、周密、准确，保障人民真正享有管理国家各级组织和各项企业事业的权力，享有充分的公民权利。

1980 年 9 月，宪法修改委员会正式成立，以叶剑英为主任委员，宋庆龄、彭真为副主任委员，彭真具体负责宪法修改的工作。1982 年 12 月，五届全国人大五次会议审议通过了全面反映新时期党和人民共同意志的新宪法。新宪法正确总结新中国成立以来的历史经验，明确今后国家的根本任务是集中力量进行社会主义现代化建设，用根本法的形式对我国的根本政治制度和基本政治制度、基本经济制度、公民的基本权利和义务、国家机构的设置和职责等重大问题作出明确规定。

新宪法除了对一系列重大的问题作出了明确的规定，还确定了"任何组织或者个人都没有超越宪法和法律的特权""中华人民共和国公民在法律面前一律平等"等重要的原则。中国各族人民将继续在中国共产党的领导下，不断完善社会主义的各项制度，发展社会主义民主，健全社会主义法制，自力更生，艰苦奋斗，逐步实现工业、农业、国防和科学技术的现代化，把我国建设成为高度文明、高度民主的社会主义国家。

值得说明的是，1982年宪法在结构上作了一个具有重要的历史意义的重大调整。将公民的基本权利和义务一章调到了国家机构一章的前面，充分体现了国家一切权力属于人民与国家尊重和保障人权。这是邓小平作出的回答，要把"公民的基本权利和义务"摆在"国家机构"前面。国家的一切权力属于人民，国家机构是根据人民的授权建立的。宪法结构的变动，充分表明国家对保障宪法规定的公民权利的高度重视。同时，按照邓小平提出的要切实让人民享有充分的公民权利的要求，对公民的各项权利和自由也作出了广泛而充分的规定，同时对公民应当履行的义务也作出明确的规定。

新宪法的出台得到了全国各族人民的热烈拥护。人们纷纷争相学习新宪法，表示坚决维护和执行新宪法。人们普遍认为，新宪法是保证开创社会主义现代化建设新局面的根本法，是保障"四化"建设顺利进行的强大武器。

当时的《人民日报》曾这样报道：

昆明机床厂广大干部职工看到新宪法后，立即展开学习。许多人高兴地表示，一定要认真贯彻执行新宪法，为实现十二大制订的到本世纪末工农业年总产值翻两番的战略目标作出新贡献。

受到中共贵阳市委表扬的好干部、贵阳第二玻璃厂党支部书记兼厂长张润堂在学习新宪法后表示：今后我们就可以放心大胆地干社会主义现代化建设了！

可以说，新宪法的出台为小康社会的建设提供了法律的保障，给积极投身于现代化建设的中国人民吃了一颗定心丸，极大地鼓舞了士气。

在国际上，新宪法也得到一系列的肯定，国际舆论普遍认为新宪法作了重大改革，具有显著的时代特点，它标志着中国现代化建设事业的新发展。美国《纽约时报》评论说，中国新宪法是一部"有中国特色的、适应新的历史时期社会主义现代化建设需要的、长期稳定的宪法"。

"一五"普法活动

1986年开始的全国范围的"一五"普法活动，为保障改革开放和现代化建设的顺利进行和创造安定团结的政治局面发挥了重要作用。

1985年11月，中共中央和国务院批转了中央宣传部和司法部《关于向全体公民基本普及法律常识的五年规划》的通知。之后，六届全国人大常委会第十三次会议通过《关于在公民中基本普及法律常识的决议》，决定从1986年起，争取用五年左右的时间，有计划、有步骤地在一切有接受教育能力的公民中，普遍进行一次普及法律常识的教育，并且逐步做到制度化、经常化。

1986年，这场声势浩大的在亿万人民群众中普及法律常识、开展法制宣传教育的宏大工程正式开始了。"一五"普法活动取得了很好的效果，极大地增强了人民的法制观念，形成了学法、守法、用法的新风尚，对小康社会的建设起到了很好的促进作用。

普法活动是加强我国社会主义民主和法制建设的有力举措，对于巩固和发展安定团结的政治局面，争取社会风气、社会秩序、社会治安状况的根本好转，使国家长治久安起到了重要作用；对于保障和促进社会主义物质文明和精神文明的建设，逐步实现工业、农业、国防和科学技术的现代化，也具有十分重要的现实意义和深远的历史影响。

5. "既要高度发达的物质文明，也要高度发达的精神文明"

进行现代化建设和小康社会建设是仅仅解决好关乎人们衣食住行的生活问题就够了吗？是仅仅大力发展生产力，提高人民生活水平，建设物质文明就够了吗？

真正的小康是全面的小康，中国共产党人充分认识到。全面小康，是物质文明和精神文明协调发展的小康，既是国家经济实力增强，也是国家文化软实力提升；既是人民仓廪实、衣食足，也是人民知礼节、明荣辱。1983 年，邓小平在会见印度共产党（马克思主义）中央代表团时曾这样说：在社会主义国家，一个真正的马克思主义政党在执政以后，一定要致力于发展生产力，并在这个基础上逐步提高人民生活水平，这就是建设物质文明。过去很长一段时间，我们忽视发展生产力，所以现在我们要特别注意建设物质文明。与此同时，还要建设社会主义的精神文明，最根本的是要使广大人民有共产主义的理想，有道德，有文化，守纪律。

社会主义精神文明建设指导方针的提出

社会主义精神文明建设是随着党的十一届三中全会作出把党和国家工作重心转移到现代化建设上来而开始的，贯穿于建设小康社会的伟大实践过程之中。

1979 年，叶剑英在庆祝中华人民共和国成立 30 周年大会上的讲话中明确提出："我们所说的四个现代化，是实现现代化的四个主要方面，并不是说现代化事业只以这四个方面为限。我们要在改革和完善社会主义经济制度的同时，改革和完善社会主义政治制度，发展高度的社会主义民主和完备的社会主义法制。我们要在建设高度物质文明的同时，提高全民族的教育科学文化水平和健康水平，树立崇高的革命理想和革命道德风尚，发展高尚的丰富多彩的文化生活，建设高度的社会主义精神文明。这些都是我们社会主义现代化的重要目标，也是实现四个现代化的必要条件。" 这是第一次明确提出"社会主义精神文明建设"的科学概念，也明确提出精神文明建设是社会主义现代化建设的重要目标和必要条件。

1983 年 3 月，邓小平概括提出了小康社会的六个标准。其中第五个标准是"中小学教育普及了，教育、文化、体育和其他公共福利事业有能力自己安排了"；第六个标准是"人们的精神面貌变化了，犯罪行为大大减少"。这两个标准的实现和社会主义精神文明建设密不可分。

1984 年在中央顾问委员会第三次全体会议上，邓小平指出："真正到了小康的时候，人的精神面貌就不同了。物质是基础，人民的物质生活好起来，文化水平提高了，精神面貌会有大变化。"由此可见，小康社会不仅仅是物质文明发达的社会，也是精神文明发达的社会，只有发达的物质文明，没有发达的精神文明，不是真正的小康社会。因此，小康社会是物质文明建设和精神文明建设要一起抓、物质文明和精神文明都发达的社会。

党中央提出社会主义精神文明建设，是清醒认识中国社会发展现实情况的结果。1981 年 6 月，党的十一届六中全会通过的《关于建国以来党的若干历史问题的决议》强调社会主义必须有高度的精神文明。1982 年党的十二大将建设高度的社会主义精神文明确定为我国社会主义现代化建设的一个战略方针。1986 年 9 月，党的十二届六中全会作出了《关于社会主义精神文明建设指导方针的决议》。《决议》从社会主义现代化建设总体布局的高度阐述了社会主义精神文明建设的战略地位和根本任务。《决议》指出以马克思主义为指导的社会主义精神文明是社会主义社会的重要特征，它为物质文明的发展提供精神动力和智力支持，为它的正确发展方向提供思想保证，搞好这项建设是关系社会主义兴衰成败的大事。《决议》也明确强调搞资产阶级自由化是根本违背人民利益和历史潮流的，为广大人民所坚决反对。这个决议是党的第一个关于精神文明建设的纲领性文件，为我国精神文明建设的发展提供了基本的指导方针。

培育"四有"新人

现代化建设的过程中不仅要有高度的物质文明，还要有高度的精神文明。那么精神文明的内容包括什么？ 1980 年 12 月，邓小平在中共中央工作会议上指出："所谓精神文明，不但是指教育、科学、文化（这是完全必要的），而且是指共产主义的思想、理想、信念、道德、纪律，革命的立场和原则，人与人的同志式关系，等等。"这就把社会主义精神文明建设的内涵明确为思想道德建设和文化建设两个方面。把思想道德建设放在首位，决定着精神文明建设的性质和方向。正如邓小平所说："没有共产主义思想，没有共产主义道德，怎么能建设社会主义？"

在这一思想的指引下，培育"有理想、有道德、有文化、有纪律"的"四有"新人，随着社会主义现代化建设的开展而成为社会主义精神文明建设的根本任务。"四有"新人是国家对公民的基本要求，也是提高整个中华民族的思想道德素质和科学文化素质的基本内容，是精神文明建设的重要目标。要实现社会主义现代化，要建设小康社会，必须培养出一代有理想、有道德、有文化、有纪律的人才。

"四有"新人的提出有一个历史的过程。1980年5月26日，邓小平给《中国少年报》和《辅导员》杂志题词："希望全国的小朋友，立志做有理想、有道德、有知识、有体力的人，立志为人民作贡献，为祖国作贡献，为人类作贡献。"1982年5月4日，《人民日报》发表的社论《当代青年的历史使命》中把邓小平的题词延伸为"培养青年成为有理想、有道德、有文化、有纪律、有强健体魄的新一代。这不仅是学校和共青团的责任，而且要靠所有家庭和整个社会的共同努力"。1982年7月4日，邓小平在军委座谈会上的讲话中指出："搞社会主义精神文明，主要是使我们的各族人民都成为有理想、讲道德、有文化、守纪律的人民。"党的十二大报告中指出使"越来越多的社会成员成为有理想、有道德、有文化、守纪律的劳动者"。1985年3月7日，邓小平在全国科技工作会议上指出，"我们在建设具有中国特色的社会主义社会时，一定要坚持发展物质文明和精神文明，坚持五讲四美三热爱，教育全国人民做到有理想、有道德、有文化、有纪律"。

以"五讲四美三热爱"（讲文明、讲礼貌、讲卫生、讲秩序、讲道德，心灵美、语言美、行为美、环境美和热爱祖国、热爱社会主义、热爱中国共产党）活动为代表的群众性精神文明创建活动，对当时中国城乡精神文明建设工作也产生了十分重要和积极的影响。1981年开始，以"五讲四美三热爱"为主题的活动先后展开。1983年2月，党中央、国务院决定在中央和各省、自治区、直辖市成立"五讲四美三热爱"活动委员会，并设立了相应办事机构。1984年以后，"创建文明城市"等活动相继在全国陆续展开。

反对资产阶级自由化

党的十一届三中全会后，随着改革开放的不断深入，客观环境的变化迫切要求加强社会主义精神文明建设。建设社会主义精神文明，必须抵制盲目推崇西方资产阶级腐朽文化的错误倾向，坚决反对要脱离社会主义道路和脱离党的领导的资产阶级自由化的思潮。

1982年9月，邓小平在党的十二大开幕词中明确提出了在20世纪末的近二十年内要抓紧进行的四件工作是我们坚持社会主义道路，集中力量进行现代化建设的最重要保证，其中第二条就是建设社会主义精神文明。1985年9月，邓小平在中国共产党全国代表会议上指出，"不加强精神文明的建设，物质文明的建设也要受破坏，走弯路。光靠物质条件，我们的革命和建设都不可能胜利。"

在现代化建设的过程中，绝对不能忽视精神文明建设，否则就会带来不好的结果，反过来制约和影响物质文明的建设。小康社会建设全面开展后，随着经济的发展，对外开放的扩大，出现了一些不正之风、消极腐败现象，社会风气出现了一些问题。1986年1月，邓小平在中央政治局常委会上的讲话中说：经济建设这一手我们搞得相当有成绩，形势喜人，这是我们国家的成功。但风气如果坏下去，经济搞成功又有什么意义？

1986年党的十二届六中全会通过的《中共中央关于社会主义精神文明建设指导方针的决议》中明确提出反对资产阶级自由化。在十二届六中全会讨论《决议》（草案）时，邓小平明确指出搞自由化就是要把中国现行的政策引导到走资本主义道路上去。"这个思潮不顶住，加上开放必然进来许多乌七八糟的东西，一结合起来，是一种不可忽视的、对我们社会主义四个现代化的冲击。"因而，"反对自由化，不仅这次要讲，还要讲十年二十年。"1987年3月，邓小平又说还要"加上五十年"。

然而，党的十二届六中全会决议所强调的加强马克思主义在精神文明建设中的指导地位和反对资产阶级自由化的内容在一段时间里没有得到切实有力的贯彻，一些地方、部门出现了"一手硬，一手软"的现象。1989年前后的一段时期内，资产阶级自由化的思潮有所泛滥，西方的拜金主义、享乐主义等消极的思想涌入，一部分青年中也出现了盲目迷信西方自由主义、民主个人主义的倾向。邓小平1989年6月在接见首都戒严部队军以上干部时曾指出："十年最大的失误是教育"，"四个坚持、思想政治工作、反对资产阶级自由化、反对精神污染，我们不是没有讲，而是缺乏一贯性，没有行动，甚至讲得都很少。不是错在四个坚持本身，而是错在坚持得不够一贯，教育和思想政治工作太差"。同年，江泽民在庆祝中华人民共和国成立40周年大会上的讲话中专门阐述了社会主义精神文明建设的指导方针，指出坚持社会主义物质文明和精神文明一起抓，是我们的基本方针。"要深刻吸取近几年来物质文明建设和精神文明建设一手硬一手软的教训，在努力发展物质文明的同时，切实抓好精神文明建设。"

因此，真正的小康社会，是物质文明和精神文明建设两手一起抓、全面进步的社会。1992年邓小平在南方谈话中表明了我们党抓精神文明建设的坚定决心："我提出反对资产阶级自由化还要搞二十年，现在看起来还不止二十年。资产阶级自由化泛滥，后果极其严重。""不仅经济要上去，社会秩序、社会风气也要搞好，两个文明建设都要超过他们，这才是有中国特色的社会主义。"

6. 人才优势与小康目标

　　科技和教育的发展为建设小康社会提供强大的思想保证、精神动力和智力支持。20世纪80年代中期，我国的经济发展被纳入依靠科技进步的轨道，科学、教育占据优先发展的战略地位。教育科学文化事业在我国现代化建设中发挥着重要作用，党中央对此高度重视，调整政策，采取措施，极大地推动了科技和教育方面工作的发展。

　　1977年9月，邓小平在与教育部主要负责同志谈话时说："我知道科学、教育是难搞的，但是我自告奋勇来抓。不抓科学、教育，四个现代化就没有希望，就成为一句空话。抓，要有具体政策、具体措施，解决具体的思想问题和实际问题。"后来，科技和教育事业的蓬勃发展也成为我国在20世纪80年代中后期经济社会得以迅速发展的重要原因，对小康社会的建设起到了巨大的推动作用。

科学和教育是四个现代化的希望所在

　　1978年3月，邓小平在全国科学大会开幕式上说："四个现代化，关键是科学技术的现代化。没有现代科学技术，就不可能建设现代农业、现代工业、现代国防。没有科学技术的高速度发展，也就不可能有国民经济的高速度发展。"他指出要在短短二十多年中实现四个现代化，大大发展生产力，必须大力发展科学研究事业和科学教育事业，必须大力发扬科学技术工作者和教育工作者的革命积极性。

1982年10月，中央在召开的全国科学技术奖励大会上提出科技战略总方针"科学技术工作必须面向经济建设"，"经济建设必须依靠科学技术"。当时中国的科技体制，存在一定程度的弊端，人才不能合理流动，科技人员的主动性、积极性和创造性不能够得到很好发挥。1984年10月22日，邓小平在谈到《中共中央关于经济体制改革的决定》时讲到，这个文件最重要的是第九条"尊重知识，尊重人才"八个字，事情成败的关键就是能不能发现人才，能不能用人才。

20世纪80年代初，中国科学院物理所的陈春先、纪世瀛等在中国科学院体制外成立了北京等离子体学会先进技术发展服务部。由于主要创始人是物理所的科技人员，产生了一些"扰乱科研秩序"等议论，服务部几乎被封杀。后来在北京市科协的支持下，通过采访报道等渠道，得到了中央领导的认可和鼓励。中关村第一家民办科技机构焕发了生机。1984年，在中关村，大批科技人员创业，一大批民营科技公司先后成立，形成了"中关村电子一条街"的雏形。科学技术工作者创业创新的浪潮逐渐掀起。以解放科学技术生产力、调动科学技术人员积极性为目的的科技体制改革的序幕拉开。

1985年3月，我国科技体制改革的纲领性文件《中共中央关于科学技术体制改革的决定》发布。决定指出："科学技术体制改革的根本目的，是使科学技术成果迅速地广泛地应用于生产，使科学技术人员的作用得到充分发挥，大大解放科学技术生产力，促进经济和社会的发展。"

科技体制改革全面展开后，取得了非常好的成效。科研生产联合体达到一万余家，科研机构创办的独资、合资技术经济实体达到 4000 多个。科技人员创办的民办科技机构有两万多家，从业人员超过 50 万人。科学技术对我国经济建设的服务产生了巨大的经济和社会效益。

科学技术在小康社会建设中所起到的巨大作用也被人民群众充分认识到。正如 1985 年 3 月邓小平在全国科技工作会议上的讲话中说："我很高兴，现在连山沟里的农民都知道科学技术是生产力。他们未必读过我的讲话。他们从亲身的实践中，懂得了科学技术能够使生产发展起来，使生活富裕起来。农民把科技人员看成是帮助自己摆脱贫困的亲兄弟，称他们是'财神爷'。'财神爷'这个词，不是我的用语，是农民的发明。但是，他们的意思，同我在科学大会上讲的话是一样的。"

科技人员被农民发自肺腑地称为是帮助农民脱贫致富的"财神爷"，农民这种朴实的比喻证明了一个问题：人才特别是懂科学技术的人才是建设小康社会的重要力量，小康目标的实现必须依靠人才优势。

通过发展教育事业培养建设小康社会的人才

小康社会的建设需要合格的人才。只有发挥巨大的人才优势，小康社会的建设目标才能实现。在 1978 年 3 月召开的全国科学大会上，邓小平曾指出："历史上的生产资料，都是同一定的科学技术相结合的；同样，历史上的劳动力，也都是掌握了一定的科学技术知识的劳动力。我们常说，人是生产力中最活跃的因素。这里讲的人，是指有一定的科学知识、生产经验和劳动技能来使用生产工具、实现物质资料生产的人。"1985年5月，邓小平在全国教育工作会议上指出："一个十亿人口的大国，教育搞上去了，人才资源的巨大优势是任何国家比不了的。有了人才优势，再加上先进的社会主义制度，我们的目标就有把握达到。现在小学一年级的娃娃，经过十几年的学校教育，将成为开创二十一世纪大业的生力军。"

面对与西方国家的差距，早在1977年邓小平复出整顿时就曾说："我们国家要赶上世界先进水平，从何着手呢？我想，要从科学和教育着手。""我们要实现现代化，关键是科学技术要能上去。发展科学技术，不抓教育不行。靠空讲不能实现现代化，必须有知识，有人才。没有知识，没有人才，怎么上得去？""同发达国家相比，我们的科学技术和教育整整落后了二十年。科研人员美国有一百二十万，苏联九十万，我们只有二十多万，还包括老弱病残，真正顶用的不很多。"

1982年党的十二大明确"小康"战略目标的同时，大会报告中也明确指出当时我国人才特别是科技人才匮乏的现状：四个现代化的关键是科学技术的现代化。目前我国许多企业生产技术和经营管理落后，大批职工缺乏必要的科学文化知识和操作技能，熟练工人和科学技术人员严重不足。……总之，在今后二十年内，一定要牢牢抓住农业、能源和交通、教育和科学这几个根本环节，把它们作为经济发展的战略重点。

教育直接影响着劳动者的素质和知识分子的数量和质量，直接影响我国经济社会的发展和小康社会的建设。建设小康社会人才的培养，基础在教育。1983 年 10 月 1 日，邓小平为景山学校题词："教育要面向现代化，面向世界，面向未来。"这句话是邓小平深思熟虑的结果，也是邓小平在新的历史时期对教育工作指导思想的精辟概括。邓小平根据当时新技术革命发展的形势和我国国内现代化建设的形势，针对当时中国的教育与现代化建设不相适应的实际情况提出了这一方针，也成为当代中国教育改革和发展的根本指导思想和战略方针。

1985 年 5 月，邓小平在全国教育工作会议上的讲话中指出："我们多次说过，我国的经济，到建国一百周年时，可能接近发达国家的水平。我们这样说，根据之一，就是在这段时间里，我们完全有能力把教育搞上去，提高我国的科学技术水平，培养出数以亿计的各级各类人才。我们国家，国力的强弱，经济发展后劲的大小，越来越取决于劳动者的素质，取决于知识分子的数量和质量。"我国教育事业的

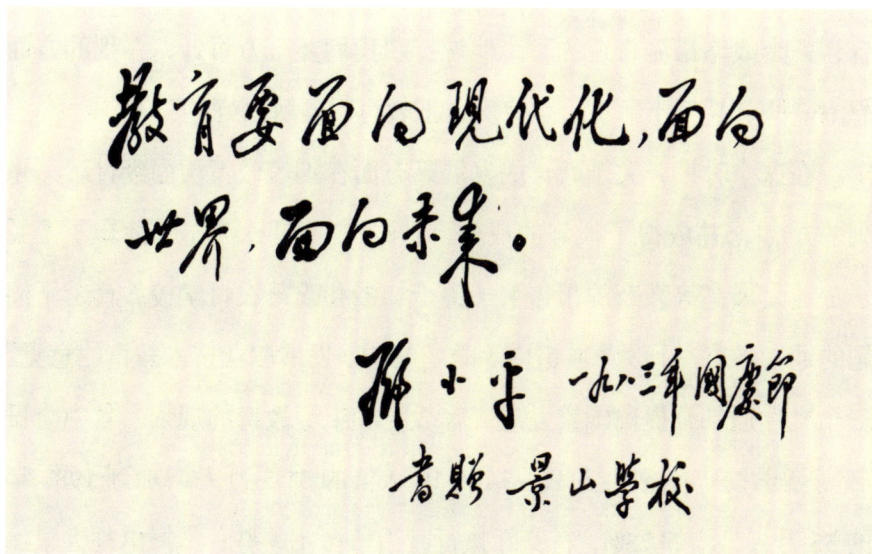

邓小平同志为景山学校题词　　　　　　　　新华社照片

大发展，科技和教育的结合，为小康目标的实现培养了一批又一批的生力军。

1987 年，党的十三大进一步把教育提到首要位置和突出的战略位置。十三大报告再次强调指出："把发展科学技术和教育事业放在首要位置，使经济建设转到依靠科技进步和提高劳动者素质的轨道上来。……从根本上说，科技的发展，经济的振兴，乃至整个社会的进步，都取决于劳动者素质的提高和大量合格人才的培养。百年大计，教育为本。必须坚持把发展教育事业放在突出的战略位置，加强智力开发。"

1988 年，邓小平在听取关于价格和工资改革初步方案汇报时指出："从长远看，要注意教育和科学技术。否则，我们已经耽误了二十年，影响了发展，还要再耽误二十年，后果不堪设想。"他还在这次谈话中谈到要增加教育、科技的投入和提高知识分子待遇等问题。他特别强调"关于教育、科技、知识分子的意见，是作为一个战略方针，一个战略措施来说的"。他说："我们要千方百计，在别的方面忍耐一些，甚至于牺牲一点速度，把教育问题解决好。"

在这个时期，关于教育的发展等方面在国家政策层面经过了一系列的规划，并取得了很好的成效。1983 年，国务院先后批转了《关于加速发展高等教育的报告》《关于加强和改革农村学校教育若干问题的通知》《关于改革城市中等教育结构、发展职业技术教育的意见》三个文件通知，提出国家发展高等教育和中等教育的规划：其中全日制高等学校年度招生人数，拟从 1982 年的 31.5 万人增加到 1987 年的 55 万人，增加 75%，在实际执行时力争多招一些；广播电视大学、函授大学、夜大学等招生人数拟由 1982 年的 29 万人增加到 1987 年的 110 万人，增长 2.8 倍。高等教育得以全面恢复。

农村学校教育通过国家和个人集资等多渠道办学，1990 年以前在农村基本普及初等教育，有条件的地区积极发展幼儿教育；发展职业教育，1990 年农村各类职业技术学校在校生数达到或略超过普通高中。城市职业技术教育应逐步发展成为与普通教育并行的体系。

基础教育领域提出并逐步实现普及九年义务教育的做法。《中共中央关于教育体制改革的决定》中第一次正式提出实施"九年义务教育"。1986 年 4 月，六届全国人大四次会议审议通过了《中华人民共和国义务教育法》，并于 1986 年 7 月 1 日起实施。这是中国教育史上具有里程碑意义的重要事件，以法律的形式保障了公民享受教育的权利，也充分体现了党和国家对社会主义现代化建设事业中人才培养工作的高度重视。

1985 年 5 月，中共中央会议上通过了《中共中央关于教育体制改革的决定》，这标志着我国的教育事业发展进入了新的阶段。《决定》中明确提出教育的指导思想："教育必须为社会主义建设服务，社会主义建设必须依靠教育。"同时明确"社会主义现代化建设的宏伟任务，要求我们不但必须放手使用和努力提高现有的人才，而且必须极大地提高全党对教育工作的认识，面向现代化、面向世界、面向未来，为九十年代以至下世纪初叶我国经济和社会的发展，大规模地准备新的能够坚持社会主义方向的各级各类合格人才"。

由于党和国家对教育事业的重视，20 世纪 80 年代我国的高等教育、中等教育、基础教育等都得到了飞速的发展，为培养建设小康社会的各级各类人才奠定了良好的基础。

7. 实现第一步战略目标，基本解决温饱问题

温饱问题是关系到国计民生的大问题，是小康的六个指标中的重要目标之一，也是"三步走"发展战略的第一步，至关重要的一步。万事开头难，第一步能否走好，关系到下面两步能否顺利实现。

中国经济飞速发展

1977 年，中国的国内生产总值为 3201.9 亿元，人口是 94974 万，人均国内生产总值为 339 元，还有相当一部分的人民群众吃不饱穿不暖，更不必说住房等条件的改善。在农村，贫困发生率高于 30%，城镇的贫困绝对发生率也高于 10%，相对贫困的现象更是非常普遍。按照中国政府确定的贫困标准，1978 年，农村贫困人口为 2.5 亿人，占农村总人口的 30.7%，有接近三分之一是贫困人口，三个人中就有一个处于贫困状态。改革开放以来，我国经济飞速发展，交出了靓丽的成绩单。

1984 年至 1988 年，中国经济处在飞速发展的阶段，除 1986 年的增长速度为 8.5% 之外，其余年份的增长速度都保持在 10% 以上。国民生产总值也从 1984 年的 7206.7 亿元增长到 1988 年的 14922.3 亿元，增长了一倍多，事实上提前实现了原来计划的 1990 年国民生产

总值比 1980 年翻一番的目标。全国的绝大多数地区也基本解决了温饱问题，部分地区开始向小康水平过渡。"三步走"战略目标的第一步已基本实现，同时标志着中国社会主义现代化建设开始进入向"第二步 20 世纪末实现翻两番"进军的历史阶段。1990 年，我国国民生产总值按照不变价格计算比 1980 年增长了 1.36 倍，平均每年增长 9%，大大高于世界经济的平均发展速度。中国人民的生活水平由贫困达到了温饱，这是一个历史性的跨越。

1987 年 10 月 25 日至 11 月 1 日，党的十三大在北京举行。党的十三大报告中指出，随着生产的发展，十亿人口的绝大多数过上了温饱生活。部分地区开始向小康生活前进。还有部分地区，温饱问题尚未完全解决，但也有了改善。

1989 年 9 月 29 日，在庆祝中华人民共和国成立 40 周年大会上，江泽民在讲话中郑重宣布："全国人民的温饱问题基本解决，一部分居民生活开始向小康水平迈进。"

江泽民在讲话中充分阐述了新中国成立 40 年来我国经济飞速发展和中国人民收入水平显著提高的伟大成就，指出 1978 年十一届三中全会以来的十年也是国民生产总值迅速增长和人民群众生活水平显著提高的十年。讲话中说："党的十一届三中全会以来的十年，我们坚持以经济建设为中心，坚持四项基本原则，坚持改革开放，国家经济实力迅速增强，人民得到了更多的实际利益。1979—1988 年，按可比价格计算，我国国民生产总值平均每年增长 9.6%，超过 1953—1978 年每年平均增长 6.1% 的速度，大大高于世界上绝大多数国家年平均增长 2%—4% 的速度。1988 年和 1978 年相比，进出口总额增长4倍。这十年间，扣除价格上涨因素，农民人均纯收入平均年增长11.8%，城镇居民人均收入平均年增长6.5%。十年来，城乡共新建住宅约80亿平方米。在吃、穿、用、住全面改善的基础上，城乡居民储蓄存款由1978年末的211亿元，增加到1988年末的3802亿元。这十年的巨大成就，是贯彻十一届三中全会以来路线、方针、政策的结果，也是前三十年中社会主义革命和建设成果的进一步发展。"

这些巨大的成就充分表明，对于中国实现现代化、建设小康社会的目标而言，"基本解决温饱问题"虽然是一小步，但又是一大步，至关紧要的一步。

人民生活水平显著提高

在建设小康社会的过程中，伴随着家庭联产承包责任制的推行以及城市地区一系列分配制度改革措施的出台，中国城乡居民收入水平和生活水平有了显著的提高。

1987年8月10日，新华社的报道指出，1978年到1986年间，农民的人均纯收入增加了290元。农村贫困户减少，温饱、富裕和小康户增加。农民昔日温饱型消费的特征逐步消失，新的消费特征开始显现出来：商品性消费明显增加；食品消费占生活消费的比重下降；居住条件明显改善；衣着消费明显趋向成衣化和城市化；家用电器已进入农民家庭，耐用贵重物品数量增加。

富裕户大幅度增加，贫困户大幅度缩减。1987年8月16日新华社报道，国家统计局抽样调查表明，城乡人民收入得到很快的提高，

1981 年的"高收入阶层"（人均月收入在 60 元以上）每万户中有 649 户，1986 年已经升到 6335 户，五年中增加到近 10 倍。与此同时，1980 年到 1986 年，农村贫困户占总农户的比重已经从 61.6% 下降到 11.3%。农户的人均纯收入已经从 1980 年的 60.3 元增加到 157.5 元，增长了 1.6 倍。

城镇居民人均可支配收入从 1978 年的 343 元增加到 1991 年的 1701 元，年均实际增长 13.1%。农村居民人均可支配收入从 1978 年的 134 元增加到 1991 年的 709 元，年均实际增长 13.7%。

1989 年 10 月 15 日，国家统计局和联合国的权威资料表明，中国人民的生活质量水平已经高于发展中国家的平均水平，中国人民的生活质量与中等收入的发展中国家相比，已经大体相当。无论是营养方面每人每天食物消耗热值还是穿衣方面人均纤维消耗量，都已经高于发展中国家的平均水平。人民群众在消费、教育、医疗、社会福利等各个方面都得到明显改善。经济界人士指出，我国以全世界 7% 的耕地，养活了占世界 22% 的人口，解决了中国 11 亿人口的温饱问题，人均产量达到中等收入发展中国家的水平。

在这一基础上，中国人民的吃、穿、用、医疗保健等方面都发生了巨大的变化。

1979 年至 1984 年，我国农业总产值以年均 7.7% 的速度增长，1984 年中国粮食产量达到了创纪录的 4073 亿公斤，人均达到 393 公斤，接近世界的平均水平。

在改革开放初期，由于人们的收入水平不高，在衣着方面只能满足保暖和御寒的需求，不讲究款式和美观，色彩单调。1979 年农村居民人均凭票购买的棉布、化纤布等约为 18.3 尺，人均购买棉花约 0.4 公斤，人均购买胶鞋、球鞋和皮鞋仅有 0.3 双。随着经济的发展，人民生活水平提高，人们在衣着需求方面发生了巨大的变化，开始注重时尚、美观，服装的质地、款式和色彩的搭配，服装时装化和个性化成为新的追求。

在家庭耐用消费品方面，人民生活也发生了巨大的变化。在改革开放初期，手表、自行车、缝纫机是中国居民谈婚论嫁必备的三大件。1979 年，中国城镇居民平均每百户拥有手表 204 只、自行车 113 辆、缝纫机 54.3 架；农村居民平均每百户拥有手表 27.8 只、自行车 36.2 辆、缝纫机 22.6 架。当时，电视机还属于稀缺消费品，1980 年，城镇居民平均每百户拥有黑白电视机 32.0 台，农村居民平均每百户仅有 0.4 台。到了二十世纪八九十年代，中国家庭的耐用消费品开始向电气化转变，家电产品走进千家万户。新"三大件"变为冰箱、洗衣机、彩色电视机。1989 年，中国城镇居民平均每百户拥有冰箱 36.5 台、洗衣机 76.2 台、黑白电视机 55.7 台、彩色电视机 51.5 台；农村居民平均每百户拥有冰箱 0.9 台、洗衣机 8.2 台、黑白电视机 33.9 台、彩色电视机 3.6 台。

为更快发展作准备

解决温饱问题是"三步走"发展战略中的第一步，也是至关紧要的一步。1984 年 3 月 25 日，邓小平在会见日本首相中曾根康弘时曾说："翻两番，分成前十年和后十年，前十年主要是为后十年的更快发展做准备。"这就明确地为第一步战略目标实现的意义定下了基调。

1985年，邓小平在中国共产党全国代表会议上的讲话中指出："现在人们说中国发生了明显的变化。我对一些外宾说，这只是小变化。翻两番，达到小康水平，可以说是中变化。到下世纪中叶，能够接近世界发达国家的水平，那才是大变化。到那时，社会主义中国的分量和作用就不同了，我们就可以对人类有较大的贡献。"

1987年4月30日，邓小平在会见外宾时曾提到："我们原定的目标是，第一步在八十年代翻一番。以1980年为基数，当时国民生产总值人均只有250美元，翻一番，达到500美元。""现在我们可以说，第一步的原定目标可以提前在今年或者明年完成。这并不意味着第二步就很容易。"

1988年6月3日，邓小平会见"九十年代的中国与世界"国际会议全体与会者时指出："改革和开放是手段，目标是分三步走发展我们的经济。第一步是达到温饱水平，已经提前实现了。第二步是在本世纪末达到小康水平，还有十二年时间，看来可以实现。第三步是下个世纪再花五十年的时间，达到中等发达国家水平，这是很不容易的。关键是本世纪内的最后十年，要为下个世纪前五十年的发展打下基础，创造比较好的条件和环境。"

实现第一步战略目标，基本解决温饱问题，中国成功迈出了至关重要的一步。

三、实现总体小康

　　20世纪90年代，以邓小平南方谈话和党的十四大为标志，我国改革开放和现代化建设事业进入新的发展阶段。这一时期，我国由计划经济体制向社会主义市场经济体制转变，实施国家八七扶贫攻坚计划、科教兴国战略、可持续发展战略、西部大开发战略、走出去战略，中国特色社会主义事业欣欣向荣。国民经济持续、快速、健康发展，社会生产力、综合国力、人民生活水平迈上新台阶，各个领域都取得了举世瞩目的巨大成就，在世纪之交，实现了总体小康这一目标。

1. 向社会主义市场经济体制转变

英国前首相撒切尔夫人1991年访华时曾对中国领导人说:"社会主义和市场经济不可能兼容,社会主义不可能搞市场经济,要搞市场经济就必须实行资本主义,实行私有化。"撒切尔夫人的观点代表了当时一种根深蒂固的观念,即市场经济是资本主义特有的东西,计划经济才是社会主义经济的基本特征。20世纪90年代初的中国,正面临着经济体制改革的关键选择,如何认识市场经济,是一个绕不过去的重要问题。

关于市场经济的争论

新中国成立后,我国效仿苏联,实行了高度集中的计划经济体制。在当时环境下,这种体制对我国恢复国民经济以及建立工业化基础,发挥了十分重要的作用。在工业化初期我国建设的"156项工程"中,许多项目如果不能集中全国各方的人力物力,单靠某一个地方的力量是完成不了的。后来,随着环境条件的变化,这种高度集中的计划经济体制逐渐与实际不相适应,其弊端也渐渐显露出来。

例如,当时在沈阳铁西区有两家工厂,一个是产铜大户沈阳冶炼厂,一个是以铜为原料的沈阳电缆厂。两家工厂虽然相距不过30米,但却并没有什么业务上的往来。由于分属不同部门管理，沈阳冶炼厂的铜并没有直接供给对面的电缆厂，而是被调到了其他地方，而电缆厂则从云南等地调入铜原料。如此一来，造成了大量人力物力浪费。经济体制上存在的问题从中可见一斑。

还有一件事也反映了这一体制弊端。过去由于电力供应不足，一些家庭使用煤油灯。煤油灯要用玻璃灯罩，但这种灯罩属于按计划供应和定价的商品，一个六分钱。因为利润有限，厂家生产积极性不高，结果煤油灯罩出现"短缺"现象，供应指标紧张。小小的灯罩问题，给居民使用煤油灯造成了很大不便。类似煤油灯罩这种按指标供应和票据购买的产品，在过去并不少见，各种指标和票证成了当时人们生活的必需品。

由于高度集中的计划经济体制已经不能适应社会生产力发展的要求，进行修修补补远远不能解决问题，必须对其进行根本性改革。而当时改革面临的一个重要问题就是如何正确认识和处理计划与市场的关系。

当时社会上对这一问题争论激烈，有人认为社会主义不该搞市场经济。有文章称："计划经济是社会主义经济的一个基本特征，它与市场经济是根本对立的。""社会主义社会不可能实行市场经济而只能实行计划经济，这是由社会主义经济的本质决定的"；有人认为社会主义经济的本质就是计划经济，只不过它在现阶段还具有某些商品属性；还有人认为搞市场经济是取消公有制，是对共产党的领导和社会主义制度的否定。经济体制改革的目标模式究竟该怎样确定，引起很多人的深思。

"计划多一点还是市场多一点，不是社会主义与资本主义的本质区别"

关于社会主义与市场经济的关系问题，邓小平等党和国家领导人有着深刻的认识。1990 年底，邓小平在同几位中央负责同志谈话时明确指出："我们必须从理论上搞懂，资本主义与社会主义的区分不在于是计划还是市场这样的问题。社会主义也有市场经济，资本主义也有计划控制。资本主义就没有控制，就那么自由？最惠国待遇也是控制嘛！不要以为搞点市场经济就是资本主义道路，没有那么回事。计划和市场都得要。不搞市场，连世界上的信息都不知道，是自甘落后。"

1992 年 1 月 18 日至 2 月 21 日，邓小平先后到武昌、深圳、珠海、上海等地视察，发表了重要谈话。

在这次谈话中，邓小平指出："社会主义基本制度确立以后，还要从根本上改变束缚生产力发展的经济体制，建立起充满生机和活力的社会主义经济体制，促进生产力的发展，这是改革，所以改革也是解放生产力。"

对于姓"资"还是姓"社"的问题，他强调："判断的标准，应该主要看是否有利于发展社会主义社会的生产力，是否有利于增强社会主义国家的综合国力，是否有利于提高人民的生活水平。"

邓小平尤其指出："计划多一点还是市场多一点，不是社会主义与资本主义的本质区别。计划经济不等于社会主义，资本主义也有计划；市场经济不等于资本主义，社会主义也有市场。计划和市场都是经济手段。社会主义的本质，是解放生产力，发展生产力，消灭剥削，消除两极分化，最终达到共同富裕。""社会主义要赢得与资本主义相比较的优势，就必须大胆吸收和借鉴人类社会创造的一切文明成果，吸收和借鉴当今世界各国包括资本主义发达国家的一切反映现代社会化生产规律的先进经营方式、管理方法。"

这次谈话，科学总结了党的十一届三中全会以来的实践探索和基本经验，从理论上深刻回答了包括关于计划与市场的关系问题在内的长期困扰和束缚人们思想的许多重大问题，掀起一轮新的思想解放高潮。

建立社会主义市场经济体制

1992 年 3 月 9 日至 10 日，江泽民主持召开中央政治局全体会议，完全赞同邓小平的南方谈话。

5 月 28 日，中央政治局常委会会议正式决定，在党的十四大上要对计划与市场的关系作出新的论述。6 月 9 日，江泽民在中央党校省部级干部进修班上发表重要讲话，他指出："历史经验说明，商品经济的充分发展是实现社会经济高度发达不可逾越的阶段。充分发展的商品经济，必然离不开充分发育的完善的市场机制。那种认为市场作用多了，就会走上资本主义道路的担心，是没有根据的，也是不正确的。"在这次讲话中，江泽民向大家列举了关于经济体制改革目标的几种提法，表示比较倾向于"社会主义市场经济体制"这一提法。

会后，他还就这个提法向邓小平等同志征求意见，邓小平表示赞成。根据江泽民"六九讲话"和中央政治局常委会会议精神，起草小组对党的十四大报告稿作了重要修改。

10月12日，党的十四大在北京召开。江泽民在党的十四大上提出："我国经济体制改革确定什么样的目标模式，是关系整个社会主义现代化建设全局的一个重大问题。这个问题的核心，是正确认识和处理计划与市场的关系。""实践的发展和认识的深化，要求我们明确提出，我国经济体制改革的目标是建立社会主义市场经济体制，以利于进一步解放和发展生产力。"

党的十四大报告进一步指出："我们要建立的社会主义市场经济体制，就是要使市场在社会主义国家宏观调控下对资源配置起基础性作用，使经济活动遵循价值规律的要求，适应供求关系的变化；通过价格杠杆和竞争机制的功能，把资源配置到效益较好的环节中去，并给企业以压力和动力，实现优胜劣汰；运用市场对各种经济信号反应比较灵敏的优点，促进生产和需求的及时协调。同时也要看到市场有其自身的弱点和消极方面，必须加强和改善国家对经济的宏观调控。我们要大力发展全国的统一市场，进一步扩大市场的作用，并依据客观规律的要求，运用好经济政策、经济法规、计划指导和必要的行政管理，引导市场健康发展。"

1993年11月，党的十四届三中全会通过了《关于建立社会主义市场经济体制若干问题的决定》，这份文件为建立社会主义市场经济体制提供了一个总体规划和行动纲领。《决定》提出，由现代企业制度、市场体系、宏观调控体系、分配制度和社会保障制度组成的"五大支柱", 是社会主义市场经济体制的基本内容。

1997年9月, 党的十五大将"公有制为主体、多种所有制经济共同发展"明确为社会主义初级阶段的一项基本经济制度。

我国的社会主义市场经济体制既有一般市场经济的共性, 又有我国的显著特征, 符合我国国情。把社会主义制度与市场经济结合起来, 建立社会主义市场经济体制, 是一个伟大创举, 这是中国共产党人对马克思主义的重大发展, 也是社会主义发展史上的重大突破。

1992年邓小平南方谈话和党的十四大以来, 我国经济发展取得显著成就, 改革开放取得新的突破。正如党的十五大报告所指出的:

"从一九九二年到一九九六年, 国内生产总值年均增长百分之十二点一, 既实现了经济快速增长, 又有效抑制了通货膨胀, 避免了大起大落。经济结构调整取得明显进展。农业得到加强, 粮食等农产品稳定增长。水利、交通、通信等基础设施和钢铁、能源等基础工业迅速发展。东部地区经济快速增长, 中西部地区经济发展加快。'八五'计划胜利完成, '九五'计划的实施有了良好开端。"

"按照建立社会主义市场经济体制的要求, 大步推进了财政、税收、金融、外贸、外汇、计划、投资、价格、流通、住房和社会保障等体制改革, 市场在资源配置中的基础性作用明显增强, 宏观调控体系的框架初步建立。国有企业改革在试点基础上积极推进。以公有制为主体、多种经济成分共同发展的格局进一步展开。对外经济、技术合作与交流继续扩大, 对外贸易和利用外资大幅度增长, 国家外汇储备显著增加。"

曾任国家经贸委副主任的李荣融, 对社会主义市场经济体制下国有企业的变化很有感触，他说，"社会主义市场经济体制，使国有企业从围着政府转改为围着市场转，在大胆探索以现代企业制度为代表的新的组织形式和经营方式的同时，加强内部管理，在技术改造、新产品开发、节能降耗等方面取得了进步。国有资产增加，实力增强，国有经济的整体水平和综合效益提高。特别是国家重点抓的500家大型企业，投入产出效率、盈利水平有很大提高"。

在社会主义市场经济体制下，各类商品市场健康发展，从短缺经济、卖方市场转向供需平衡、买方市场。货架上商品琳琅满目，百姓生活更加便捷。在党的十四大至十五大的五年里，我国彻底取消了凭票限量供应。2003年我国95％以上的商品资源都由市场来配置，社会主要商品供求平衡和供大于求的已达99％。除了物质上的丰富，社会主义市场经济的建立还进一步增加了就业和发展机会，促进了思想解放、观念与时俱进，平等、法治、规则、竞争、效率等市场意识逐步深入人心。

2012年，在社会主义市场经济体制确立20周年之际，《人民日报》这样评论道："如果说改革开放是决定当代中国命运的关键抉择，它为社会主义市场经济的确立，打开了现实的大门；那么建立社会主义市场经济体制，则确立了改革开放最为重要的核心内容，奏响了改革大业最激荡人心的恢弘乐章。它不仅奠定了改革开放的基本路径和走向，更造就了中国大地上波澜壮阔的时代巨变。"

2. 国家八七扶贫攻坚计划

1994 年 2 月，国务院在北京召开全国扶贫开发工作会议，全面部署实施"国家八七扶贫攻坚计划"。该计划是指从 1994 年到 2000 年，集中人力、物力、财力，动员社会各界力量，力争用七年左右的时间，基本解决 8000 万农村贫困人口的温饱问题。这是我国历史上第一个有明确目标、明确对象、明确措施和明确期限的扶贫开发行动纲领。

消除贫困对于实现小康目标有着极其重要的意义，江泽民强调："实现小康目标，不仅要看全国的人均收入，还要看是否基本消除了贫困现象。""如果不能基本消除贫困现象，进一步拉大地区发展差距，就会影响全国小康目标的实现，影响整个社会主义现代化建设的进程。"

从 2.5 亿到 8000 万

新中国成立以来，为改变一穷二白的面貌，让人民生活得更好，中国共产党团结带领各族人民进行了艰苦卓绝的努力，解决了大多数人的温饱问题。不过由于各种因素的影响，到 1978 年时，我国农村没有解决温饱问题的贫困人口仍有 2.5 亿，约占当时农村人口的30%。

党的十一届三中全会以后，农村率先实行改革，极大地激发了农民的生产积极性，提高了农民生活水平，农村贫困人口大幅度缩减。但是，仍有一些地区因为历史、自然、经济、社会等方面的情况，经济发展比较缓慢，贫困现象突出。

1986 年，我国在全国范围内开展了有计划、有组织、大规模的扶贫开发。到 1992 年底，农村尚未解决温饱问题的贫困人口已减少到 8000 万。

不过，接下来的扶贫工作难度却更大了。

这 8000 万贫困人口主要集中在国家重点扶持的 592 个贫困县，分布在中西部的深山区、石山区、荒漠区、高寒山区、黄土高原区、地方病高发区以及水库库区，而且多为革命老区和少数民族地区。地域偏远，交通不便，生态失调，经济发展缓慢，文化教育落后，人畜饮水困难，生产生活条件极为恶劣。这意味着以解决温饱为目标的扶贫开发工作进入了攻坚阶段，需要下更大的力气。

与此同时，在建立社会主义市场经济体制过程中，贫困地区与沿海发达地区的差距也在扩大。抓紧扶贫开发，尽快解决贫困地区群众的温饱问题，改变经济、文化、社会的落后状态，缓解以至彻底消灭贫困，成为一项具有重大的、深远的经济意义和政治意义的伟大事业。

《国家八七扶贫攻坚计划》的颁布实施

在这样的背景下，我国开始实施国家八七扶贫攻坚计划，要求力争在 20 世纪末最后的七年内基本解决全国 8000 万贫困人口的温饱问题。1994 年 4 月 15 日，国务院正式印发《国家八七扶贫攻坚计划》（以下简称《计划》）。《计划》从形势与任务、奋斗目标、方针与途径、资金的管理使用、政策保障、部门任务、社会动员、国际合作、组织与领导等九个方面对扶贫攻坚工作作了阐释和规定。

《计划》明确了 20 世纪末解决贫困人口温饱的标准，即绝大多数贫困户年人均纯收入达到 500 元以上（按 1990 年的不变价格），扶持贫困户创造稳定解决温饱的基础条件，同时巩固和发展现有扶贫成果，减少返贫人口；《计划》还提出了加强基础设施建设、改变教育文化卫生的落后状况等目标。

《计划》强调要继续坚持开发式扶贫的方针：鼓励贫困地区广大干部、群众发扬自力更生、艰苦奋斗的精神，在国家扶持下，以市场需求为导向，依靠科技进步，开发利用当地资源，发展商品生产，解决温饱进而脱贫致富。

《计划》在扶贫开发的基本途径和主要形式上进行了具体指导。指出扶贫开发的基本途径：一是重点发展投资少、见效快、覆盖广、效益高、有助于直接解决群众温饱问题的种植业、养殖业和相关的加工业、运销业。二是积极发展能够充分发挥贫困地区资源优势、又能大量安排贫困户劳动力就业的资源开发型和劳动密集型的乡镇企业。三是通过土地有偿租用、转让使用权等方式，加快荒地、荒山、荒坡、荒滩、荒水的开发利用。四是有计划有组织地发展劳务输出，积极引导贫困地区劳动力合理、有序地转移。五是对极少数生存和发展条件特别困难的村庄和农户，实行开发式移民。

强调扶贫开发的主要形式：一是依托资源优势，按照市场需求，开发有竞争力的名特稀优产品。实行统一规划，组织千家万户连片发展，专业化生产，逐步形成一定规模的商品生产基地或区域性的支柱产业。二是坚持兴办贸工农一体化、产加销一条龙的扶贫经济实体，承包开发项目，外联市场，内联农户，为农民提供产前、产中、产后的系列化服务，带动群众脱贫致富。三是引导尚不具备办企业条件的贫困乡村，自愿互利，带资带劳，到投资环境较好的城镇和工业小区进行异地开发试点，兴办第二、第三产业。四是扩大贫困地区与发达地区的干部交流和经济技术合作。五是在优先解决群众温饱问题的同时，帮助贫困县兴办骨干企业，改变县级财政的困难状况，增强自我发展能力。六是在发展公有制经济的同时，放手发展个体经济、私营经济和股份合作制经济。七是对贫困残疾人开展康复扶贫。

江泽民指出，《国家八七扶贫攻坚计划》是好的，关键是要有一股子攻坚精神，要坚持不懈、锲而不舍、扎扎实实地长期抓下去。

自《计划》颁布以来，党和国家高度重视这一重大计划的实施，多次召开会议研究扶贫攻坚问题，决心十分坚定。

1996年9月，党中央、国务院召开了扶贫开发工作会议。10月，中共中央、国务院作出《关于尽快解决农村贫困人口温饱问题的决定》，强调："实现《国家八七扶贫攻坚计划》，解决农村贫困群众的温饱问题，是一项光荣而艰巨的任务。各级党委、政府要认真贯彻党中央、国务院关于扶贫开发的各项政策措施，精心组织，狠抓落实，胜利完成扶贫攻坚这一伟大的历史任务。"

1999年6月，党中央、国务院再次召开中央扶贫开发工作会议。江泽民指出，全国扶贫攻坚已经到了关键阶段，全党全社会要进一步动员起来，贫困地区广大干部群众要更加积极地行动起来，统一思想，坚定信心，坚持不懈地苦干实干，夺取扶贫攻坚的最后胜利。

在《计划》实施过程中，中央扶贫资金累计投入 1127 亿元。全党动手，全社会动员，各方支持、合力攻坚，贫困地区的面貌发生了很大变化。

扶贫攻坚的巨大成效

贵州是没有平原的省份，山多田少，农业生产条件较差。1993 年贵州省有 48 个国定贫困县，贫困人口占全省农村总人口的 35％。实施国家八七扶贫攻坚计划后，这里发生了可喜的变化。从 1997 年起，贵州省实现了农村粮食基本自给。贫困县农民人均纯收入不断提高，到 2000 年时达到 1260 元，先后有 44 个国定贫困县和 684.8 万农村贫困人口越过温饱线。

贵州的变化是国家八七扶贫攻坚计划成就的一个缩影。自《计划》实施以来，扶贫开发取得显著成效。

一是生产生活条件明显改善。实施八七扶贫攻坚计划期间，592 个国定贫困县累计修建基本农田 6012 万亩，新增公路 32 万公里，架设输变电线路 36 万公里，解决了 5351 万人和 4836 万头牲畜的饮水问题，通电、通路、通邮、通电话的行政村分别达到 95.5％、89％、69％ 和 67.7％，其中部分指标已接近或达到全国平均水平。

二是经济发展速度明显加快。国定贫困县农业增加值增长 54％，年均增长 7.5％；工业增加值增长 99.3％，年均增长 12.2％；地方财政收入增加近一倍，年均增长 12.9％；粮食产量增长 12.3％，年

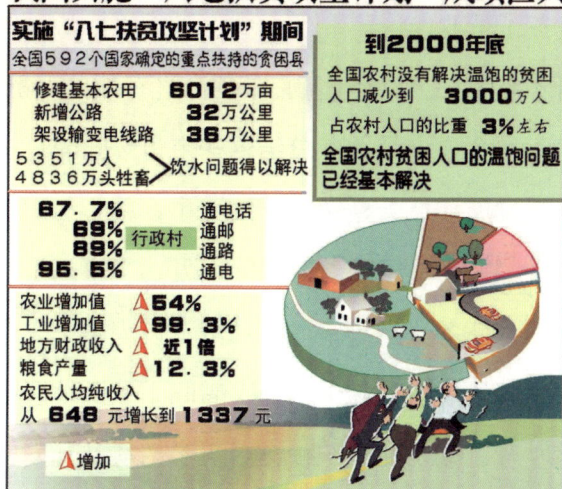

图表：我国实施"八七扶贫攻坚计划"成绩巨大（2001 年）　　　新华社照片

均增长 1.9％；农民人均纯收入从 648 元增长到 1337 元，年均增长 12.8％。所有这些指标都快于全国平均水平。

三是各项社会事业全面发展。义务教育办学条件明显改善，适龄儿童辍学率下降到 6.5％；对贫困地区的乡镇卫生院进行了重新改造和建设，缺医少药的状况有所缓解；推广了一大批农业实用技术，农民科学种田水平明显提高；95％的行政村能够收听收看到广播电视节目，群众的文化生活得到改善。

到 2000 年底，全国农村没有解决温饱的贫困人口减少到 3000 万人，占农村人口的比重下降到 3％左右。除了少数社会保障对象和生活在自然条件恶劣地区的特困人口以及部分残疾人以外，全国农村贫困人口的温饱问题已经基本解决，中央确定的扶贫攻坚目标基本实现。

扶贫开发为实现我国现代化建设的第二步战略目标、人民生活总体达到小康水平发挥了重要作用。

在扶贫开发的实践中，创造了许多行之有效的经验。2001 年在中央扶贫开发工作会议上是这样总结这些宝贵经验的：一是把扶贫开发作为事关经济发展和社会稳定全局的大事，精心组织，扎实推进。二是从我国基本国情和贫困地区的实际出发，实事求是地确定扶贫开发的阶段性目标和任务。三是坚持以经济建设为中心，走开发式扶贫的道路。四是重视发展各项社会事业，着眼于贫困地区的长远发展。五是实行政府主导，动员和组织社会各界参与扶贫开发。六是充分发挥贫困地区干部群众的积极性和创造性，自力更生、艰苦奋斗。

对于我国的扶贫开发工作，江泽民指出："在这样短的时间内，这么多贫困人口解决了温饱问题，这是世界历史上前所未有的，是一个了不起的成就。这充分说明，只要我们坚持解放思想、实事求是的思想路线，坚持贯彻党的基本路线和方针政策，坚持全心全意为人民服务的宗旨，坚持发挥社会主义制度的优越性，紧紧依靠全国各族人民的共同努力，就能够不断创造出新的人间奇迹。"曾任联合国秘书长的加利评价中国的扶贫工作成就时指出，中国是一个很好的榜样。

帮助贫困地区群众脱贫致富是逐步实现各族人民共同富裕的重大战略措施。在致富奔小康的道路上，"实现国家八七扶贫攻坚计划确定的目标，只是一个阶段性胜利。下一个阶段的扶贫开发，要向更高水平迈进。"

3. 依法治国，建设社会主义法治国家

"法治兴则国家兴，法治衰则国家乱"。党的十一届三中全会以来，我国不断加强社会主义法制建设，各项工作都取得了新进展。党的十五大正式提出将依法治国作为党领导人民治理国家的基本方略，并深刻阐述了依法治国的本质特征及其重大意义。从法制到法治，我国在建设社会主义法治国家的道路上更进一步。

依法治国，建设社会主义法治国家的提出

1992 年 10 月，党的十四大明确我国经济体制改革的目标是建立社会主义市场经济体制。而社会主义市场经济体制的建立和完善，必须要有法律作保障。法制是市场经济运行的依托。党的十四大报告明确要求"高度重视法制建设。加强立法工作，特别是抓紧制订与完善保障改革开放、加强宏观经济管理、规范微观经济行为的法律和法规，这是建立社会主义市场经济体制的迫切要求。要严格执行宪法和法律，加强执法监督，坚决纠正以言代法、以罚代刑等现象，保障人民法院和检察院依法独立进行审判和检察。加强政法部门自身建设，提高人员素质和执法水平。要把民主法制实践和民主法制教育结合起来，不断增强广大干部群众的民主意识和法制观念"。党的十四大以后，我

国在法制建设方面不断向前推进。

1994年12月9日，中共中央举办了法律知识讲座，在讲座开始前，江泽民说：建设社会主义法制，实行以法治国，是为了把我们国家建设成为富强、民主、文明的社会主义现代化国家。我们正在建立社会主义市场经济体制，必须学会运用法律来规范和引导市场经济的运行，充分发挥市场机制对经济发展的积极作用，把市场运行纳入规范和法制的轨道，保证社会主义市场经济体制健康发展。依法管理各项事业，是写入了我们的党章总纲和国家宪法的。

在党中央的高度重视下，我国在依法治国理论和实践方面接连取得新进展。

1996年2月在中共中央举办的法制讲座上，江泽民把此前"以法治国"的提法改为"依法治国"，他强调："加强社会主义法制建设，依法治国，是邓小平建设有中国特色社会主义理论的重要组成部分，是我们党和政府管理国家和社会事务的重要方针。实行和坚持依法治国，就是使国家各项工作逐步走上法制化的轨道，实现国家政治生活、经济生活、社会生活的法制化、规范化；就是广大人民群众在党的领导下，依照宪法和法律的规定，通过各种途径和形式，管理国家事务，管理经济和文化事业，管理社会事务；就是逐步实现社会主义民主的制度化、法律化。实行和坚持依法治国，对于推动经济持续、快速、健康发展和社会全面进步，保障国家长治久安，具有十分重要的意义。"江泽民指出："依法治国是社会进步、社会文明的一个重要标志，是我们建设社会主义现代化国家的必然要求。经过全党全社会共同努力，随着社会主义民主法制建设的日益加强，随着社会主义市场经济体制的建立和完善，我们党和政府依法治国的水平必将不断提高。"同年 3 月，八届全国人大四次会议把依法治国写入《国民经济和社会发展"九五"计划和二〇一〇年远景目标纲要》，提出："依法治国，建设社会主义法制国家。加强立法、司法、执法、普法工作。"

1997 年 9 月 12 日至 18 日，党的十五大召开。首次把依法治国、建设社会主义法治国家，作为党领导人民治理国家的基本方略郑重地提了出来，并对依法治国的本质特征及其重大意义进行了深刻阐述。

江泽民在党的十五大报告中明确提出，要"在坚持四项基本原则的前提下，继续推进政治体制改革，进一步扩大社会主义民主，健全社会主义法制，依法治国，建设社会主义法治国家"。依法治国，就是广大人民群众在党的领导下，依照宪法和法律规定，通过各种途径和形式管理国家事务，管理经济文化事业，管理社会事务，保证国家各项工作都依法进行，逐步实现社会主义民主的制度化、法律化，使这种制度和法律不因领导人的改变而改变，不因领导人看法和注意力的改变而改变。

江泽民强调："依法治国，是党领导人民治理国家的基本方略，是发展社会主义市场经济的客观需要，是社会文明进步的重要标志，是国家长治久安的重要保障。党领导人民制定宪法和法律，并在宪法和法律范围内活动。依法治国把坚持党的领导、发扬人民民主和严格依法办事统一起来，从制度和法律上保证党的基本路线和基本方针的贯彻实施，保证党始终发挥总揽全局、协调各方的领导核心作用。"

依法治国的目标由"建设社会主义法制国家"改为"建设社会主

义法治国家”，是一个重要的变化。“法制”和“法治”有着不同的实质意义，前者是法治的内容与形式之一，后者则是治国理政的方式与方略。

1999 年 3 月，九届全国人大二次会议通过《中华人民共和国宪法修正案》，将“依法治国，建设社会主义法治国家”纳入宪法，以国家根本法的形式确立了依法治国基本方略，使之成为一项宪法的基本原则。

法治建设的累累硕果

在建设社会主义法治国家的道路上，经过长期不懈努力，各项工作都有长足的发展。依法治国，首先是要做到有法可依。在立法工作上，成就显著。1993 年八届全国人大常委会第二次会议通过了中华人民共和国历史上第一部关于科学技术的法律——《中华人民共和国科学技术进步法》，还有农业技术推广法、农业法以及关于惩治生产、销售伪劣商品犯罪的决定共四部法律。八届全国人大常委会委员长乔石在会上强调要抓紧制定社会主义市场经济法律，本届常委会任期内要大体形成社会主义市场经济法律体系的框架。1996 年 12 月，乔石在人民大会堂答美国记者问时，说道："到目前为止，我们已经制定了公司法、劳动法、反不正当竞争法、消费者权益保护法、预算法、中国人民银行法、商业银行法、保险法、担保法、票据法、乡镇企业法等一系列规范市场主体、维护市场秩序、完善宏观调控和社会保障方面的法律。并从适应社会主义市场经济体制的要求出发，修改了经济合同法、个人所得税法、会计法等一批法律。可以说，在形成社会主义市场经济法律体系方面，我们已经取得了重大的进展。"从 1979 年初到 2003 年，全国人大及其常委会通过了 440 多件法律、法律解释和有关法律问题的决定，其中现行有效的法律有 220 多件，国务院制定了其中现行有效的 670 多件行政法规，地方人大及其常委会制定了近万件地方性法规，民族自治地方制定了近 500 件自治条例和单行条例。经过多年的努力，21 世纪初我国以宪法为核心的中国特色社会主义法律体系已经初步形成。我国的政治生活、经济生活和社会生活的主要方面基本做到了有法可依。完善的法律，保障了经济建设的正常运行和国家的长治久安。

普法工作也迈出了更大步伐。领导带头、全民学法，是这一时期的生动写照。从 1994 年底到 1997 年初，党和国家领导人五次听取法制讲座，内容包括社会主义市场经济法律制度建设；依法治国，建设社会主义法制国家的理论和实践问题；"一国两制"与香港基本法等。上行下效，各省、自治区、直辖市先后都举办了法律知识讲座，尤其是注重与工作实际的结合，有重点地学习与社会主义市场经济密切相关的法律知识，有的将公司法、劳动法、税法、破产法等也列入讲座的选题。江泽民指出："加强社会主义法制建设，坚持依法治国，一项重要任务是要不断提高广大干部群众的法律意识和法制观念。思想是行动的先导。干部依法决策、依法行政是依法治国的重要环节。公民自觉守法、依法维护国家利益和自身权益是依法治国的重要基础。""加强社会主义法制建设必须同时从两个方面着手，既要加强立法工作，不断健全和完善法制；又要加强普法教育，不断提高干部

2001 年 12 月 4 日是我国第一个法制宣传日。这是临汾市司法局干部在向市民发放法律宣传资料

新华社记者马毅敏 摄

群众的遵守法律、依法办事的素质和自觉性。二者缺一不可，任何时候都不可偏废。"在 1996 年开始的"三五"普法期间，全国共举办 280 多次省部级领导干部专题法制讲座，参加的领导干部多达 1.2 万人次；经过正规法律培训的地厅级领导干部达 18.4 万人次；有 7.5 亿人参加了各种形式的学法活动。人们也越来越善于通过法律来维护自己的合法权益。1997 年天津市一家律师事务所推出"常年家庭法律顾问"业务，仅一个月时间里，就有 100 多户普通家庭与其签订聘请家庭律师的合同；江西省宁都县，有 3000 多户农民常年聘请私人律师。

在司法方面，江泽民提出："保证司法机关严格执法，坚决纠正有法不依、违法不究的现象。要在总结经验的基础上，有领导地加快司法改革的步伐，逐步形成有中国特色的司法体制。"他还指出："推进司法改革，从制度上保证司法机关依法独立公正地行使审判权和检察权，建立冤案、错案责任追究制度。"1996 年、1997 年，八届全国人大四次会议和五次会议，分别审议通过了刑事诉讼法修正案和新刑法两部法律。这两部法律是我国法律、司法实践数十年正反两方面经验、教训的总结，被海内外视为我国刑事审判制度新的里程碑。它们体现了罪刑法定、法律面前人人平等、罪刑相当、无罪推定等原则，充分反映了司法公正原则。这一时期我国进一步推进司法改革，在提高司法效率，保证严格公正执法，准确惩罚犯罪，特别是加强公民权利的保障方面，都有显著成效。

在严格执法上，各级人民代表大会及其常设机构对政府部门和法院、检察院的执法进行监督。全国人大常委会把对法律的实施的检查监督放在与立法同等重要的位置。八届全国人大常委会第三次会议通过了《关于加强对法律实施情况检查监督的若干规定》。各地政法部门加强廉政建设，将吃请受礼、办"关系案""人情案"，搞地方部门保护主义、裁判不公，作为反腐败斗争的重点。建立健全内部和外部监督机制，完善执法违法和错案追究制度，大力查处不依法办案、以案谋私、以权谋私等违法乱纪问题。在党的十四大以来的五年时间里，全国人大常委会对30部法律的执行情况进行了检查，有的连续检查多次。仅1997年前后，就组织了21个执法检查组，对农业法、教育法、环境保护法、劳动法和关于加强社会治安综合治理的决定的实施情况进行检查。执法的力度和深度不断增强。

1997年12月25日，江泽民在全国政法工作会议上强调："实行依法治国，建设社会主义法治国家，是一项复杂的社会系统工程，在立法、执法、司法和普法教育等方面都有大量的工作要做，需要付出艰苦的努力。"在党的领导下，我国在建设社会主义法治国家的道路上行稳致远，几代人的法治梦逐步成为现实。

4. 社会主义的全面发展全面进步

1996 年，表明居民食品支出占生活消费比例的恩格尔系数，在我国城镇首次低于 50%。这标志着人民生活质量的跨越。从满足物质需求，向满足更多需求迈进，从一个侧面反映了我国社会的全面发展与进步。

"社会主义社会是全面发展、全面进步的社会"

党的十一届三中全会以来，我国经济发展迅速，人们的物质生活得到了很大改善。不过，仅从物质文明看我国的发展变化是不充分的，而应以一个更全面的视角认识我们的社会主义社会。

党中央一直高度重视社会主义社会的全面发展与进步。邓小平强调我们要建设的社会主义国家，不但要有高度的物质文明，而且要有高度的精神文明，两个文明都搞好，才是有中国特色的社会主义，搞现代化一定要坚持以经济建设为中心，要有两手，只有一手是不行的。"我们为社会主义奋斗，不但是因为社会主义有条件比资本主义更快地发展生产力，而且因为只有社会主义才能消除资本主义和其他剥削制度所必然产生的种种贪婪、腐败和不公正现象。"

1992 年 10 月 12 日，江泽民在党的十四大报告中指出："现阶段我国社会的主要矛盾是人民日益增长的物质文化需要同落后的社会生产之间的矛盾，必须把发展生产力摆在首要位置，以经济建设为中心，推动社会全面进步。""我们要在九十年代把有中国特色社会主义的伟大事业推向前进，最根本的是坚持党的基本路线，加快改革开放，集中精力把经济建设搞上去。同时，要围绕经济建设这个中心，加强社会主义民主法制和精神文明建设，促进社会全面进步。"

1993 年 12 月，江泽民在中央军委扩大会议上再次强调："社会主义的优越性不仅表现在经济政治方面，表现在能够创造出高度的物质文明上，而且表现在思想文化方面，表现在能够创造出高度的精神文明上。贫穷不是社会主义；精神生活空虚，社会风气败坏，也不是社会主义。现代化建设的实践告诉我们，越是集中力量发展经济，越是加快改革开放的步伐，就越是需要社会主义精神文明提供强大的精神动力和智力支持"。

1996 年 10 月 10 日，江泽民在党的十四届六中全会上发表重要讲话，他提出："社会主义社会是全面发展、全面进步的社会。社会主义现代化建设事业是物质文明和精神文明协调发展、相辅相成的事业，缺少任何一个方面，都不成其为有中国特色的社会主义。"12 月 9 日，江泽民在由党中央、国务院召开的第一次全国卫生工作会议上又一次强调："我国社会主义现代化建设事业，是以经济建设为中心的社会全面发展、全面进步的事业。"

"社会主义社会是全面发展、全面进步的社会"，充分体现了社会主义的本质特征和优越性。

全面发展全面进步的显著成效

20世纪90年代以来，物质文明和精神文明建设齐头并进，进一步推动社会全面发展全面进步，各方面都取得了可喜的成就。

在指导思想方面，1992年，党的十四大确立邓小平建设有中国特色社会主义理论的指导地位，提出用这一理论武装全党。1997年，党的十五大首次使用"邓小平理论"这个概念，把邓小平理论同马克思列宁主义、毛泽东思想一起作为党的指导思想写入党章。党的十五大报告指出："这是我们党经过近二十年改革开放和社会主义现代化建设的成功实践作出的历史性决策。作出这个决策，表明中央领导集体和全党把邓小平开创的建设有中国特色社会主义事业全面推向新世纪的决心和信念，也反映了全国人民的共识和心愿。"

我国积极推进政治体制改革，使社会主义民主和法制建设取得新的发展。在社会主义建设的政治保证问题上，始终坚持四项基本原则。进一步巩固和发展了稳定的社会政治环境，保证经济建设和改革开放的顺利进行，不断推进中国特色的社会主义民主政治。在党的建设方面，党的十五大报告总结道："全党学习邓小平建设有中国特色社会主义理论逐步深入。领导班子建设和干部队伍建设取得新进展，大批优秀年轻干部走上领导岗位。党风廉政建设和反腐败斗争的力度加大，取得了阶段性成果。基层组织建设得到加强，广大共产党员发挥了先锋模范作用。党内生活向制度化、规范化迈出新的步伐。"

从经济发展看，1996年，我国国内生产总值达到67795亿元，跃升至世界第七位，年平均增长率远超世界平均水平。外贸进出口总

1998 年 4 月 23 日，浙江省衢县北二村的村民们在一座古老的祠堂里面进行村民委员会的换届选举

新华社照片 谭进 摄

额累计达到 11686 亿美元，年平均增长 16.4%，在世界贸易中的位次由 1990 年的第 15 位上升至 1997 年的第 11 位。全国财政收入由 1992 年的 3483.37 亿元提升到 1996 年的 7407.9 亿元。工农业生产方面，截至 1997 年，我国主要工农业产品中，谷物、棉花、油料、肉类、禽蛋、棉布、煤、钢、水泥年产量世界第一；发电量、化肥、化学纤维世界第二；大豆、甘蔗世界第三；原油世界第五。人们的生活水平显著提高，衣食住行更加便利。1996 年底，我国实现了县县通公路，已有 95% 的乡镇和 74% 的村庄开通了客车；1997 年我国高速公路总里程已达 3422 公里，每周飞翔在祖国上空的航班有 1.1 万班次；城乡电话网总容量突破亿门，为世界第二位，百姓不需要再跑到邮电局排队打长途电话。截至 1996 年 6 月，城乡居民的现金总额达到 6.5 万

亿元，比1991年增长3倍多。其中，城镇居民人均财产性收入达112元，比1991年上升4.6倍。

与此同时，在党中央的高度重视下，精神文明建设成效显著。从1991年开始，中共中央宣传部组织实施精神文明建设"五个一工程"奖评选活动，即评选出一本好书、一台好戏、一部优秀影片、一部优秀电视剧（片）、一篇或几篇有创见有说服力的文章。"五个一工程"反映时代精神，弘扬主旋律，鼓励文艺工作者创作优秀作品丰富人民的文化生活。1994年中共中央印发了《爱国主义教育实施纲要》，对爱国主义教育的基本原则、主要内容、工作重点和教育方法作了基本规定，实现了爱国主义教育活动的规范化和制度

1994年5月20日，北京观众来到北京西四胜利影院观看获"五个一工程"入选作品奖的影片《炮兵少校》

新华社记者杨飞 摄

化。"万里边疆文化长廊"使边疆文化建设状况得到初步改善，截至 1997 年，该项目修建各类公益性文化设施 2850 个；"蒲公英"计划实现了农村儿童文化场所零的突破；开展"文化科技卫生三下乡"，深入农村尤其是"老少边穷"地区，推动农村精神文明建设；一些窗口行业和部门组织"为人民服务、树行业新风"主题行动，推出文明服务示范点，使行业精神文明建设更加制度化、规范化，取得良好效果。社会各界携手共建"万村书库"，进行文化扶贫。新闻出版业蓬勃发展，把握正确舆论导向，新闻媒体实施"精品工程"，弘扬社会正气，各类报刊坚持围绕党的中心工作，发挥报刊功能。全国深入开展"扫黄""打非"斗争，文化市场得到有效净化。1995 年八位英雄模范人物的名字出现在八届全国人大三次会议的政府工作报告中。人们争相向李国安、徐虎、李素丽等一批先进模范人物学习。全国各地积极投入到创建文明城市的实践当中，"讲文明、树新风"活动也蓬勃开展起来。从 1992 年到 1997 年，文化领域法规建设步伐加快，先后制定颁布全国性行政法规六项，制定部门规章、规范性文件 300 余项，各省（市、区）制定的地方性法规、政府规章及政策性文件近 400 项。

1996 年 3 月，八届全国人大四次会议把精神文明建设列入国民经济和社会发展总体规划，推动物质文明和精神文明建设相互促进、协调发展。同年通过的《中共中央关于加强社会主义精神文明建设若干重要问题的决议》明确指出："根据党在社会主义初级阶段的历史任务，根据建国以来特别是改革开放以来的历史经验，我国社会主义精神文明建设，必须以马克思列宁主义、毛泽东思想和邓小平建设有中国特色社会主义理论为指导，坚持党的基本路线和基本方针，加强思想道德建设，发展教育科学文化，以科学的理论武装人，以正确的舆论引导人，以高尚的精神塑造人，以优秀的作品鼓舞人，培育有理想、有道德、有文化、有纪律的社会主义公民，提高全民族的思想道德素质和科学文化素质，团结和动员各族人民把我国建设成为富强、民主、文明的社会主义现代化国家。"这进一步推动我国精神文明建设不断向前发展。

在科教方面，我国也取得了长足进步。在科技方面，许多技术达到了世界先进水平，如以银河系列巨型计算机、计算机集成制造技术等为代表的大型计算工程和大规模数据处理技术，以重离子加速器、自由电子激光、超导为代表的高新技术，以航天育种、无性繁殖为代表的生物工程技术，等等。我国顺利实施"863计划""科技成果推广计划"和"星火计划"，科技成果转化率加快，1992年以来的五年里科技对经济增长贡献率由约30%提高到38%。教育方面，1996年，万人拥有大学生数为24.7人，四年前，这个数还只有18.6；研究生数量1992年接近三万人，到了1996年，则增加至六万人左右。

2001年是中国共产党成立80周年，江泽民发表了重要讲话。他强调指出："社会主义社会是全面发展、全面进步的社会。社会主义现代化事业是物质文明和精神文明相辅相成、协调发展的事业。全党同志必须全面把握两个文明建设的辩证关系，在推进物质文明建设的同时，努力推进社会主义精神文明建设。在当代中国，发展先进文化，就是发展有中国特色社会主义的文化，就是建设社会主义精神文明。"在党中央的领导下，社会各界共同努力，我国社会主义社会在全面发展、全面进步中不断前进。

5. "小三步走"

1987 年 4 月,邓小平明确提出"三步走"现代化战略构想。同年,党的十三大正式确认了这一战略构想。在改革开放推动下,这一时期,我国经济社会发展迅速,先是解决了温饱问题,完成"三步走"战略的第一步目标。到了 1997 年,第二步目标也即将提前实现。对于接下来的第三步,江泽民在党的十五大报告中把它进一步具体化,提出了"小三步走"战略。

"三步走"前两步发展目标的实现

20 世纪 80 年代,我国在改革开放和现代化建设中取得了巨大成就,从农村到城市,从沿海到内地,经济生活和社会生活出现了前所未有的蓬勃生机。国家经济实力显著增强,社会面貌发生深刻变化。1980 年代末,"三步走"的第一步战略目标,即国民生产总值比 1980 年翻一番,解决人民温饱问题,已经基本实现。

1990 年,党的十三届七中全会通过的《中共中央关于制定国民经济和社会发展十年规划和"八五"计划的建议》指出:"从 1991 年到 2000 年,我们要实现现代化建设的第二步战略目标,把国民经济的整体素质提高到一个新水平。"

用十年时间，实现国民生产总值再翻一番，完成第二步战略目标，需要达到并保持一定的发展速度。根据科学测算，《中共中央关于制定国民经济和社会发展十年规划和"八五"计划的建议》明确要求"今后十年国民生产总值平均每年增长百分之六左右"。

6%的经济发展速度，对世界上很多国家而言，都是一个不小的目标。而在我国，不久后就对这一数字进行了更高的调整。

1992年邓小平南方谈话后，我国经济社会发展更加有活力，各方面事业呈现出蒸蒸日上、欣欣向荣的景象。这一年10月，党中央根据发展实际，对我国经济发展目标作出新要求。党的十四大报告提出：90年代我国经济的发展速度，原定为国民生产总值平均每年增长6%，现在从国际国内形势的发展情况来看，可以更快一些。根据初步测算，增长8%到9%是可能的，我们应该向这个目标前进。根据党的十四大精神，1993年3月，党的十四届二中全会通过的《中共中央关于调整"八五"计划若干指标的建议》提出："'八五'期间国民经济平均每年的增长速度，综合考虑各种因素，拟调整为百分之八——百分之九"。

这是一次鼓舞人心的调整。

从1991年到1995年的"八五"期间，国民生产总值年均增长速度超过了原计划的8%—9%，高达12%。1995年，国民生产总值达到5.76万亿元，我国提前五年实现了到20世纪末国民生产总值比1980年翻两番的目标。

1994年春节前夕，90岁高龄的邓小平在杨浦大桥上遥望建设中的浦东，发出了"喜看今日路，胜读百年书"的感慨。

上海杨浦大桥建成   新华社记者徐义根 摄

在这良好的发展势头下，党中央提出了一个更高要求，即要实现人均国民生产总值翻两番。1995 年 9 月，党的十四届五中全会通过的《中共中央关于制定国民经济和社会发展"九五"计划和二〇一〇年远景目标的建议》提出："全面完成现代化建设的第二步战略部署，2000 年，在我国人口将比 1980 年增长 3 亿左右的情况下，实现人均国民生产总值比 1980 年翻两番；基本消除贫困现象，人民生活达到小康水平；加快现代企业制度建设，初步建立社会主义市场经济体制。"

在这一目标的激励下，1996 年，我国国内生产总值达到 67795 亿元，在世界的排位已上升至第七位。1997 年，国内生产总值已达 74772 亿元，人均国民生产总值比 1980 年翻两番的目标提前达到。

我国现代化建设"三步走"战略的第二步目标即将实现。

第三步细化的"小三步"

随着新世纪的临近，越来越多的目光转向"三步走"战略的第三步目标。

对于第三步，邓小平多次谈起它的重要性。1987 年 4 月，邓小平指出："我们制定的目标更重要的还是第三步"，"做到这一步，中国就达到中等发达的水平。这是我们的雄心壮志。"1989 年 6 月，邓小平同几位中央负责同志谈话，建议"组织一个班子，研究下一个世纪前 50 年的发展战略和规划，主要是制定一个基础工业和交通运输的发展规划。要采取有力的步骤，使我们的发展能够持续、有后劲"。1992 年，他在南方谈话中特别指出："从现在起到下世纪中叶，将是很要紧的时期，我们要埋头苦干。我们肩膀上的担子重，责任大啊！"

以江泽民同志为核心的党的第三代中央领导集体，在 20 世纪 80 年代末 90 年代初着手酝酿和规划"三步走"战略的"第三步"。1992 年，对现代化建设的第三步战略目标作出具体规划。江泽民在党的十四大报告中指出："再经过 20 年的努力，到建党 100 周年的时候，我们将在各方面形成一整套更加成熟更加定型的制度。在这样的基础上，到下世纪中叶建国 100 周年的时候，就能够达到第三步发展目标，基本实现社会主义现代化。"

新世纪的蓝图正一步步勾画着，丰富着。

《中共中央关于制定国民经济和社会发展"九五"计划和

二〇一〇年远景目标的建议》指出："经过 15 年的努力，我国社会生产力、综合国力、人民生活水平将再上一个大台阶，社会主义精神文明建设和民主法制建设将取得明显进展，为下个世纪中叶实现第三步战略目标，基本实现现代化，开创新的局面。"

1997 年 9 月 12 日至 18 日，中国共产党第十五次全国代表大会召开。江泽民在党的十五大报告中指出："从现在起到下世纪的前十年，是我国实现第二步战略目标、向第三步战略目标迈进的关键时期。"江泽民明确提出了 21 世纪前 50 年分三个阶段发展的构想：21 世纪我们的目标是，第一个 10 年实现国民生产总值比 2000 年翻一番，使人民的小康生活更加宽裕，形成比较完善的社会主义市场经济体制；再经过 10 年的努力，到建党 100 年时，使国民经济更加发展，各项制度更加完善；到世纪中叶建国 100 年时，基本实现现代化，建成富强民主文明的社会主义国家。党的十五大围绕新的"三步走"发展战略，对我国跨世纪发展作出战略部署。这一新的"三步走"发展战略，也被称为"小三步走"，它进一步明确了我国经济发展、政治体制改革和文化建设的目标与任务，在实践中丰富和发展了邓小平"三步走"现代化发展战略中第三步的战略构想。

世纪之交，"九五"计划胜利完成，标志着我国实现了社会主义现代化建设第二步战略目标。从新世纪开始，我国进入全面建设小康社会、加快推进社会主义现代化的新的发展阶段，开始迈向第三步战略目标。

2000 年 10 月，党的十五届五中全会通过了《中共中央关于制定国民经济和社会发展第十个五年计划的建议》。《建议》指出"十五"

期间经济和社会发展的主要目标是：国民经济保持较快发展速度，经济结构战略性调整取得明显成效，经济增长质量和效益显著提高，为到 2010 年国内生产总值比 2000 年翻一番奠定坚实基础；国有企业建立现代企业制度取得重大进展，社会保障制度比较健全，完善社会主义市场经济体制迈出实质性步伐，在更大范围内和更深程度上参与国际经济合作与竞争；就业渠道拓宽，城乡居民收入持续增加，物质文化生活有较大改善，生态建设和环境保护得到加强；科技教育加快发展，国民素质进一步提高，精神文明建设和民主法制建设取得明显进展。

2002 年 1 月，党的十六大筹备工作正在紧张有序开展，江泽民在党的十六大文件起草组会议上指出："不少同志在讨论中提出，从现在起到本世纪中叶基本实现现代化这 50 年，时间跨度比较大，能否划出一段时间，提出一个鲜明的阶段性目标，也就是以本世纪头 20 年为期，明确提出全面建设小康社会的目标。我认真考虑了大家的意见，认为基本是可行的。"江泽民强调党的十六大要进一步对 21 世纪前 50 年三个阶段的目标作出科学的表述。他指出："根据有关部门的测算，大体的情况是：（一）到 2010 年，实现国内生产总值比 2000 年翻一番，经济结构战略性调整取得明显进展，社会主义市场经济体制进一步完善，人民的小康生活更加宽裕。（二）到建党 100 年时，国内生产总值比 2010 年再翻一番，基本完成工业化，建成经济更加发展、民主更加健全、科教更加进步、文化更加繁荣、社会更加和谐、人民生活更加殷实的小康社会。（三）在此基础上再奋斗 30 年，到建国 100 年时，基本实现现代化，进入中等发达国家行列，把我国建成富强民主文明的社会主义现代化国家。"11 月，党的十六大报告明确提出："根据十五大提出的到 2010 年、建党 100 年和新中国成立 100 年的发展目标，我们要在本世纪头 20 年，集中力量，全面建设惠及十几亿人口的更高水平的小康社会，使经济更加发展、民主更加健全、科教更加进步、文化更加繁荣、社会更加和谐、人民生活更加殷实。""经过这个阶段的建设，再继续奋斗几十年，到本世纪中叶基本实现现代化，把我国建成富强民主文明的社会主义国家。"

从"三步走"到"小三步走"，一张张蓝图凝聚人心、鼓舞斗志。江泽民指出："我们党在革命、建设、改革的各个历史时期，都根据人民的意愿和党的事业的发展，提出明确的具有感召力的目标，并团结和带领广大人民为之奋斗。这是我们党一个十分重要的政治领导艺术。"在此基础上，中国共产党立足国情实际，组织实施了一系列重大战略决策，不断推动人民对美好生活的向往一步步变为现实。

6. 科教兴国战略

进入 20 世纪 90 年代，世界科技革命出现新的高潮，科学技术对经济社会发展的推动作用日益明显，成为决定国家综合国力和国际地位的重要因素。党中央根据当代世界经济、科技的发展潮流和我国现代化建设的需要，及时提出并实施了科教兴国战略，对中国特色社会主义事业的跨世纪发展起到了强有力的推动作用。

"863 计划" 与科技事业的兴起

20 世纪 80 年代，高科技已成为国际竞争的制高点，全球性的高科技竞争日趋激烈。1983 年 3 月 23 日，美国总统里根发表了著名的"星球大战"演说，在世界范围内激起千层浪。日本随即紧跟步伐提出了"今后十年科学技术振兴政策"，西欧则提出了"尤里卡计划"，苏联也很快制定了"高科技发展纲要"，高科技浪潮席卷全球。

刚刚开始改革开放的中国也对"星球大战"计划十分关注，多次组织专家学者进行分析研讨。1986 年初，中科院技术科学部主任王大珩参加了一次针对"星球大战"计划的研讨会。这不是他第一次参加这样的会议，但他的情绪愈发激动，愈发感到中国决不能延误发展时机，自己必须要做点什么。这天晚上，另一位参会者、他的同事陈芳允心事重重地敲开了他的家门，两人不谋而合，决定给中央写信，提出发展中国高技术的建议。之后，他俩又邀请核物理专家王淦昌、航天技术专家杨嘉墀共同商议。

3月，四位老科学家对国内外科技状况作了深刻分析后上书中央，提出了要跟踪世界先进水平、发展我国高技术的倡议。中央高度重视，邓小平随即作出批示："此事宜速作决断，不可拖延。"11月，中共中央、国务院转发《高技术研究发展计划纲要》（后被称为"863计划"），提出了生物技术、航天技术、信息技术、先进防御技术、自动化技术、能源技术和新材料等七个领域中的15个主题项目，作为我国发展高科技的重点。中国的宏伟的高技术研究发展计划，就这样坚定地开始实施了。1991年，邓小平又挥笔为"863计划"工作会议写下了题词："发展高科技，实现产业化"。科技，在神州大地上激荡起澎湃动力。

科教兴国战略的提出

1992年，党的十四大提出，必须把经济建设转到依靠科技进步和提高劳动者素质的轨道上来。同年，国务院颁布《国家中长期科学技术发展纲领》，对面向新世纪的科技发展作出规划。为落实《纲领》的各项要求，国家科委和有关部门联合推出一系列科技和经济体制综合配套改革措施，并先后在沈阳、南京等八个城市进行科技体制和经济体制综合配套改革试点，为科学技术服务于经济建设积累了宝贵经验。1993年5月，全国科技工作会议在北京召开。会议指出，要进一步动员和组织我国的科技力量和社会各界，抓住机遇，加快改革开放，大力解放和发展科学技术的生产力。7月2日，八届全国人大常委会第二次会议通过《中华人民共和国科学技术进步法》。这是新中国成立以来第一部关于科学技术的法律，是中国科技史上的一件大事，更是科技体制改革的重要成果。它表明，中国的科技体制改革已经迈上了进一步规范发展的轨道。1994年2月，《适应社会主义市场经济发展，深化科技体制改革实施要点》出台，强调科技体制改革要实行"稳住一头，放开一片"的方针，即稳定基础性研究、高技术研究、事关经济建设与社会发展和国防事业长远发展的重大研究；放开各类直接为经济建设和社会发展服务的开发和研究，放开放活科技成果商品化、产业化活动，使之与市场规律相适应。科技与经济社会发展更加紧密地结合在了一起。

1995年5月6日，党中央、国务院进一步作出《关于加速科学技术进步的决定》，正式提出科教兴国战略。《决定》指出：实施科教兴国战略，要全面落实科学技术是第一生产力的思想，坚持教育为本，把科技和教育摆在经济、社会发展的重要位置，增强国家的科技实力及向现实生产力转化的能力，提高全民族的科学文化素质，把经济建设转移到依靠科技进步和提高劳动者素质的轨道上来，加速实现国家的繁荣强盛。这是保证国民经济持续、快速、健康发展的根本措施，是实现社会主义现代化宏伟目标的必然抉择，也是中华民族振兴的必由之路。20天后，党中央、国务院在北京召开全国科学技术大会。江泽民在会上再次强调了邓小平的"科学技术是第一生产力"的著名论断，并指出：党中央、国务院决定在全国实施科教兴国战略，是总结历史经验和根据我国现实情况作出的重大部署。没有强大的科技实力，就没有社会主义现代化。他强调：创新是一个民族进步的灵魂，是国家兴旺发达的不竭动力。如果自主创新能力上不去，一味靠技术引进，就永远难以摆脱技术落后的局面。一个没有创新能力的民族，难以屹立于世界先进民族之林。我们必须在学习、引进国外先进技术的同时，坚持不懈地着力提高国家的自主研究开发能力。

抓住机遇，科教兴国

1996 年，江泽民会见了参加"863 计划"十周年工作会议的代表，他指出：实施科教兴国战略，对于我国今后的发展和整个现代化的实现是至关重要的。我们要牢牢把握历史机遇，大力发展高技术及其产业，不断提高科技进步在推动经济增长中的作用，促进国民经济增长方式的转变。

据不完全统计，为落实科教兴国战略的基本要求，1996 年至2000 年间，在继续实施"863 计划"的同时，国家有关部门又相继出台了 13 项科技计划和相关政策，比如国家重点基础研究发展计划（"973 计划"）、科技型中小企业技术创新基金、知识创新工程、国家科技创新工程等。从 1998 年起，国家逐年加大了对科技事业的投入，中央财政五年内投入 25 亿元用于国家重点基础研究。国务院先后对十个国家局所属 242 个应用型科研机构实行了企业化转制。科研机构、高校和企业之间开展了共建实验室、研究中心，科研人员兼职，联合培养研究生，科研机构进入企业加强面向市场的产品开发等多种形式的合作。这些举措大幅提高了国家的自主创新能力，有力推动了科技成果的产业化，促进了科技与经济的紧密联合。

为了在全社会形成尊重知识、尊重科学、依靠科学的良好气氛，鼓励广大科技工作者通过不懈努力，为中国的科技发展不断作出新的贡献，党和国家还建立健全了表彰激励机制。1999年9月，党中央、国务院、中央军委作出决定，表彰为研制"两弹一星"作出突出贡献的23位科技专家，授予于敏、王大珩、王希季、朱光亚、孙家栋、任新民、吴自良、陈芳允、陈能宽、杨嘉墀、周光召、钱学森、屠守锷、黄纬禄、程开甲、彭桓武"两弹一星功勋奖章"；追授王

2001年2月19日，中共中央、国务院在北京人民大会堂隆重召开国家科学技术奖励大会。这是国家最高科学技术奖获得者袁隆平（左）、吴文俊在主席台上

新华社记者鞠鹏 摄

淦昌、邓稼先、赵九章、姚桐斌、钱骥、钱三强、郭永怀"两弹一星功勋奖章"。从 2000 年起设立国家最高科学技术奖，是党中央、国务院作出的一项重大决定。2001 年 2 月，党中央、国务院在北京举行国家科学技术奖励大会，颁布 2000 年度国家科学技术奖励获奖项目和人选，数学家吴文俊、"杂交水稻之父"袁隆平荣膺该年度国家最高科学技术奖。此后，国家最高科学技术奖每年颁发一次，2000 年度至 2020 年度共有 35 人获奖。

实施科教兴国战略，关键是人才。随着科技革命的不断深化，对劳动者知识和技术水平的要求越来越高。教育成为科技进步的根本所在。大力发展教育事业，提高劳动者队伍的素质，对于我国社会主义现代化建设事业具有重要意义。

1993 年 2 月，党中央、国务院颁布《中国教育改革和发展纲要》，提出到 20 世纪末我国教育发展的总目标是：全民受教育水平有明显提高；城乡劳动者的职前、职后教育有较大发展；各类专门人才的拥有量基本满足现代化建设需要；形成具有中国特色的、面向 21 世纪的社会主义教育体系的基本框架。再经过几十年的努力，建立起比较成熟和完善的社会主义教育体系，实现教育的现代化。1995 年 3 月，八届全国人大三次会议通过《中华人民共和国教育法》，从法律上为教育事业的发展提供了保障。

为贯彻落实科教兴国战略、推动高等教育的发展，国家实施了加强重点高校建设的"211 工程"，旨在面向 21 世纪重点建设 100 所左右的高等学校和一批重点学科，推动高等教育改革和多种形式联合办学，促使高校布局和结构趋于合理，提高办学规模效益和教育质量。

教育部采取"共建、调整、合作、合并"等多种方式，合理调整高校布局结构，原国务院部委管理的360多所高校多数改由中央和地方共建、以地方管理为主，一些需要国家管理的学校由行业主管部门划归教育部管理，逐步改变了高等教育长期存在的条块分割、重复建设状况，教育资源配置更加合理。基础教育和职业技术教育逐步形成了政府为主与社会参与相结合的办学新体制。"九五"期间，国家大幅度增加对教育事业的投入，有力地支持了教育体制的改革和教育事业的发展。1998年12月，教育部制定《面向二十一世纪教育振兴行动计划》，使我国教育事业的改革和发展在迈向新世纪的道路上有了更加明确的奋斗目标。高等学校从1999年起连续扩大招生规模，高考录取率从36％提高到59％；2002年高等学校在校生1600万人，是1997年的2.3倍；五年内全国本专科毕业生1300万人，毕业研究生31万人。

实施科教兴国战略，是实现最广大人民根本利益的重大战略。邓小平在1992年初视察南方时，着重强调了科技和教育在社会经济发展中的作用。他指出："经济发展得快一点，必须依靠科技和教育。"在科教兴国战略的大力驱动下，科技教育在经济社会发展中的地位越来越关键，中国在科教领域取得了一系列重大成果。中国科学院知识创新工程、"863计划"、"973计划"、火炬计划等重大科技行动取得显著成效。一批批优质高产农作物新品种育成推广，使越来越多的人民群众过上丰衣足食的美好生活。一批批重大装备研制任务顺利完成，在数字程控交换机、高性能并行计算机、工业机器人、生物疫苗、功能材料等高技术领域取得重要进展，工业增长质量和效益明显提升，社会效益和经济效益显著。全国基本普及九年义务教育，基本扫除青壮年文盲，2000 年小学学龄儿童入学率达到 99% 以上，初中入学率达到 85% 左右，高等学校招生人数突破性扩大，教育事业迎来一个又一个春天，为现代化建设提供了各类人才支持和知识贡献。中国的科技实力明显增强，中国人民文化素质显著提高，科教兴国战略为跨世纪的中国插上了腾飞的双翼。

7. 可持续发展战略

可持续发展，就是既要考虑当前发展需要，又要考虑未来发展需要，不以牺牲后人的利益为代价来满足当代人的利益。1995 年，可持续发展被中共中央作为国家发展的重大战略正式提出，并付诸实施。可持续发展战略的实施，对保持国民经济持续快速健康发展、不断提高经济增长的质量和效益、促进人的全面发展、改善生态环境、促进人与自然的和谐，发挥了重要作用。

可持续发展战略的提出

自从 20 世纪初以电气化为标志的第二次工业革命完成以来，工业文明突飞猛进，科学技术日新月异，人类社会生产力快速发展。尤其是第二次世界大战以后，世界局势相对和平稳定，各国掀起发展经济的高潮。据世界观察所的统计，相较于 1900 年，20 世纪末全球工业总产值增长了 50 多倍。然而，与经济发展速度同样惊人的是自然资源的消失速度、环境的恶化速度和人口的膨胀速度……

云南省滇西北地区，是金沙江、澜沧江和怒江三江并流地，驰名中外的苍山洱海、梅里雪山、丽江古城就分布在这里。由于缺少科学的全面规划，滇西北地区竭泽而渔的掠夺式开发使草场大面积退化，生物物种灭绝加快。有资料显示，这一地区的森林覆盖率由1950年代的56%降至1990年代的30%，水土流失面积已占总面积的24.38%。

滇西北的环境问题是全中国环境问题的缩影。西北起沙暴，京城降泥雨，南海泛赤潮，头顶有酸雨连片，脚下是黑水垃圾，环境警钟频频敲响，惊人心魄。中国自然资源方面尽管总量比较丰富，但人均资源十分贫乏，资源破坏严重，矿产资源滥采乱挖，采富弃贫，浪费惊人；淡水、森林、草原、耕地在开发、灌溉、采伐、载畜、开垦等方面问题不少；资源的有效利用和转化、降低能源消耗、提高废物材料的回收再生等方面也暴露出许多问题。大量事实告诫我们：保护环境迫在眉睫，我们绝不能重走先发展后治理的老路。

1992年，在里约热内卢召开的联合国环境与发展大会上，通过了一份旨在鼓励发展的同时保护环境的全球可持续发展计划的行动蓝图——《21世纪议程》。参加联合国环发大会高峰会议的李鹏代表中国政府向世界作出了承诺：中国作为最大的发展中国家，将保持经济与环境保护协调发展，把《21世纪议程》付诸行动。这是中国对历史的承诺，也是对美好明天和子孙后代的承诺。

联合国里约环发大会召开后仅仅几个月，国家计委、国家科委就组织了国务院50多个部门、300多名专家，着手编写《中国21世纪议程》。在有关部委、机构和社会各界的积极参与下，中外专家多次讨论修改。1994年，我国发表《中国21世纪议程——中国21世纪人口、环境与发展白皮书》，从中国的人口、环境与发展的总体情况出发，提出了促进中国经济、社会、资源和环境相互协调的可持续发展的战略目标、对策和行动方案。1994 年和 1996 年，中国政府分别召开了第一次、第二次中国 21 世纪议程高级国际圆桌会议，得到了联合国机构、有关国际组织、许多国家政府以及工商企业界的支持，交流了可持续发展的经验，推动了可持续发展领域的国际合作，促进了中国国内的工作。1995 年 9 月，党的十四届五中全会在确定经济和社会发展目标时，明确强调了要实现经济与社会的相互协调和可持续发展问题。1996 年 3 月，八届全国人大四次会议的政府工作报告明确提出：实施科教兴国战略和可持续发展战略，对于今后 15 年的发展乃至整个现代化的实现，具有重要意义。会议批准的《中华人民共和国国民经济和社会发展"九五"计划和二〇一〇年远景目标纲要》，把可持续发展作为一项战略目标和重要的指导方针，指导国家的发展规划。从 1997 年开始，党中央每年召开人口、资源、环境工作座谈会，各级党委和政府高度重视可持续发展战略的实施。党的十五大提出：在现代化建设中必须实施可持续发展战略，坚持计划生育和保护环境的基本国策，正确处理经济发展同人口、资源、环境的关系，加强对环境污染的治理，植树种草，搞好水土保持，防治荒漠化，改善生态环境。实施可持续发展战略成为我国跨世纪发展的重要任务。

"九五"计划期间，一系列有关环境、资源方面的法律、法规陆续出台。在新修订的《刑法》中，增加了"破坏环境资源保护罪"的规定，为强化环境监督执法、制裁环境犯罪行为，提供了强有力的法律依据。1999 年 12 月修订的《海洋环境保护法》，进一步加大了对海上活动的环保监督力度。2000 年修订的《大气污染防治法》，强化了法律责任和执法力度。党的十五届五中全会上通过的《关于制定国民经济和社会发展第十个五年计划的建议》中，就继续严格控制人口数量，合理使用、节约和保护资源，加强生态建设，加大环境保护和治理力度等，制定了明确的政策和目标。我国逐步建立起比较完善的环境管理体系和环境法规体系，使可持续发展战略的实施走上法制化、制度化和科学化的轨道。

1996 年，国务院发布《关于环境保护若干问题的决定》，大力推进"一控双达标"（控制主要污染物排放总量、工业污染源达标和重点城市的环境质量按功能区达标）工作，全面开展"三河"（淮河、海河、辽河）、"三湖"（太湖、滇池、巢湖）水污染防治，"两控区"（酸雨污染控制区和二氧化硫污染控制区）大气污染防治，"一市"（北京市）、"一海"（渤海）的污染防治（简称"33211"工程）。十五大以后，国务院先后颁布《全国生态环境建设规划》和《全国自然保护区发展规划》，相继作出严厉打击非法捕杀和经营野生动物、秸秆禁烧和综合利用等一系列规定，统筹规划国土资源开发和整治，实行资源有偿使用制度，逐年加大了生态环境保护工作的力度。特别是三北防护林体系建设、天然林保护、退耕还林（还草）、京津风沙源治理、湿地保护与恢复、野生动植物保护及自然保护区建设、速生丰产林建设等工程的实施或启动，在我国生态建设中发挥了重要作用。

加强计划生育工作，控制人口增长，是实施可持续发展战略的一个重要方面。党和国家继续严格执行控制人口增长的政策，着力抓好农村计划生育、切实加强对流动人口计划生育的管理和优生优育的宣传。

江泽民在第四次全国环境保护工作会议上高瞻远瞩地指出："在

社会主义现代化建设中，必须把贯彻可持续发展战略始终作为一件大事来抓。""经济的发展，必须与人口、环境、资源统筹考虑，不仅要安排好当前的发展，还要为子孙后代着想，为未来的发展创造更好的条件，决不能走浪费资源、先污染后治理的路子，更不能吃祖宗饭、断子孙路。"环境保护和计划生育两个基本国策已深入人心，并逐步纳入国民经济和社会发展的计划之中。中国实施可持续发展战略的实质，是要开创一种新的发展模式，使国民经济和社会发展逐步走上良性循环的道路。

可持续发展战略成效显著

和伙伴们一起划着皮划艇，巡护船房河，在入滇河口赏夕阳西下，这是 2019 年 1 月被聘为昆明"市民河长"的陈嘉佳每个月最期待的美好时光。"小时候，父亲经常带我去滇池游泳。但后来滇池以及上游河流污染越来越严重。"让陈嘉佳欣慰的是，经过多年治理，滇池水质明显改善。作为滇池主要入湖河流之一，陈嘉佳巡护的船房河如今两岸绿柳成荫，河水清可见底，成了昆明城内最美的河流之一。

随着可持续战略的深入推进，生产方式、消费方式、思维方式、人和自然的关系正在中国飞速转变。

环境污染治理取得显著成果。1997 年，淮河流域工业企业水污染源实现达标排放；1998 年，太湖流域工业企业水污染源实现达标排放；滇池和巢湖已基本实现全流域工业污染源达标排放，水质有所好转。"两控区"减少二氧化硫排放量近 80 万吨，47 个城市二氧化硫浓度达到国家环境质量标准。北京市实施大气污染治理措施以来，全市二氧化硫浓度年均下降 1/3，氮氧化物污染加重趋势得到控制。同时，实行污染源排放单位排污总量配额制，工业污染加剧和资源浪费的趋势得以缓解。"九五"期间，全国关闭了污染严重又没有治理价值的"十五小"企业 8.4 万家，并实现了污染物全过程控制、浓度与总量控制相结合、集中控制与分散治理相结合的三个战略性转变。通过调整工业结构，加快技术进步，推行清洁生产，促进了工业增长方式的转变。据统计，1999 年全社会用于污染治理的投资为 823 亿元，占国内生产总值的比例首次达到 1%。

生态环境建设步伐加快，生态建设的合理布局逐步形成。我国建立了 2000 多个生态农业试验区，建立各类自然保护区近 1000 处。2001 年，"三北"地区的森林覆盖率达到 10%，初步建立起阻止风沙南侵的绿色长城。三北防护林工程被誉为"世界生态工程之最"，工程实施过程中还涌现了塞罕坝林场、右玉县等一批改善生态的先进典型。2000 年，全国已有封山育林面积 3019 万公顷，180 万平方公里的国土基本消灭了宜林荒山。全国 10% 的荒漠和荒漠化土地得到治理，自然保护区达到 1227 个，总面积 9821 万公顷，占国土总面积的 9.9%。

资源合理开发和保护不断加强，利用效率和综合利用水平有所提高。政府实行严格的资源管理制度，制止乱占耕地，实行节约用水和水价改革，治理整顿矿业开采。1996 年国家制定了对废弃物实现资源化的鼓励政策，提出了"资源开发与节约并举，把节约放在首位"的指导方针，资源综合利用水平有了明显提高。

人口数量得到控制，人口再生产类型实现了历史性转变。我国自

云南梅里雪山迎来由美国、印度等国的 30 余名生态环保专家组成的大型考察团

新华社记者王林 摄

20 世纪 70 年代开始实行计划生育基本国策以来，人口自然增长率由 1995 年的 10.55‰下降到 1998 年的 9.53‰，首次低于 10‰。到 2000 年末，全国人口总数约为 12.67 亿，实现了到 2000 年将全国人口规模控制在 13 亿以内的目标。这标志着我国在发展中国家中率先进入低出生率、低死亡率、低自然增长率阶段，实现了人口再生产的重大历史性飞跃。在控制人口数量的同时，人口素质有所提高，全国基本实现普及九年义务教育和基本扫除青壮年文盲的目标。

可持续发展战略的要求和小康社会的目标是一致的。一方面，在经济增长的同时，我国的产业结构将得到优化，经济效益逐步提高，经济增长方式进一步向集约型转变。经济增长与资源环境之间的矛盾将逐步缓解，为国民经济的持续健康发展注入一针强心剂。另一方面，人民生活水平和生活质量的全面提高对可持续发展提出了更迫切的需求。人们在满足了吃、穿、用、住等物质需要以后，对环境的要求也将越来越高。随着教育、文化、健康素质的提高，人们的可持续发展意识不断增强，可持续发展战略的实施得到更多民众的积极回应，在全社会形成良好氛围，推动社会以更加科学健康的方式进步发展。

8. 西部大开发战略

欲发展中国，须发展西部。担当着中华民族伟大复兴重任的中国共产党人，义不容辞地承担起这一历史使命。从邓小平提出"两个大局"构想，到江泽民提出西部大开发战略，西部地区的小康之路越走越宽广。

从"两个大局"到西部大开发

1956 年，毛泽东从实现区域协调发展出发，在《论十大关系》中明确提出要处理好沿海和内地的关系，平衡工业布局，大力发展内地工业。1988 年，邓小平提出"两个大局"的战略构想，即"沿海地区要加快对外开放，使这个拥有两亿人口的广大地带较快地先发展起来，从而带动内地更好地发展，这是一个事关大局的问题。内地要顾全这个大局。反过来，发展到一定的时候，又要求沿海拿出更多力量来帮助内地发展，这也是个大局。那时沿海也要服从这个大局"。1992 年，他在南方谈话中提出了转变的时机："可以设想，在本世纪末达到小康水平的时候，就要突出地提出和解决这个问题。"1995 年 9 月，党的十四届五中全会强调区域协调发展问题，要求在"九五"期间以及今后 15 年经济和社会发展中，坚持区域经济协调发展，逐步缩小地区发展差距。

党的十一届三中全会后，西部地区进入一个新的发展时期。国家出台了一系列扶持西部地区的政策措施，大力支持发展农业，加大财政转移支付力度，增加西部地区基本建设投资。经过改革开放 20 多年的积累，西部地区通过艰苦奋斗，经济实力不断增强。1978 年西南西北九省区地区生产总值为 558 亿元，而 1999 年西部十省区市为 15354 亿元；人均地区生产总值从 1978 年的 251 元增加到 1999 年的 4171 元。西部地区还形成了钢铁、有色金属、机械电子、航空航天等门类齐全、实力较为雄厚的工业体系。

20 世纪 90 年代末，西部地区经济社会发展已取得巨大成就，但从经济总量和发展水平来说，西部地区与东部地区差异仍然较大。1979 年到 1999 年，西部地区生产总值年均增长率比东部地区低 1.4 个百分点。西部 12 个省区市面积占全国的 71.5%，人口占 27.5%，GDP 却仅占 17.3%。1999 年，全国 60% 的农村贫困人口分布在西部；全国 592 个贫困县，307 个位于西部。

1999 年 3 月，北京春寒料峭。江泽民在九届全国人大二次会议和全国政协九届二次会议的党员负责人会议上的讲话中明确提出了"西部大开发"的战略构想。他指出，西部地区那么大，占全国国土面积一半以上，但大部分处于未开发或荒漠化状态。西部地区迟早是要大开发的，不开发，我们怎么实现全国的现代化？中国怎么能成为经济强国？这是我们发展的大战略、大思路。他要求有关部门提出西部大开发的实施步骤、政策、办法和组织形式。

随后，国家计委相继召开了四个座谈会，分别听取部门、地方、专家对西部大开发的意见和建议，围绕西部大开发的必要性和可行性，就西部大开发的目标、任务、方式、政策进行探讨。

6月17日，古城西安。江泽民在西北地区国有企业改革和发展座谈会上，系统阐述了西部大开发的战略构想。他提出，加快开发西部地区，对于推进全国的改革和建设，对于保持长治久安，具有重大的政治和社会意义。加快开发西部地区，从现在起，这要作为党和国家一项重大战略任务，摆到更加突出的位置。他强调："没有西部地区的稳定就没有全国的稳定，没有西部地区的小康就没有全国的小康，没有西部地区的现代化就不能说实现了全国的现代化。"

世纪之交，我国综合国力显著增强，国家支持西部地区加快发展的条件基本具备，时机已经成熟。1999年9月，党的十五届四中全会明确提出国家要实施西部大开发战略，通过优先安排基础设施建设、增加财政转移支付等措施，支持中西部地区和少数民族地区加快发展。2000年1月，中共中央、国务院印发《关于转发国家发展计划委员会〈关于实施西部大开发战略初步设想的汇报〉的通知》。这一文件成为指导西部大开发的纲领性文件。1月，国务院成立由总理朱镕基、副总理温家宝任正、副组长的国务院西部地区开发领导小组。该小组在有关部门进行的大量调查研究基础上，提出了实施西部大开发战略的初步设想。同年10月，党的十五届五中全会进一步强调：实施西部大开发战略，加快中西部地区发展，是实现现代化建设第三步战略目标的重大举措，是一项艰巨的历史任务。既要有紧迫感，又要有长期奋斗的思想准备。会后，国务院就西部大开发中的资金投入、投资环境、对外对内开放、吸引人才和发展科技教育等制定了若干具体政策措施，

2001 年 6 月 29 日，西部大开发的标志性工程——青藏铁路全线开工

新华社照片

明确规定当前和今后一个时期的重点任务和目标是：力争用五到十年时间，使西部地区基础设施和生态环境建设取得突破性进展，西部开发有一个良好开局；到 21 世纪中叶，要建成一个经济繁荣、社会进步、生活安定、民族团结、山川秀美的新西部。西部大开发战略由此全面启动。10 月，《国务院关于实施西部大开发若干政策措施》正式出台。西气东输、西电东送、青藏铁路、退耕还林还草等一批西部大开发标志性工程陆续开工，有力地推动了西部地区的经济发展和社会进步。

据统计，2000 年至 2002 年，西部地区共开工建设重点工程 36 项，投资总规模 6000 多亿元。西部地区国内生产总值分别增长 8.5%、8.7% 和 9.9%，比 1999 年的 7.2% 明显加快，与全国各地平均增长速度的差距明显缩小。固定资产投资年均增长 18.8%，比全国平均水平高出近六个百分点。

西部大开发是党中央总揽全局作出的一项重大决策，对于推动东西部地区协调发展和最终实现共同富裕，维护民族团结、社会稳定和国家安全，扩展国家发展的战略回旋空间，具有重大而深远的意义。

二十年"旧貌换新颜"

洛松次仁的母亲第一次坐火车，眼睛就没离开过窗户，"真快！这景我都看不过来！"同行人笑着告诉她，"你儿子开的火车比这还快呢！"这位藏族阿妈激动地拍起了手。

洛松次仁是青藏铁路唯一一名藏族动车司机，他欣喜地感叹："铁路让我走下高原，改变了人生。"

2006 年，火车第一次开进拉萨，色玛村村民尼玛次仁忘不了火车经过家门前的那一刻。"全村老少都出来迎接。""以前色玛村是纯农业村，全村 800 多农民守着不到 1000 亩土地，种青稞、土豆，靠天吃饭，一家一年有 5000 元存款就算富裕。"尼玛次仁回忆。

2007 年，色玛村利用毗邻拉萨货运西站的优势，成立色玛振通物流股份有限公司，搞起了物流，跑起了运输。不到三年，物流公司红红火火，超市、旅馆和修车铺等生意也如雨后春笋，色玛村从"农业村"变成"物流村"。"现在公司里年收入多的村民能拿到 7 万多元。"尼玛次仁高兴地说，全村以入股方式加入物流公司，去年公司从 987 万元收入中拿出 850 多万元给村民分红。

陕北安塞县一个民间艺术团，成立了30多人的铜管乐队。这是铜管乐队在为当地群众演奏

新华社照片

从西宁向西延伸至格尔木，再向南取道，青藏铁路犹如一只粗壮的臂弯，将青藏高原拥入怀抱。这是世界上海拔最高、线路最长的高原铁路。铁路全线路共完成路基土石方7853万立方米，桥梁675座、近16万延长米，涵洞2050座、37662横延米，隧道7座、9074延长米。这条被人们称为"天路"的钢铁动脉，为青海和西藏两省区经济社会发展注入了强劲的动力。这，只是西部大开发的成就之一。

通过实施西部大开发战略，西部地区基础设施建设取得突破性进展，生态环境保护成效显著，社会事业和人才开发得到加强，人民生活水平明显提高，城乡面貌发生历史性变化。西部地区从经济、环境到文化和社会领域都发生了天翻地覆的变化，"旧貌换新颜"，这是中华民族发展史上一件惊天动地的壮举，也是世界发展史上的空前壮举。

西部地区发展步伐不断加快，综合经济实力大幅跃升。西部地区生产总值逐年增长，2000 年至 2018 年 GDP 总量由 16654.62 亿元增长到 184302.11 亿元，增长约 10 倍，GDP 占全国的比重增长到 20.47%，GDP 增速保持在 8% 以上。

西部地区基础设施建设取得突破性进展。2000 年至 2019 年，西部大开发累计新开工重点工程 378 项，投资总额达 9.16 万亿元。2019 年，西部地区铁路运营里程达到 5.4 万公里，其中高速铁路 7618 公里。高速公路通车里程突破 5 万公里。民用运输机场数量达 114 个，占全国比重近 50%。通过持续不断优化民航布局、强化铁路建设、完善公路网络、加快水运发展、加强水利建设、畅通能源通道以及完善信息基础设施，西部地区的铁路路网密度、干线等级和公路网络联通、通达水平得到明显提高，河流航道和沿岸港口建设得到不断改造，能源布局得到持续优化，信息化水平得到大幅提升。

西部地区生态环境明显改善。生态环境的保护和治理一直是西部开发面临的一个突出问题。国家加大对西部地区生态建设投入，加快实施重点生态地区生态修复治理。以退耕还林还草、退牧还草、天然林保护、石漠化地区综合治理、水土保持、湿地保护与恢复以及自然保护区生态保护与建设等为代表的一系列生态重点工程的持续推进，目前已在西部地区设立了 37 个生态文明先行示范区，耕地、水流、湿地、荒漠、草原、森林等领域的生态补偿机制逐步完善。实施退耕还林还草面积累计超过 1.37 亿亩，森林覆盖率大幅提高。草原、湿地等重要生态系统得到有效保护和恢复，地区生态环境明显改善，国家生态安全屏障得到巩固。

西部地区贫困面貌得到改善，人民生活水平大幅提高。西部大开发战略极大程度地发挥了开发式扶贫的涓滴效应，西部集中连片特困地区的贫困问题得到显著改善，贫困人口数量明显减少。2000年至2010年，西部地区农村贫困人口累计减少6734万人，贫困发生率从10.2%降低到2.8%。2012年至2017年，以现行的贫困标准测算，西部地区农村贫困人口从5086万人下降到1634万人，累计减少3452万人，贫困发生率由17.6%下降为5.6%。2017年，西部地区城镇和农村居民人均可支配收入分别达到3.1万元和1.1万元，是2013年的1.38倍和1.46倍，年均增长超过10%。西部广袤无垠的土地焕发出新的生机，千百万质朴的人民走向富裕。

2000年3月，朱镕基在九届全国人大三次会议记者招待会上这样描述了西部大开发的前景：我认为西部地区的开发见效可能是很快的。当然，这是一个非常艰巨的事业，不是一代人能够完成的，西部地区真正的开发恐怕需要一代人、两代人，甚至几代人的努力。20年后，《中共中央国务院关于新时代推进西部大开发形成新格局的指导意见》正式发布，这是党中央、国务院为加快形成西部大开发新格局，推动西部地区高质量发展，决胜全面建成小康社会，作出的重大决策部署。如火如荼的西部大开发展开了新画卷。

9. "引进来"和"走出去"战略

"引进来"和"走出去"战略是我国对外开放基本国策的重要组成部分。根据经济全球化的新趋势和我国改革开放的发展进程，党中央在世纪之交提出并实施了对外开放"引进来"和"走出去"相结合的战略，推动对外开放形成全方位、多层次、宽领域发展的新格局。

中国企业要"走出去"

达苏水电站是巴基斯坦技术难度最大、总装机容量和总投资最大的项目之一，能够有效改善当地电力短缺状况。为解决达苏水电站图纸批复问题，中水北方勘测设计研究有限责任公司副总工程师杨海燕跨越近300公里的崎岖山路，深入施工现场，与业主工程师对接。

在杨海燕的工作生涯中，这样的行程算是轻松的。随着我国水电工程走出去步伐加快，杨海燕每年在海外工程一线的时间超过200天。扎根海外水利工程一线十余年，杨海燕带领团队克服恶劣自然环境和艰苦工作条件，推动中国水电技术标准走向世界，彰显了中国工程师的风采，被誉为绽放在"一带一路"上的"水电玫瑰"。

当今中国是世界范围内最具竞争力的水电强国之一，中国水电企业务遍及全球 140 多个国家和地区，占据海外 70% 以上的水电市场，参与的已建在建海外水电工程 300 余座，总装机 8100 多万千瓦，大中型水电工程市场几乎全部被中国水电企业占领。

中国水电技术带动了中国资本走出去。采用中国水电技术开发水电项目具有成本低、建设周期短等优势，得到了资本市场的认可，带动中行、国开行、工行等金融机构参与了尼日利亚、巴基斯坦、阿根廷等多个国家大型水电项目的融资建设。初步统计，中国资本在海外投资水电超过 2000 亿元，遍布欧洲、美洲、非洲、东南亚 40 多个国家和地区。

中国水电已成为名副其实的中国创造和国之重器，成为我国"走出去"领域中的一张亮丽名片。

改革开放后的 20 年里，基于国情和实际需要，我国对外开放在很长一段时间里是以进出口贸易和吸收外资为主，虽然这期间也有一些企业自发去境外发展，但多是零敲碎打，难成气候。据统计，20 世纪末，全球对外投资总额约为 1 万亿美元，而在引进外资居世界最前列的中国，企业对外投资仅 6 亿多美元，只占全球不到 0.1%，与发达国家有着上百倍的差距。全世界每年国际工程承包的总金额在 1 万亿美元左右，我们只拿到 1% 多一点。这表明，我们在新一轮国际竞争与合作中已远远落伍。随着国内外形势变化，大力开拓海外市场逐步具备必要性和可能性。面对历史赋予的挑战和机遇，我们应确立什么样的未来发展坐标？我们如何抢占国际竞争制高点？我们能否开掘出新的经济增长点？

1996 年 7 月，江泽民在河北省唐山市考察工作时明确指出：要加紧研究国有企业如何有重点有组织地走出去，做好利用国际市场和国外资源这篇大文章。1997年，党的十五大报告指出：鼓励能够发挥我国比较优势的对外投资。更好地利用国内国外两个市场、两种资源。

党的十五大闭幕后不久，党中央明确提出中国企业要"走出去"。1997年12月，江泽民在会见全国外资工作会议代表时这样说道："我们不仅要积极吸引外国企业到中国投资办厂，也要积极引导和组织国内有实力的企业走出去，到国外去投资办厂，利用当地的市场和资源。""'引进来'和'走出去'，是我们对外开放基本国策两个紧密联系、相互促进的方面，缺一不可。这个指导思想一定要明确。现在，国际竞争这样激烈，无论从目前搞活国有企业还是从我国经济的长远发展来看，非这样做不可。""我们要进一步抓紧这方面的研究、部署和组织实施工作，争取在两三年内取得明显成效。关键是要有领导有步骤地组织和支持一批国有大中型骨干企业走出去，形成开拓国外投资市场的初步规模。这是一个大战略，既是对外开放的重要战略，也是经济发展的重要战略。"

1998年2月，江泽民在党的十五届二中全会上阐述应对亚洲金融危机的方针时再次强调既要"引进来"也要"走出去"，提出在积极扩大出口的同时，要有领导有步骤地组织和支持一批有实力有优势的国有企业走出去，到国外主要是到非洲、中亚、中东、东欧、南美等地投资办厂。2000年10月，党的十五届五中全会通过《中共中央关于制定国民经济和社会发展第十个五年计划的建议》，提出"要以更加积极的姿态，抓住机遇，迎接挑战，趋利避害，不断提高企业竞争能力，进一步推动全方位、多层次、宽领域的对外开放"，"实施'走出去'战略，努力在利用国内外两种资源、两个市场方面有新的突破"。"走出去"被中央正式确定为新时期一项对外开放战略。

"走出去"战略的制定和实施，标志着我国对外开放战略的重大转变，有利于我们在变幻莫测的国际风云中保持平衡，掌握主动。中国需要走出去，中国有能力走出去，这是时代的必然选择。

"引进来" "走出去" 开创新天地

根据"十五"计划部署，我国的对外开放从过去的侧重引进为主，发展为"引进来"和"走出去"相结合，积极参与国际合作。

多种形式的对外经济合作业务持续稳定增长。2001 年新签订涉及电力、交通、建筑、石化等行业的大型工程项目 15 个。到 2001 年底，我国累计参与境外资源合作项目 195 个，总投资 46 亿美元；累计设立各种境外企业 6610 家，其中中方投资 84 亿美元；境外项目平均投资达 252 万美元，比上年提高近 30％。一批大型骨干企业在实施海外投资战略中发挥了龙头作用，已初具跨国公司雏形。

一些"走出去"的企业很快就以多样的形式展现了多样的成功：在新加坡，中航油成为首家完全利用海外自有资产在该国上市的中资企业；在美国，浙江万向连续收购数家上市公司，并跻身全美三大汽车集团零部件的供应商行列；在南亚、北非，中兴通讯凭借设立海外研发基地，赢得了大批订单；在南非，海信麾下的境外家电加工装配企业每年带动国内电视机散件出口近千万美元；而在伊朗，

2001 年 11 月 11 日，在卡塔尔首都多哈举行的中国加入世贸组织签字仪式上，中国外经贸部部长石广生等在签字后鼓掌祝贺

新华社照片

由中信公司承建的德黑兰地铁已顺利通车，其中大部分成套设备从中国进口……

2001 年 12 月 11 日，中国正式成为世贸组织的第 143 名成员。这是我国改革开放进程中具有历史意义的一件大事，标志着我国对外开放进入了一个新的阶段。随着中国加入世贸组织，中国经济已经与世界经济更加紧密地联系在了一起，这为"引进来"和"走出去"战略带来了更多的机遇和挑战。我国在更大范围、更广领域和更高的层次上参与国际资源配置，拓宽发展空间，以开放促进改革和发展。"引进来"和"走出去"战略在经济全球化浪潮的荡涤中不断完善，我国对外开放水平不断提高。

据商务部统计，截至 2002 年底，我国累计投资设立各类境外企业 6960 家，遍及 160 多个国家和地区，协议投资总额逾 138 亿美元，中方投资约 93 亿多美元（实际数量和金额远不止于此）；累计签订对外承包工程合同额 1148 亿美元，完成营业额 827 亿美元；累计签订对外劳务合作合同额 295 亿美元，完成营业额 238 亿美元，外派劳务逾 273 万人次。已有 39 家中国企业进入世界最大 225 家国际承包商之列，11 家进入国际工程咨询设计 200 强。此外，在境外资源开发、跨国购并、设立研发中心、开展农业合作等方面，中资企业也身手不凡。

"引进来"和"走出去"相结合的开放战略促进了开放型经济的发展，使全方位、多层次、宽领域的对外开放格局更加清晰。中国经济进一步融入经济全球化进程，获得了更广阔的发展空间。今天，中国对外直接投资的流量和存量均已跃居全球第二位，中国在积极参与全球化进程中实现了自身经济的快速发展。历史和实践证明，"引进来"和"走出去"战略是党中央在跨世纪发展道路上作出的又一项富有远见的决策。

我们所要建设的小康社会，不是自给自足、自我封闭的社会，而是一个对外开放、参与国际竞争的社会。实施"引进来"和"走出去"战略，是新世纪新阶段全面建设小康社会的必由之路。江泽民指出：综观全局，21 世纪头 20 年，对我国来说，是一个必须紧紧抓住并且可以大有作为的重要战略机遇期。这是实现现代化建设三步走战略目标必经的承上启下的发展阶段，也是完善社会主义市场经济体制和扩大对外开放的关键阶段。在这个全面建设小康社会的关键时期，适应经济全球化和加入世贸组织的新形势，进一步扩大对外直接投资，对于更好地利用国内国际"两个市场""两种资源",加快转变经济发展方式,实现跨世纪发展,具有重大而深远的意义。

10. 实现第二步战略目标，人民生活总体达到小康

当人们迎来 21 世纪的第一缕曙光时，中国大地已经发生了巨大的变化。2000 年底，我们胜利实现了现代化建设"三步走"战略的第一步、第二步目标，人民生活总体达到了小康水平。这是一个伟大的里程碑，也是一个豪迈的新起点。

经济形势喜人

2000 年 12 月，国家统计局宣布，当年我国国民经济出现重要转机，经济增长加快，据初步预算，全国国内生产总值为 8.9 万多亿元人民币，首次突破一万亿美元。

一万亿美元，一个响当当沉甸甸的数字，一个了不起的伟大成就，一个来之不易的丰硕成果。

国内生产总值，是一个国家（或地区）在一定时期内所生产的最终产品和提供的劳务总量的货币表现。它反映的是一个国家的整体经济实力和创造财富的多少，是衡量一个国家经济发展成就的最重要的总量指标。国内生产总值突破一万亿美元，平均一天创造国内生产总值达 240 多亿元，大约相当于 1952 年全年国内生产总值的 1/3。这表明我国综合国力大大提高，现代化建设上了新台阶，人民生活明显改善。

2000 年 10 月，党的十五届五中全会在北京召开。全会高度评价了改革开放 20 多年特别是"九五"计划以来，我国经济建设和社会发展所取得的巨大成就。全会宣布：我们已经实现了现代化建设的前两步战略目标，经济和社会全面发展，人民生活总体上达到了小康水平。这是中华民族发展史上的一个新的里程碑。

经过改革开放以来 20 多年的不懈奋斗，我国经济实力显著增强，经济总量跃居世界第六位。2001 年，我国人均国民总收入（1993 年联合国国民核算体系将国民生产总值改称国民总收入）为 890 美元，按不变价格计算，比 1990 年增长近两倍，实现了从温饱到总体上达到小康的巨大跨越。1989 年财政收入仅 2665 亿元，2001 年达到 16386 亿元，年均增长 16.3%。财政实力由弱到强，是国民经济持续增长、经济运行质量不断提高的反映。公共财政体制的建立和完善，不但增强政府的宏观调控能力，对于促进结构调整和经济社会协调发展，促进社会公正等，将继续发挥重要作用。

在经济总量不断增长的同时，经济增长方式也发生了很大转变，经济结构趋于合理，经济效益不断提高。1990 年至 2001 年，我国国内生产总值年均增长 9.3%，居世界第一，远远高于同期世界经济平均增长率，万元产值能耗下降 73.7%，全社会劳动生产率年均增长 14.8%。我国第一、第二、第三产业增加值占 GDP 的比重，1980 年分别为 30.1：48.5：21.4，2000 年这一比例调整为 16.4：50.2：33.4。我国进入了以第二产业为主导的重工业化时期，我们离基本实现工业化又更进一步。我国积极探索可持续发展的道路，努力把经济增长方式转到速度与结构、质量、效益相统一上来。作为小康社会核心指标之一的森林覆盖率，从 1993 年的 13.92% 上升到 2000 年的 16.55%，增长速度明显加快。走一条科技含量高、经济效益好、资源消耗低、环境污染少、人力资源优势得到充分发挥的经济发展道路，必将提升中国经济的整体素质和国际竞争力。

区域经济协调发展是全面建设小康社会的题中应有之义，关乎国民经济的持续健康发展，关乎全体人民的根本福祉。中国的改革开放从优先发展东部沿海地区起步，根据不断变化的形势，党中央又适时提出了西部大开发和振兴东北等老工业基地战略。从 2000 年起，西部地区人均占有国家预算内财政投资已开始超过东部地区和中部地区。到 2002 年，国家在西部开工 30 多个项目，总投资超过 6000 亿元。振兴东北老工业基地的第一批项目总投资额数百亿元。我国城镇人口占全国人口比重从 1980 年的 19.4% 上升到 2000 年的 36.2%，农村富余劳动力向非农产业和城镇转移，带动社会跨越式发展，走出一条中国特色的城镇化道路。加快中西部和农村发展，振兴东北等老工业基地，不但体现社会主义共同富裕的原则，也为新时期经济发展拓展了广阔的空间。

人民安居乐业

北京的郭大妈，每次去超市，都会为"不知挑什么好"而发愁。就说水，有矿泉水、纯净水、蒸馏水、茶饮料、果汁、可乐……各种品牌、各种类型，让人眼花缭乱。"连水都变出这么多花样。前些年，哪想到会有这事。"

郭大妈的感叹，折射出中国人民生活的巨大变化。

小康不小康，老百姓的"钱袋子"鼓不鼓是一个重要指标。我国城镇居民家庭人均可支配收入由 1997 年的 5160 元增加到 2002 年的 7703 元，平均每年实际增长 8.3%。农村居民家庭人均纯收入由 2090 元增加到 2476 元，平均每年实际增长 3.4%。城乡居民人民币储蓄存款余额由 4.6 万亿元增加到 8.7 万亿元。居民拥有的股票、债券等其他金融资产也有较多增加。农村贫困人口由 4960 万人减少到 2820 万人，农村贫困地区群众温饱问题基本得到解决。

城乡市场一片欣欣向荣，社会消费水平明显提高，全社会消费品零售总额从 1997 年的 2.73 万亿元增加到 2002 年的 4.1 万亿元，平均每年实际增长 8.5%。我们终于告别了短缺。1998 年，我国供过于求的商品占 1/3，到 2002 年达到 88%，琳琅满目的商品诉说着市场的繁荣。

从人民生活质量看，居民消费结构也发生了巨大变化。2002 年，我国城镇居民的恩格尔系数已降到 40% 以下，农村居民的恩格尔系数降到 50% 以下。说明城镇居民消费已跨入小康门槛，农村居民吃的问题已解决，教育、文化、耐用消费品等新的热点在升温，中国人的生活已实现总体上的小康，并向着更殷实的小康稳步前进。另一组统计数字则表明，如果按人均国内生产总值、恩格尔系数、城镇人均可支配收入、农民人均纯收入等 16 项指标综合测算，1990 年我国的小康实现程度为 48%，而到 2000 年已跃升到 96%。

老百姓的"钱袋子"鼓起来了，日子也过得越来越红火，越来越丰富多彩。城镇居民人均住房建筑面积由 17.8 平方米增加到近 22 平方米，农村居民人均居住面积由 22.5 平方米增加到 26.5 平方米，城镇居民住房自有率达到70%。电视机、洗衣机、电冰箱等家用电器进一步普及，电脑、轿车越来越多地进入居民家庭。在深圳，仅2000年上半年就售出汽车21000部，平均每天售出120部。2002年我国汽车市场轿车销售110多万辆，其中个人购车占据半壁江山。1999年，全国固定电话和移动电话用户分别达到1.1亿户和4324万户，电话普及率达到了13%。我国电信在网络规模上已超过日本直追美国，居世界第二位。家电等耐用消费品拥有量进一步增加，不少居民家中的电器已多次换代，电脑、大屏幕高清晰度彩电、新型大容量多开门冰箱、家庭影院等都已成了寻常的消费品。

老百姓的精神文化生活也得到进一步充实，过去想都不敢想的事情变成现实：双休日或节假日，人们纷纷举家出门旅游，甚至走出国门，在世界各个角落展现着富裕起来的中国人民的风采，"假日消费"成为新的经济增长点；医疗保健条件不断改善，人民群众健康水平进一步提高，人均期望寿命2002年达71.8岁，接近中等发达国家水平；成人教育、职业教育、社区教育红红火火，居民用于子女非义务教育和自身再教育的支出大幅度提高；各地群众性文化活动蓬勃发展，老年秧歌队走街串巷演出，民间戏乐团年前年后搭台唱大戏……百姓生活喜洋洋，乐融融。"力有所为，闲有所乐，老有所养，病有所医"，显现一派国泰民安的景象。

福州市再就业明星陈晓萍是2003年的全国人大代表。当年陈晓萍下岗后，也曾失落彷徨。靠政府支持、靠自己努力，陈晓萍办起了真味包点公司，吸收了60多名下岗失业人员。"我能有今天，离不开国家对下岗职工的关心，离不开中央促进就业和再就业的好政策！"

就业是民生之本，是老百姓最大的保障。党中央、国务院高度重视促进就业和再就业，1998年和2002年，两次召开全国再就业工作会议，对就业工作全面部署，出台了一系列再就业优惠政策，具有中国特色的积极就业政策框架基本建立。1997年至2002年，全国每年新增就业800万人，2600万下岗职工中有1800多万先后实现再就业，城镇登记失业率控制在4%以内。

就业是老百姓生存发展的现实"饭碗"，社会保障则是解除老百姓后顾之忧的长远保证。1998年中央提出"两个确保"——确保企业离退休人员养老金按时足额发放，确保国有企业下岗职工基本生活。1998年至2002年，2600多万国有企业下岗职工中，90%以上的人先后进入再就业服务中心、领到了基本生活费，3000多万企业离退休人员按时足额领到了养老金。与此同时，国家进一步完善了养老、失业、医疗保险和"低保"制度。到2002年底，全国参加基本养老保险和失业保险的职工均超过一亿，参加基本医疗保险的职工9400万，享受城市居民最低生活保障的人数达2000万。我国社会保障制度建设取得了重大进展。

2003年羊年春节，一条手机短信受人青睐："祝您生活奔小康，收入达富康，身体更健康，全家都安康。"简单的话语在亲朋好友间传递，既是人们对新一年最美好的祝愿，也是人们真情的流露。小康，已经从一个美好的愿望，逐渐变成了老百姓看得见摸得着的日常生活。二十年磨一剑，全面小康这一部雄伟的史诗，已在世纪之交完成了总体小康这一精彩开篇，更多的华美篇章正在中华大地上热火朝天地谱写着！

四、全面建设小康社会

　　跨入 21 世纪，当"奔小康"这个万众一心的目标总体实现，下一个小康目标是什么？第三步该怎么走？诸多问题已摆在我们面前。2000 年，党的十五届五中全会通过的《中共中央关于制定国民经济和社会发展第十个五年计划的建议》作出明确回答："从新世纪开始，我国将进入全面建设小康社会，加快推进社会主义现代化的新的发展阶段。"2002 年，党的十六大对全面建设小康社会作出全面部署。全面建设小康社会的号角，在中国大地吹响。

1. 全面小康的内涵

2002 年 11 月 8 日，一篇题为《一座古老的小镇，崛起鸡鸣三省处》的新闻，出现在《人民日报》。其中介绍了地处豫皖两省交界处的历史古镇叶集，从一个小"集"到建成边贸市场、被批准为省级经济技术开发区的华丽转型。板车变轿车，草房变别墅，叶集镇的变化，只是中国现代化进程中的一个缩影。"抢抓机遇，与时俱进"是叶集的发展规划，更是 21 世纪的中国建设更高水平小康社会的要求和动力。随着曾经的千年穷荒地崛起鸡鸣三省处，中国的小康社会建设也迈入新的阶段。

党的十六大提出奋斗目标

2002 年 11 月，党的十六大报告正式提出了全面建设小康社会的奋斗目标："根据十五大提出的到 2010 年、建党 100 年和新中国成立 100 年的发展目标，我们要在本世纪头 20 年，集中力量，全面建设惠及十几亿人口的更高水平的小康社会，使经济更加发展、民主更加健全、科教更加进步、文化更加繁荣、社会更加和谐、人民生活更加殷实。这是实现现代化建设第三步战略目标必经的承上启下的发展阶段，也是完善社会主义市场经济体制和扩大对外开放的关键阶段。

经过这个阶段的建设，再继续奋斗几十年，到本世纪中叶基本实现现代化，把我国建成富强民主文明的社会主义国家。"

为什么在总体实现小康后，我国还要提出全面建设小康社会的目标？其实，这与我国所达到的总体小康情况有关。

根据 20 世纪 90 年代国家统计局会同国家计委和农业部共同制定的《全国人民小康生活水平的基本标准》，到 2000 年，"小康水平"的 16 项指标中只有 13 项指标按时完成，农民人均纯收入、人均蛋白质日摄入量和农村初级卫生保健基本合格县比重等三项指标并未达标。此外，东部地区与中西部地区的小康实现程度也不统一。正处于并将长期处于社会主义初级阶段的中国，刚刚进入小康社会所达到的小康还是低水平的、不全面的、发展很不平衡的小康。具体表现为：

（1）我国生产力和科技、教育还比较落后，实现工业化和现代化还有很长的路要走；

（2）城乡二元结构经济还没有改变，地区差距扩大的趋势尚未扭转，贫困人口还为数不少；

（3）人口总量继续增加，老龄人口比重上升，就业和社会保障压力增大；

（4）生态环境、自然资源和经济社会发展的矛盾日益突出；

（5）我们仍然面临发达国家在经济科技等方面占优势的压力；

（6）经济体制和其他方面的管理体制还不完善；

（7）民主法制建设和思想道德建设等方面还存在一些不容忽视的问题。

要"巩固和提高目前达到的小康水平，还需要进行长时期的艰苦奋斗"。因此，全面建设小康社会的目标和要求应运而生。

全面建设小康社会的具体任务和要求

为更加明确全面建设小康社会的阶段和具体目标，2002 年 1 月，江泽民在党的十六大文件起草组会议上指出："从全国来看，实现全面建设小康社会的目标，时间大体定为 20 年是适当的。"

"对我国来说，21 世纪头 20 年是必须紧紧抓住并且可以大有作为的重要战略机遇期"。该时期的奋斗目标，也是全面建设小康社会的总体目标：经济更加发展、民主更加健全、科教更加进步、文化更加繁荣、社会更加和谐、人民生活更加殷实。

怎样才能顺利实现这些目标呢？十六大报告从四个方面提出了具体任务和要求：

一是在优化结构和提高效益的基础上，国内生产总值到 2020 年力争比 2000 年翻两番，综合国力和国际竞争力明显增强。基本实现工业化，建成完善的社会主义市场经济体制和更具活力、更加开放的经济体系。城镇人口的比重较大幅度提高，工农差别、城乡差别和地区差别扩大的趋势逐步扭转。社会保障体系比较健全，社会就业比较充分，家庭财产普遍增加，人民过上更加富足的生活。

二是社会主义民主更加完善，社会主义法制更加完备，依法治国基本方略得到全面落实，人民的政治、经济和文化权益得到切实尊重和保障。基层民主更加健全，社会秩序良好，人民安居乐业。

三是全民族的思想道德素质、科学文化素质和健康素质明显提高，形成比较完善的现代国民教育体系、科技和文化创新体系、全民健身和医疗卫生体系。人民享有接受良好教育的机会，基本普及高中阶段教育，消除文盲。形成全民学习、终身学习的学习型社会，促进人的全面发展。

四是可持续发展能力不断增强，生态环境得到改善，资源利用效率显著提高，促进人与自然的和谐，推动整个社会走上生产发展、生活富裕、生态良好的文明发展道路。

这些任务和要求聚焦中国经济、政治、文化、科教和社会发展，将建设物质文明、政治文明和精神文明的要求与加快推进现代化建设进行了统一，既符合中国国情，也符合现代化建设实际。

"就是要在中国共产党的坚强领导下，发展社会主义市场经济、社会主义民主政治和社会主义先进文化，不断促进社会主义物质文明、政治文明和精神文明的协调发展，推进中华民族的伟大复兴。"

全面建设小康社会新目标和确定到 2020 年全面建设小康社会任务的提出和明确，为我国全面建设小康社会、加快推进社会主义现代化指明了方向。我国的小康社会建设，开始由"总体小康"向"全面小康"迈进。

党的十七大提出实现全面建设小康社会奋斗目标新要求

党的十六大以后，面对复杂多变的国际形势和艰巨繁重的改革发展稳定任务，党中央带领全国各族人民取得了改革开放和全面建设小康社会的重大成就，开创了中国特色社会主义事业新局面。2007年10月，党的十七大在新的历史起点上又提出了到2020年实现全面建设小康社会奋斗目标的五个新要求：

（1）增强发展协调性，努力实现经济又好又快发展。转变发展方式取得重大进展，在优化结构、提高效益、降低消耗、保护环境的基础上，实现人均国内生产总值到2020年比2000年翻两番。社会主义市场经济体制更加完善。自主创新能力显著提高，科技进步对经济增长的贡献率大幅上升，进入创新型国家行列。居民消费率稳步提高，形成消费、投资、出口协调拉动的增长格局。城乡、区域协调互动发展机制和主体功能区布局基本形成。社会主义新农村建设取得重大进展，城镇人口比重明显增加。

（2）扩大社会主义民主，更好保障人民权益和社会公平正义。公民政治参与有序扩大。依法治国基本方略深入落实，全社会法制观念进一步增强，法治政府建设取得新成效。基层民主制度更加完善。政府提供基本公共服务能力显著增强。

（3）加强文化建设，明显提高全民族文明素质。社会主义核心价值体系深入人心，良好思想道德风尚进一步弘扬。覆盖全社会的公共文化服务体系基本建立，文化产业占国民经济比重明显提高、国际竞争力显著增强，适应人民需要的文化产品更加丰富。

（4）加快发展社会事业，全面改善人民生活。现代国民教育体系更加完善，终身教育体系基本形成，全民受教育程度和创新人才培养水平明显提高。社会就业更加充分。覆盖城乡居民的社会保障体系基本建立，人人享有基本生活保障。合理有序的收入分配格局基本形成，中等收入者占多数，绝对贫困现象基本消除。人人享有基本医疗卫生服务。社会管理体系更加健全。

（5）建设生态文明，基本形成节约能源资源和保护生态环境的产业结构、增长方式、消费模式。循环经济形成较大规模，可再生能源比重显著上升。主要污染物排放得到有效控制，生态环境质量明显改善。生态文明观念在全社会牢固树立。

这五个方面都有具体内容，统揽了中国特色社会主义经济建设、政治建设、文化建设、社会建设和生态文明建设，全面建设小康社会的目标更全面、内涵更丰富、要求更具体。2008年1月，胡锦涛在中共中央政治局第三次集体学习会上指出："贯彻落实实现全面建设小康社会奋斗目标的新要求，必须全面推进经济建设、政治建设、文化建设、社会建设以及生态文明建设，促进现代化建设各个环节、各个方面相协调，促进生产关系与生产力、上层建筑与经济基础相协调。"

自此，全面建设小康社会奋斗目标从党的十六大提出的经济建设、政治建设、文化建设、社会建设"四位一体"扩展为加上生态文明建设的"五位一体"，从思想上、政治上、组织上为夺取全面建设小康社会新胜利、不断开创中国特色社会主义事业新局面提供了根本保证，也赋予了其新的时代内涵。正如胡锦涛在十七大报告中对我国全面建设小康社会前景的展望："到2020年全面建设小康社会目标实现之时，我们这个历史悠久的文明古国和发展中社会主义大国，将成为工业化基本实现、综合国力显著增强、国内市场总体规模位居世界前列的国家，成为人民富裕程度普遍提高、生活质量明显改善、生态环境良好的国家，成为人民享有更加充分民主权利、具有更高文

明素质和精神追求的国家，成为各方面制度更加完善、社会更加充

满活力而又安定团结的国家，成为对外更加开放、更加具有亲和力、

为人类文明作出更大贡献的国家。"

2. 实现全面、协调、可持续的发展

党的十六大以后，我国进入了全面建设小康社会又一个关键时期。经过 20 多年的发展，中国社会进入了一个"矛盾凸显期"。以胡锦涛同志为总书记的党中央准确把握中国基本国情，深刻洞察世界发展大势，积极探索新形势下发展的新思路，创造性地提出了科学发展观重大战略思想，坚持以人为本，全面、协调、可持续发展，带领全党全国各族人民谱写了全面建设小康社会的新篇章。

"非典"疫情引发科学发展新思想的探索

2003 年，一场突如其来的"非典"疫情暴露出我国在公共卫生等社会建设方面的某些薄弱环节，为我们思考新的发展理念带来了重要启示。

这年早春，非典型性肺炎疫病灾害爆发。到 4 月中下旬，疫情波及我国 26 个省、自治区、直辖市。除中国外，全球有 30 多个国家和地区也陆续发生了疫情。据世界卫生组织 2003 年 8 月 15 日公布的数据统计，截至 2003 年 8 月 7 日，全球累计"非典"病例共 8422 例，涉及 32 个国家和地区；全球因非典死亡人数 919 人，病死率近 11%。中国内地累计病例 5327 例，死亡 349 人；中国香港 1755 例，

死亡 300 人；中国台湾 665 例，死亡 180 人；加拿大 251 例，死亡 41 人；新加坡 238 例，死亡 33 人；越南 63 例，死亡 5 人……

"非典"来势汹汹，对人民群众的身体健康和生命安全构成了严重威胁，更给国家经济社会发展带来严重冲击：上海商业经济研究中心对全国 34 个城市 4 月中旬至 5 月中旬服务业情况的调查表明，太原百货及连锁销售额下降 35.7%，天津下降 33%，就连一直没有发现非典病例的"净土"贵阳，百货销售也下降 32.06%，餐饮业收入下降 43.3%。

面对疫情的严峻考验，党中央、国务院坚持一手抓防治"非典"不放松、一手抓经济建设中心不动摇，采取了一系列行之有效的政策措施，有效控制住了疫情，于 2003 年 6 月下旬取得抗击"非典"的阶段性重大胜利。但在抗疫过程中暴露的如城乡发展和区域发展不够协调、公共卫生事业发展滞后、突发事件应急机制不健全、应急能力不强等问题，也引起了党中央对新的发展理念和发展方式的思考和探索。

实现什么样的发展、怎样发展？解决这个问题迫在眉睫。

2003 年 4 月 15 日，胡锦涛在广东考察时提出要积极探索加快发展的新路子，"坚持全面的发展观"，以"努力在社会主义物质文明、政治文明、精神文明建设方面都交出优异的答卷"。7 月 28 日，他在全国防治非典工作会议上强调，要更好地坚持协调发展、全面发展、可持续发展的发展观。8 月 28 日至 9 月 1 日在江西考察工作时，胡锦涛明确使用了"科学发展观"概念，提出要牢固树立协调发展、全面发展、可持续发展的科学发展观。

2003 年 10 月，党的十六届三中全会审议通过了《中共中央关于完善社会主义市场经济体制若干问题的决定》，第一次在党的正式文件中完整提出："坚持以人为本，树立全面、协调、可持续的发展观，促进经济社会和人的全面发展。"至此，科学发展观作为推动经济社会发展的一个重大战略思想初步形成，实现全面、协调、可持续发展的要求及实践，也越来越明晰。

"坚持以人为本、全面协调可持续的发展观"

2004 年 3 月 10 日，胡锦涛在中央人口资源环境工作座谈会上阐释了坚持以人为本、全面协调可持续的发展观的主要内容，他指出："坚持以人为本、全面协调可持续的发展观，是我们以邓小平理论和'三个代表'重要思想为指导，从新世纪新阶段党和国家事业发展全局出发提出的重大战略思想。"他尤其强调，要实现全面建设小康社会的奋斗目标，开创中国特色社会主义事业新局面，必须坚持贯彻"三个代表"重要思想和党的十六大精神，牢固树立和认真落实以人为本、全面协调可持续的发展观，切实抓好发展这个党执政兴国的第一要务。

坚持以人为本，就是要以实现人的全面发展为目标，从人民群众的根本利益出发谋发展、促发展，不断满足人民群众日益增长的物质文化需要，切实保障人民群众的经济、政治和文化权益，让发展的成果惠及全体人民。

全面发展，就是要以经济建设为中心，全面推进经济、政治、文化建设，实现经济发展和社会全面进步。

协调发展，就是要统筹城乡发展、统筹区域发展、统筹经济社会发展、统筹人与自然和谐发展、统筹国内发展和对外开放，推进生产力和生产关系、经济基础和上层建筑相协调，推进经济、政治、文化建设的各个环节、各个方面相协调。

可持续发展，就是要促进人与自然的和谐，实现经济发展和人口、资源、环境相协调，坚持走生产发展、生活富裕、生态良好的文明发展道路，保证一代接一代地永续发展。

以人为本、全面协调可持续的科学发展观，总结了 20 多年来我国改革开放和现代化建设的成功经验，吸取了世界上其他国家在发展进程中的经验教训，概括了战胜"非典"疫情给我们的重要启示，揭示了经济社会发展的客观规律，反映了我们党对发展问题的新认识。

在此基础上，2005 年 10 月，党的十六届五中全会通过《中共中央关于制定国民经济和社会发展第十一个五年规划的建议》，明确提出："发展必须是科学发展，要坚持以人为本，转变发展观念、创新发展模式、提高发展质量，落实'五个统筹'，把经济社会发展切实转入全面协调可持续发展的轨道。"其中不仅提出了加快转变经济增长方式，同时强调了以"在优化结构、提高效益和降低消耗的基础上实现 2010 年人均国内生产总值比 2000 年翻一番""单位国内生产总值能源消耗比'十五'期末降低 20% 左右"等为主要内容的全面建设小康社会新目标。

"跟农村比起来，住房条件改善了，我们家住房面积有二百多平方米，小孩上学比较近，小区新开了几家超市，购物也方便，路也好。现在我在厂里上班，经济效益还可以，不像以前种田那么累。"四川省双流县率先推行农民多层公寓建设的燃灯小区居民刘丽如是说。如今小区道路整洁，鲜花绿树，有公共健身设施；公寓楼宽敞明亮，客厅、卧室、厨房、卫生间布局合理、舒适。随着越来越多的居民搬进这样的新公寓，大家对自己的生活也越来越满意。

安居才能乐业。为解决好农民变市民的问题，双流县也走过一条先发展、后规划的路，但因规划滞后、各自为阵，点面散乱，不仅浪费了土地资源，也大大增加了公共设施的投入。后来，以统筹城乡经济社会发展和西部大开发为抓手和突破口，双流举办"城市竞争力论坛"，邀请国内众多专家研讨城镇化发展问题；同时到浙江、沿海一带学习，到乡镇调研，结合双流实际，创新了城乡发展思路：（1）加快工业化进程，工业向园区集中，发挥基础设施的最大效益，实现工业发展与环境保护的协调发展；（2）加快城镇化进程，推进农民向城镇集中，加速农民变市民，实现城乡协调发展；（3）推进土地向业主集中，促进农业集约化经营，发展现代农业，把农民从土地上解放出来，为农民的转移、转化创造条件。以此为基础，双流政府统一征地，成建制拆迁安置、同步做好农转非工作，规范化建设统建小区，多形式安置失地农民，坚持以人为本，不仅让双流的城乡发展走出了一条绿色、协调、可持续之路，更是让城乡居民的生活质量有了质的飞跃，幸福指数直线上升。

随着转变经济发展方式、构建社会主义和谐社会、加强社会建设、统筹城乡发展，以及推进社会主义政治、文化和生态文明建设等推动经济社会科学发展的各项政策的陆续制定和实施，以人为本、全面协调可持续的科学发展观，逐渐深入人心。

党的十七大为全面、协调、可持续发展注入新动力

2007 年 10 月 15 日，胡锦涛在党的十七大上对以人为本、全面协调可持续的科学发展观作了进一步阐释，指出："科学发展观，第一要义是发展，核心是以人为本，基本要求是全面协调可持续，根本方法是统筹兼顾。"他尤其强调，要牢牢扭住经济建设这个中心，努力实现以人为本、全面协调可持续的科学发展，全面推进"五个建设"，促进现代化建设各个环节、各个方面相协调，总揽全局、统筹规划，坚持聚精会神搞建设、一心一意谋发展，着力把握发展规律、创新发展理念、转变发展方式、破解发展难题，提高发展质量和效益，实现又好又快发展。

同时，党的十七大还对全面建设小康社会提出了五方面新目标和新要求，包括"增强发展协调性，努力实现经济又好又快发展""扩大社会主义民主，更好保障人民权益和社会公平正义""加强文化建设，明显提高全民族文明素质""加快发展社会事业，全面改善人民生活""建设生态文明，基本形成节约能源资源和保护生态环境的产业结构、增长方式、消费模式"等。这些新目标和新要求，既是对全面建设小康社会目标内涵的扩展，也从经济建设、政治建设、文化建设、社会建设和生态文明建设的角度，进一步论证、发展了坚持以人为本，在统筹兼顾的基础上贯彻落实全面、协调、可持续发展的小康社会建设理念。

3. 建设社会主义新农村

农业、农村和农民问题，是党的十六大后以胡锦涛同志为总书记的党中央最为重视的大事之一。因为低水平、不全面、发展不平衡的小康，使得"三农"问题尤其是农村建设，成为全面建设小康社会的重中之重。正是在这样的大背景下，社会主义新农村建设翻开了新的篇章。

全面建设小康社会的工作重点在农村

2006年1月，国家广电总局召开广播电视村村通工作现场会，提出：要按照党的十六届五中全会提出的要求，贯彻落实《关于进一步加强农村文化建设的意见》，把广播电视村村通工程作为建设社会主义新农村的一件大事，作为农村文化建设的重中之重，同时强力推进新一轮村村通工程，为建设社会主义新农村，满足农民群众日益增长的精神文化需求作出新贡献。

截至2005年底，中央和地方财政累计投入资金34.4亿元，基本解决了全国11.7万个行政村和8.6万个自然村共9700万农民群众收听收看广播电视的问题，深受广大农村群众的拥护和欢迎。

这里提到的"建设社会主义新农村"，并不是一个新的词汇。早在 20 世纪 50 年代，我国就提出了建设社会主义新农村的号召。但这时的新农村建设，是为了给工业发展提供更多的原料和农产品，实现农业支持工业、农村支持城市，因此导致农民长期贫困、农村发展受限，城乡差距拉大。

改革开放以来，特别是进入 21 世纪，党中央尤为重视农业、农村和农民问题。"从我国的未来发展看，实现全面建设小康社会的宏伟目标，最繁重、最艰巨的任务在农村"，因此 2002 年 11 月，党的十六大明确提出："统筹城乡经济社会发展，建设现代农业，发展农村经济，增加农民收入，是全面建设小康社会的重大任务。"

为什么将"三农"问题列为我国实现全面建设小康社会的重点和难点？这是因为我国在达到的低水平、不全面、发展不平衡的小康中，差距主要在农村。对此，胡锦涛于 2003 年 1 月 8 日在中央农村工作会议上作了说明："一是我国农业劳动生产率低，农村生产力落后，仍然是国民经济的薄弱环节。二是我国人口大多数居住在农村，农民的生活水平明显低于城镇居民。目前尚未达到小康或者刚刚进入小康、收入还不稳定的人口也主要在农村，特别是农村现有贫困人口的脱贫难度很大。三是近年来农民收入增长缓慢，制约着农民生活的改善和农村经济的发展。……农村教育、科技、文化和卫生等事业的发展水平也明显落后于城市。农业和农村发展还面临着一些有待解决的深层次矛盾和问题。"

他指出，全面建设小康社会的工作重点在农村，没有农民的小康就没有全国人民的小康，没有农村的现代化就没有国家的现代化。强调"全面建设小康社会，建设社会主义新农村，必须实现农村社会主义物质文明、政治文明和精神文明的协调发展"。2003 年 1 月，《中共中央、国务院关于做好农业和农村工作的意见》出台，从农业区域布局、农业产业化经营、加快农业科技成果转化、加强农村市场建设、调整农业投资结构等方面提出 19 条要求，强调要全面建设小康社会，必须"统筹城乡经济社会发展，更多地关注农村，关心农民，支持农业，把解决好农业、农村和农民问题作为全党工作的重中之重，放在更加突出的位置，努力开创农业和农村工作的新局面"。

2004 年，党中央作出"我国总体上已进入了以工促农、以城带乡的发展阶段"的论断，"加大对农业发展的支持力度，发挥城市对农村的辐射和带动作用，发挥工业对农业的支持和反哺作用，走城乡互动、工农互促的协调发展道路"成为工农城乡关系发展的趋势。

"十一五"规划明确社会主义新农村建设目标

2005 年 10 月，党的十六届五中全会通过的《中共中央关于制定国民经济和社会发展第十一个五年规划的建议》，提出了完整的社会主义新农村建设目标：生产发展、生活宽裕、乡风文明、村容整洁、管理民主。20 字新目标从统筹城乡发展、建设现代农业、全面深化农村改革、大力发展农村公共事业、增加农民收入等方面提出具体建议，体现了新农村建设的物质文明、政治文明和精神文明要求，明确了建设社会主义新农村的重大战略任务。

在此基础上，2005 年 12 月，中共中央、国务院印发《关于推进社会主义新农村建设的若干意见》，强调做好农业和农村工作，完善强化支农政策、建设现代农业、加快社会事业发展、促进农民持续增收，确保社会主义新农村建设有一个良好开局。这是党中央发出的第一个以社会主义新农村建设为主题的文件，为落实新农村建设目标作了具体部署。

2006年元宵节刚过，黑河流域雪花飞舞，一辆辆桑塔纳、富康轿车相继驶出甘肃省高台县宣化镇乐二村公路，奔向城市建筑工地、工厂企业。与此同时，一位位农民或背着包，或提着皮箱，三五成群地朝汽车站、火车站走去。他们的步伐迈得很踏实，因为工作已经由村里的免费劳务中介——村干部们搞定了。

以前，"这个时候大家都还窝在家里，等着天气暖和了种小麦、玉米。我们村干部则把很多精力用在配合镇政府收取农业税、分派任务、抓计划生育上。大家见了我们没有什么好脸色。大伙儿一年忙到头，村里还是老样子，一个字：穷！"

如今，"村领导班子的职能发生了巨大转变，由收税变为送信息、搞服务，乡亲们见到我们也喜笑颜开了。"

从没个好脸色到喜笑颜开，从负责收税到搞劳务中介，乐二村的变化源自2005年甘肃省全面取消农业税。负担减轻了，农民欣欣鼓舞，纷纷念叨党的政策好，村干部们也将更多精力用在了劳务输出上，增加了农民收入，也拉动了其他产业的发展。

事实上，为推进现代农业和社会主义新农村建设，从2004年起，中央每年印发有关"三农"问题的"一号文件"，立足于促进农民增加收入、提高农业综合生产能力、推进社会主义新农村建设、发展现代农业、加强农村基础建设、促进农业稳定发展农民持续增收、加大

大学生志愿者为大同市灵丘县白崖台村村民宣讲新农村建设的有关政策

新华社照片 陈帆 摄

统筹城乡发展力度、加快水利改革发展和推进农业科技创新等，以加快社会主义新农村建设，切实为农民减负增收。

经过几年的农村税费改革试点，2005 年 12 月，十届全国人大常委会第十九次会议决定废止《中华人民共和国农业税条例》，自 2006 年 1 月 1 日起不再针对农业单独征税。从此，中国农民告别了绵延 2600 多年的"皇粮国税"。

"我是农民的儿子，祖上几代耕织辈辈纳税。今朝告别了田赋，我要铸鼎刻铭，告知后人。" 2006 年 9 月 29 日，一个高 99 厘米、重 252 公斤的"告别田赋鼎"初步成型，鼎上铭文记述了从春秋时代到改革开放以来赋税变迁给农民生活带来的影响和变化。

"告别田赋鼎"铸成后，引起广泛关注。鼎的铸造者——河北省石家庄市灵寿县青廉村村民王三妮说："鼎之所以引起关注，并非我的手艺有多么好，而是它标志着2000多年的'皇粮国税'时代的终结，表达了亿万农民对国家惠农政策的拥护。"

王三妮铸鼎纪念取消农业税的特殊形式，是广大农民对减负政策由衷的感恩，也是继续推进农村改革、加快社会主义新农村建设的动力。据统计，到2006年全面取消农业税后，与免税前的1999年同口径相比，全国农村税费改革每年减轻农民负担1250亿元，人均减负140多元，平均减负率达到80%，农民负担重的状况得到根本性扭转。

在推进农村改革、帮助农民增收减负的基础上，国家以解决制度缺失为重点，按照广覆盖、保基本、多层次、可持续的原则，积极构建我国农村社会保障制度基本框架：以农村最低生活保障、新型农村合作医疗、新型农村社会养老保险、农村五保供养等为主要内容的农村社会保障体系逐步形成。被征地农民社会保障、农民工工伤和医疗等社会保险逐步健全，农村无社保的局面得到了改变。

党的十七大提出 2020 年农村发展基本目标

2007年，党的十七大继续强调统筹城乡发展，推进社会主义新农村建设，要求"加强农业基础地位，走中国特色农业现代化道路，建立以工促农、以城带乡长效机制，形成城乡经济社会发展一体化新格局"。还提出"培育有文化、懂技术、会经营的新型农民，发挥亿万农民建设新农村的主体作用"。

为贯彻党的十七大精神，2008年10月，党的十七届三中全会审议通过了《中共中央关于推进农村改革发展若干重大问题的决定》，提出2020年农村发展基本目标："农村经济体制更加健全，城乡经济社会发展一体化体制机制基本建立；现代农业建设取得显著进展，农业综合生产能力明显提高，国家粮食安全和主要农产品供给得到有效保障；农民人均纯收入比2008年翻一番，消费水平大幅提升，绝对贫困现象基本消除；农村基层组织建设进一步加强，村民自治制度更加完善，农民民主权利得到切实保障；城乡基本公共服务均等化明显推进，农村文化进一步繁荣，农民基本文化权益得到更好落实，农村人人享有接受良好教育的机会，农村基本生活保障、基本医疗卫生制度更加健全，农村社会管理体系进一步完善；资源节约型、环境友好型农业生产体系基本形成，农村人居和生态环境明显改善，可持续发展能力不断增强。"

此后，中央进一步加大对农业的财政投入，出台一系列强农惠农富农政策，在实施粮食直补的基础上，对种粮农民实施良种补贴、农机具购置补贴和农资综合补贴，充分调动了种粮农民的积极性。从2004年起，我国粮食产量实现八年连续增长，2011年达到5.9亿吨。农民人均纯收入也连年增长。

2010年11月，世界慢城联盟把"国际慢城"称号颁给了南京市高淳区的桠溪镇，高淳桠溪也成为中国第一个"国际慢城"。创建全国农业旅游示范点、铺设生态路、治理环境、建设基础设施、鼓励村民发展乡村旅游事业，过去因位置偏远、交通不便而默默无闻的村子，随着一条48公里生态之旅景观带的建设被串联起来，惠民两万余人。

在获得慢城称号后，桠溪镇更是坚持慢城发展与生态保护同步提升、经济增长与富民惠民同步推进、都市农业与美丽乡村同步发展的理念，大力发展旅游农业、生态农业、高效农业，立志打造集旅游观光、休闲娱乐、餐饮度假为一体的悠闲宜居之城、和谐安康之城。

桠溪走出了一条社会主义新农村建设的成功之路。随着农村经济的发展、农民生活的不断改善、城乡经济社会发展一体化进程的推进，实现 2020 年社会主义新农村建设目标，正徐徐展开新的篇章。

4. 又好又快——转变经济发展方式

经济发展是一项十分宏大的系统工程。经过党的十四大以后十多年的奋斗探索，我国初步建立起社会主义市场经济体制，极大地促进了社会生产力的发展。但在我国经济持续快速增长、经济实力不断增强、综合国力不断提高、人民生活不断改善的同时，也面临着突出的矛盾和问题。如何实现经济又好又快发展，成为我们党面临的重大考验。

实现经济又快又好发展

为解决过多依靠消费能源资源的粗放式增长方式、经济发展越来越受到资源有限、环境污染、经济结构不合理以及社会发展滞后的制约等经济发展中的突出矛盾，实现可持续发展，党的十六大后，以胡锦涛同志为总书记的党中央加大了转变经济增长方式的工作力度，提出把可持续发展放在突出地位，不断创新转变经济增长方式新的思路。

2005年10月，党的十六届五中全会通过了《中共中央关于制定国民经济和社会发展第十一个五年规划的建议》，提出制定和实施"十一五"规划，必须认真贯彻落实科学发展观，切实推动我国经济

社会发展转入以人为本、全面协调可持续发展的轨道。《建议》强调
要实现经济又快又好发展，必须加快转变经济增长方式："我国土地、
淡水、能源、矿产资源和环境状况对经济发展已构成严重制约。要把
节约资源作为基本国策，发展循环经济，保护生态环境，加快建设资
源节约型、环境友好型社会，促进经济发展与人口、资源、环境相协调。
推进国民经济和社会信息化，切实走新型工业化道路，坚持节约发展、
清洁发展、安全发展，实现可持续发展。"

据《人民日报》2005年6月报道，截至2005年，"东方锅炉"
已成为国内首家同时拥有火电机组脱硫、脱硝环保技术和制造能力的
企业。依靠自主研发的先进烟气脱硝技术和海水脱硫技术，"东方锅
炉"继2005年春连续获得两项大额订单后，5月又拿到厦门嵩屿电
厂4×30万千瓦海水脱硫工程总额2.4亿多元的总承包合同，打破了
国外对我国大型燃煤机组海水脱硫技术的垄断。

"这台四五十吨重的大型环保锅炉，可用过去被当成废物的煤
矸石或劣质煤作燃料，并能有效控制污染物排放，所以广受市场青
睐。"2005年6月，记者走进四川自贡东方锅炉集团公司巨大的生产
车间，车间负责人指着一台正在组装的锅炉这样介绍道。

发展循环经济，不仅造就了"东方锅炉"这家年销售收入40多
亿元的老国有大型企业的今天，更为自贡这个老工业基地摆脱粗放型
发展模式写下了精彩篇章。自贡市委负责人告诉大家：树立和落实科
学发展观，使全市更多的企业把发展经济与保护生态、实现可持续发
展紧密联系起来，也使循环经济理念逐渐深入人心。

从"又快又好"到"又好又快"

2006 年 10 月，在党的十六届六中全会第二次全体会议上，胡锦涛提出了"扎实促进经济又好又快发展"的新要求。将经济发展过去使用的"又快又好"的提法改为"又好又快"。"快"是对经济发展速度的强调，"好"是对经济发展质量和效益的要求。从"又快又好"到"又好又快"，表明我们要更加重视经济发展的质量和效益，把质量和效益放在更加突出的位置；从"又快又好"到"又好又快"，词序的变化也蕴涵着深刻的意义，这是对科学发展观本质要求认识的深化，也是对我国经济社会发展新形势认识的深化。

2006 年 12 月 5 日，胡锦涛在中央经济工作会议上进一步阐发了这个思想，指出："坚持又好又快发展，是落实科学发展观、实现全面建设小康社会目标的必然要求"，"又好又快发展是有机统一的整体，既要求保持经济平稳较快增长，防止大起大落，更要求坚持好中求快，注重优化结构，努力提高质量和效益"。他强调要实现又好又快发展，"关键要在转变增长方式上狠下功夫，当前特别要在增强自主创新能力和节能降耗、保护生态环境方面迈出实质性步伐"。

2007 年 1 月 4 日，新年后上班第一天，安徽省政府就召开有关部门会议，依照科学发展观的要求，及时调整考核各市政府的指标体系，制定了以"五要五不要"为主要内容的新的目标考核体系："要清洁发展，不要牺牲环境的增长；要节约发展，不要浪费资源的增长；要协调发展，不要扩大城乡、经济社会之间差距的发展；要安全发展，不要以生命为代价的增长；要关注民生，不要人民群众得不到实惠的增长。"

安徽"五要五不要"的考核指标，突出表现了科学发展、和谐发展以及又好又快发展。调整后的目标考核体系共 24 项指标，目的在于以后不单以"快"论英雄，不单以数字论好汉，而是在"又好又快"上下功夫。指标加快了结构调整和关注民生，新增科技研发支出占地区生产总值比重、主要污染物减排完成情况、实现年度耕地保护指标、开发区单位土地面积投资强度等指标。其中社会保障、教育卫生和人民生活等方面的指标共有 13 项，占全部指标的一半以上。

从"转变经济增长方式"到"转变经济发展方式"

随着科学发展观的深入贯彻和落实，党中央对新阶段我国经济发展规律的认识有了进一步深化。2007 年 10 月，胡锦涛在党的十七大报告中第一次将长期沿用的"转变经济增长方式"的提法，改为"转变经济发展方式"，更加突出发展要以"优化结构、提高效益、降低消耗、保护环境"为基础。其中尤其强调扩大内需特别是消费需求，调整投资、消费和出口关系，促进"三驾马车"共同协调拉动经济发展。从经济"增长方式"到"发展方式"的转变，不仅是从注重量的增加到注重质、量和效益并行的转变，更体现了更加全面、协调、可持续的经济发展大方向。

2008 年鼠年春节，上海市商业部门的统计数据令人眼热：消费品市场销售规模和销售增幅分别创下自 2000 年和 2004 年以来历史新高。七天长假零售额比上年春节黄金周增长逾两成。浙江、江苏、广东等地的情况与此相似。

"消费品市场旺盛只是东部地区经济增长由主要依靠投资、出口拉动向依靠消费、投资、出口协调拉动转变的一个缩影。"东方证券分析师王勇说。

据国家发展和改革委员会数据显示，2007年，东部地区拉动经济增长的"三驾马车"中，消费增长17.09％，增幅比上年提高1.9个百分点，而投资、出口增幅均有所下降。部分省市消费需求增速创了历史新高，如广东省2007年累计实现社会消费品零售总额逾万亿元，增速创近十年来新高。投资增长也回归理性，一些重点发展产业和薄弱环节投资得以进一步加强，如环境保护投资增长了102％。外贸出口结构不断优化，高新技术产品和机电产品等高附加值产品出口比例明显提升，如上海机电产品出口占全市出口总额近七成。

据统计，从2002年到2008年，中国GDP总量增长近1.5倍，人均GDP增长1.4倍，粮食产量增加7165.1万吨，国家财政收入增长2.24倍，出口贸易额增长3.39倍。

事实上，2003年至2007年，我国国内生产总值增速连续五年达到或超过10％，大大高于同期世界经济平均增长率，经济发展的稳定性显著增强。按世界银行主要汇率因素排名，我国经济总量从世界第六位上升到第四位。自2006年起，中国成为世界经济增长的最大贡献国。在经济持续较快增长的同时，经济效益大幅提升。此外，全国财政收入累计约17万亿元，比上一个五年增加10万亿元，是改革开放以来增长最快的时期之一。规上工业企业利润年均增长36.2％，企业发展后劲不断增强。经济结构调整取得积极进展，农业综合生产能力得到巩固和提升，高技术产业增加值占国内生产总值的比重不断提高。开放型经济水平不断提高，我国进出口总额从世界第六位上升到第三位。

从国内资源消耗看，到2007年，中国能源消耗强度从1979年的17.02万吨标准煤/亿元下降到5.17万吨标准煤/亿元；水资源消耗强度从1999年的0.26立方米/元下降到0.13立方米/元。这种以持续发展为核心的转变经济发展方式促进了中国经济快速健康发展，也为中国经济发展指明了方向。

2008年，资源节约型、环境友好型社会建设在东部地区迅速推进。一些省市实行环境保护"一票否决"、领导"问责制"，收效明显。如天津大力推进循环经济试点建设，六个循环经济试点园区已经初步形成，全市万元生产总值能耗下降继续保持全国先进水平。福建省重点区域、流域、海域综合治理也正有效推进，水环境和城市空气质量名列全国前茅，可持续发展能力得以提高。

同年，全球遭遇严重金融危机，世界经济受到重创。中国采取一系列有效措施成功应对危机，经济迅速回升向好，并持续保持中高速增长，成为世界经济增长的主要稳定器和动力源。

为保持经济又好又快发展，2010年，我国继续提高宏观调控水平，出台了扩内需、稳增长，调结构、促转变，紧货币、控通胀等措施。同年5月，国务院发出《关于进一步加大工作力度确保实现"十一五"节能减排目标的通知》，以铁腕手段淘汰落后产能，工信部下达18个行业淘汰落后产能目标任务。

2010年6月，国家发展改革委在上海世博会中国国家馆举行了"节能减排进世博"活动，向世博会参观者免费发放两万个印有中英文"节能减排全民行动"和"低碳世博"字样的书签，倡导公众从身边小事做起，积极践行低碳生活。

节能减排、绿色发展，关系到经济社会可持续发展全局。2006 年以来，我国以节能减排作为调整经济结构、转变发展方式的重要抓手，淘汰落后产能，在第二产业中发展高新技术，发展第三产业。至 2009 年，高技术产业增加值年均增长 14.5%，工业产品结构继续优化，建筑节能和交通节能等也取得重要进展。

2010 年，我国位居世界第一制造业大国。同年 10 月，党的十七届五中全会指出，加快转变经济发展方式是做好"十二五"时期经济社会发展工作的主线。党中央还对加快转变经济发展方式的基本要求

循环经济推动东北老工业基地走向"绿色振兴"。这是污水进入曝气池进行处理

新华社记者陆春华 摄

作了新的概括，要求把经济结构战略性调整作为主攻方向，把建设资源节约型、环境友好型社会作为重要着力点，把改革开放作为强大动力。按照这一要求，党和国家相继采取了系列措施，坚持扩大内需，走中国特色新型工业化道路，扎实推进节能减排和生态环境保护，深入实施区域发展总体战略，稳妥推进城镇化，在推动经济发展方式转变上迈出了新的步伐。

5. 建设社会主义政治文明

全面小康，既有效保障人民经济权利，也有效保障人民政治权利。进入 21 世纪，随着改革开放不断深化和经济社会持续发展，人民群众的政治参与积极性不断提高。党的十六大报告指出："发展社会主义民主政治，建设社会主义政治文明，是全面建设小康社会的重要目标。"党的十六大以后，根据形势要求和人民期待，党中央坚持把党的领导、人民当家作主和依法治国统一起来，深入、有序推进司法体制和行政管理体制改革，坚持走中国特色社会主义政治发展道路，始终把民主法治建设和政治体制改革摆在改革发展全局的重要位置，加快了推进社会主义政治文明建设的步伐。

坚持和完善社会主义基本政治制度

胡锦涛在党的十七大报告中强调，要坚定不移发展社会主义民主政治："坚持中国特色社会主义政治发展道路，坚持党的领导、人民当家作主、依法治国有机统一，坚持和完善人民代表大会制度、中国共产党领导的多党合作和政治协商制度、民族区域自治制度以及基层群众自治制度，不断推进社会主义政治制度自我完善和发展。"

（1）人民代表大会制度建设进一步加强

人民代表大会制度是我国的根本政治制度，是中国人民当家作主的重要途径和最高实现形式，是中国社会主义政治文明的重要制度载体。

洗净手上的油污，整整身上的工作服，沈厚平走出汽车维修间吃午饭，远远就看到单位宣传栏上贴出了一张红榜，略带紧张地看过去，等到看见了自己的名字，这才轻吁了一口气。

2006 年 12 月 13 日中午 1 点，永和路 616 号，上海闸北第 118 选区第九投票站选举结果公示。公示显示，候选人沈厚平票数过了半数，

2005 年 3 月 5 日，第十届全国人民代表大会第三次会议在北京人民大会堂开幕。这是代表们在人民大会堂前合影

新华社记者李刚 摄

只待确认代表资格有效后，这位 30 岁的外来务工人员，就将当选新一届的上海闸北区人大代表。

以务工人员身份当选人大代表，沈厚平不是第一个。立志为外来务工人员的衣食住行、职业保障说话，尽力反映大家呼声的他，在激动之余，也深感自己的责任之重。

党的十六大以后，党中央坚持完善人民代表大会制度，继续充分发挥全国人大作用。2005 年 5 月，中共中央转发《中共全国人大常委会党组关于进一步发挥全国人大代表作用，加强全国人大常委会制度建设的若干意见》。2006 年 8 月，十届全国人大常委会第二十三次会议通过《中华人民共和国各级人民代表大会常务委员会监督法》。《意见》和《监督法》旨在加强人民代表大会制度建设，保障全国人大及其常委会、地方各级人大及其常委会依法行使对同级政府、法院、检察院的监督权。2010 年 3 月，十一届全国人大三次会议通过新修改的全国人大和地方各级人大选举法规定，城乡按相同人口比例选举人大代表，进一步体现了人人平等、地区平等、民族平等的原则，有利于更好发挥人大代表作用、完善中国特色社会主义选举制度。

2011 年上半年到 2012 年底，全国完成修改选举法后的首次县乡两级人大换届选举，实现了新中国历史上城乡"同票同权"，人人平等、地区平等、民族平等原则得到了更好的体现。

（2）中国共产党领导的多党合作和政治协商制度进一步完善

中国共产党领导的多党合作和政治协商制度是我国的一项基本政

治制度。这一新型政党制度，以共产党领导、多党派合作，共产党执政、多党派参政为基本特征，实现了执政与参政、领导与合作、协商与监督的有机统一，在内容上体现了人民的权利诉求，在程序上体现了人民当家作主。半个多世纪以来，人民政协为建立和巩固新生的人民政权、促进社会主义革命和建设、推动改革开放和社会主义现代化建设，作出了重大贡献。

"邮政服务'三农'的优势是扶优打假，服务到家。50万邮政人员每天与农村基层打交道，了解农村市场。老百姓根深蒂固地相信这个品牌。"2005年，在全国政协十届三次会议上，王祥林委员备受关注——他利用邮政渠道服务"三农"的建议被采纳，列入了中央一号文件。

作为全国政协委员，王祥林在13年间提出了几十个关于"三农"问题的提案和建议。他说，政协委员是个头衔，更是一种神圣的职责。

新世纪新阶段，人民政协依旧重任在肩。为更好发挥人民政协政治协商、民主监督、参政议政的职能，2005年，中共中央印发了《关于进一步加强中国共产党领导的多党合作和政治协商制度建设的意见》，次年2月又印发了《关于加强人民政协工作的意见》。随着多党合作和政治协商的制度化、规范化、程序化建设，协调关系、汇聚力量、建言献策、服务大局的作用进一步得以发挥。党的十七大以后，人民政协协商民主在实践中有了进一步发展，专题协商、界别协商、对口协商、提案办理协商等协商平台得以创立和广泛运用，人民政协的作用也日益突出。

（3）民族区域自治制度继续巩固和完善

民族区域自治制度是中国共产党运用马克思列宁主义解决我国民族问题的基本政策，是国家的一项基本政治制度。这项制度，既保证了国家团结统一，又实现了各民族共同当家作主，推动了民族地区发展，促进了民族团结，56 个民族像石榴籽一样紧紧抱在一起，极大增强了中华民族凝聚力、向心力。

曾担任内蒙古自治区政协副主席等职务的蒙古族老人克力更，2007 年接受采访时已 91 岁，他参加过内蒙古自治区的创建，也是自治区 60 年来建设、发展的参与者和见证人，他说："自治区成立前夕，内蒙古一穷二白。60 年来的发展变化真是翻天覆地。这一切，得益于民族区域自治制度的实行。"

自 1947 年内蒙古自治区建立到 2005 年 5 月，我国已建立 155 个民族自治地方，包括 5 个自治区、30 个自治州、120 个自治县（旗）。

2005 年 5 月，国务院颁布了《实施〈中华人民共和国民族区域自治法〉若干规定》，从科学发展、有法必依出发，对进一步规范上级国家机关对民族自治地方的帮助扶持责任、帮助民族自治地方解决经济社会发展过程中存在的突出问题以及加快民族自治地方发展作了规定。经过不懈努力，到 2012 年，民族自治地方地区生产总值 5.9 万亿元；民族地区总体呈现出经济繁荣、政治安定、文化发展、社会和谐、民族团结的喜人景象。民族自治地方依法行使自治权，少数民族的合法权益得到切实尊重和保障。各民族共同团结奋斗、共同繁荣发展，平等团结互助和谐的社会主义民族关系也得到不断巩固和发展。

（4）基层群众自治制度进一步实施

2009 年 11 月 22 日，星期天。江苏省太仓市市政府副秘书长、法制办主任顾潇军在办公室来回踱步，为起草一份通知字斟句酌。

连续三届被评为"全国村民自治模范市"的太仓市，率全国之先，于 2008 年 11 月开始了"政府行政管理与基层群众自治有效衔接和良性互动"的课题研究和实践探索。目前，这一探索已进入政府进一步"放手还权"的核心区。"厘清'权力清单'与'权利清单'很关键，这是市政府 2009 年的重点工作之一。"顾潇军介绍道。

基层民主自治体系主要包括农村村民委员会、城市居民委员会和企业职工代表大会，保障人民通过多种形式直接行使民主权利，提升了基层治理实效。党的十七大报告将"基层群众自治制度"首次纳入中国特色政治制度范畴，为城乡亿万群众依法管理自己的事情、享有更多更切实的民主权利提供了制度保障。截至 2011 年底，我国共有村民委员会 59 万个，居民委员会 8.9 万个。到 2012 年底，农村普遍开展了八轮以上村委会换届选举，98％以上的村委会依法实行直接选举，村民参选率达到 95％；城市开展了六轮以上居委会换届选举。村（居）民会议及其村（居）民代表会议经常召开，村务公开、民主评议、村干部定期报告工作、村干部任期和离任经济责任审计等活动普遍开展。城乡基层民主选举、民主决策、民主管理、民主监督的实践日益广泛深入，形式日趋丰富。

中国特色社会主义法律体系建设成效显著

社会主义政治文明建设的一个重要成果，是中国特色社会主义法律体系的基本形成。党的十五大和十六大都曾提出到 2010 年形成中国特色社会主义法律体系的目标。围绕实现这一目标，全国人大及其常委会坚持从实际出发，科学立法、民主立法。

2011 年 1 月 24 日，形成中国特色社会主义法律体系座谈会在北京举行。吴邦国在会上指出：一个立足中国国情和实际、适应改革开放和社会主义现代化建设需要、集中体现党和人民意志的，以宪法为统帅，以宪法相关法、民法商法等多个法律部门的法律为主干，由法律、行政法规、地方性法规等多个层次的法律规范构成的中国特色社会主义法律体系已经形成。至此，国家经济建设、政治建设、文化建设、社会建设以及生态文明建设的各个方面实现有法可依。

2010 年 12 月，山东省济南市历城区东风街道祝甸社区居民杜文海和社区的 2000 多名居民一起，通过投票的方式，依法成功罢免了社区居委会全部 9 名成员。"依法罢免居委会成员，是法律赋予我们的权利。这次罢免行动的实施和成功，再次让我们实实在在地感受到了当家作主人的权利。"杜文海说。

杜文海等人依法行使权利、罢免居委会成员的行为，既有宪法理论上的保障，更是一场全新的实践，证明了中国特色社会主义法律体系建设的成功。

截至 2011 年 8 月底，中国已制定宪法和现行有效法律 240 部、行政法规 706 部、地方性法规 8600 多部。这个法律体系，立足中国国情，适应改革开放和社会主义现代化建设需要，集中体现了党和人民意志，是我国社会主义民主法制建设史上的重要里程碑，是中国特色社会主义制度逐步走向成熟的重要标志。

2009 年，我国诞生了诸如"听取民众意见改进公共决策""与民众合力寻找事件真相""38 位省市区书记省长答复网民留言"等成功的"网络对话"。从这些案例来看，政府、网络、网民三者间的良性互动，呈现出一种"双向成长"：政府以尊重民意、提高执政能力为中心的应对网络舆论新机制正在形成，积极参与公共事务、权利与责任平衡的"网络公民"走向成熟。而这种"双向成长"，也必将进一步提升整个社会的政治文明水平。

2011 年 3 月，十一届全国人大四次会议表决通过的《中华人民共和国国民经济和社会发展第十二个五年规划纲要》，从发展社会主义民主政治、全面推进法制建设、加强反腐倡廉建设三方面阐述了我国"十二五"期间的政治文明建设要求。社会主义愈发展，民主也愈发展。随着社会主义民主法治建设和政治体制改革的不断推进，我国社会主义民主政治的生命力必将越来越旺盛、越来越强大。

6. 建立和完善社会保障体系

全面小康，要以人为本，民生为先。社会保障与人民幸福生活紧密相连，对保障人民基本生活、促进社会和谐，具有十分重要的作用。新中国成立以来，我国逐步建立起覆盖城镇国有部门的社会保障体系，随着社会保障体系改革稳步推进，到 21 世纪初，初步形成了城镇以职工养老、医疗和失业保险以及居民最低生活保障为重点的社会保障体系框架。

完善社会保障体系

2002 年，党的十六大指出，我国正处于并将长期处于社会主义初级阶段，现在达到的小康还是低水平的、不全面的、发展很不平衡的小康。要想巩固和提高目前我国社会达到的小康水平，还需要继续进行长时期的艰苦奋斗。党的十六大提出了全面建设小康社会的目标，其中，明确要建立健全同经济发展水平相适应的社会保障体系。党的十六大以后，党中央从全面建设小康社会全局出发，统筹各方，大力推动社会保障事业发展，消除人民生活的后顾之忧，促进社会和谐发展。2004 年，十届全国人大二次会议通过的《中华人民共和国宪法修正案》在宪法中增加了"国家建立健全同经济发展水平相适应的社会保障制度"的内容，为我国社会保障体系建设提供了保障。党的十六届四中全会从全面建设小康社会全局考虑，进一步提出了建设社会主义和谐社会的战略任务。胡锦涛在党的十六届四中全会第三次全体会议上的讲话中明确指出，要进一步完善社会保障体系，逐步扩大社会保障覆盖面，切实保障各方面困难群众基本生活。这为进一步完善我国社会保障体系明确了方向。

社会保障体系的建设和完善，始终是围绕人民群众切身需求展开的。党的十六大以后的社会保障体系建设，创造了覆盖范围从城镇到农村，从国有、集体企业职工到非公企业职工和灵活就业人员，范围逐步扩大，努力实现人人享有基本社会保障的新局面。2006年10月，党的十六届六中全会通过《中共中央关于构建社会主义和谐社会若干重大问题的决定》，提出到2020年基本建立覆盖城乡居民的社会保障体系的目标。2007年，党的十七大提出实现全面建设小康社会奋斗目标的新要求，要求"加快建立覆盖城乡居民的社会保障体系，保障人民基本生活"，指出了社会保障对于社会和谐稳定、健康发展的重要意义，对养老、医疗、低保等体系建设提出明确要求。积极加快完善社保体系，强调在经济稳定发展的基础上，更加注重社会建设，扩大公共服务，完善社会管理，着力保障和改善民生，努力使全体人民学有所教、劳有所得、病有所医、老有所养、住有所居，推动建设和谐社会。社会保障体系建设与完善被放在社会发展的突出位置，以基本养老、基本医疗、最低生活保障等为重点，统筹城乡，分步实施，保障力度不断提升，覆盖范围逐渐扩大。

从城镇到农村

社会保障体系的完善、社会保障待遇的提高，使人民的基本生活需要得到满足，真正守住了民生底线，减轻了广大人民群众的负担。社会保障体系的建立和完善，无论是在城市还是在农村，处处都有着鲜活的例子，悄然述说着社会保障体系带来的变化。

贾银兰是位"铁杆义工"，无论是打扫卫生、入户核对，还是捐款捐物、社区巡逻，都常常能看到她的身影，"正因为社会保障做得好，我现在老而无忧，才有余力去发挥余热"。贾银兰曾在国营水泥厂工作，"刚退休那会儿，月工资只有121块钱"。在贾银兰退休快十年时，工厂由于效益原因倒闭，而她的老伴儿养老金也只比她多100来块钱。从1996年开始，江苏持续上调企退人员的养老金水平，居民养老问题面临的困境得到改善。到2012年，贾银兰的养老金已达2000余元，她对生活的变化感到满意，"几乎年年都在涨，政府在想着我们呢"。

在城镇，儿童和未就业的老人"一老一小"群体医疗需求亟待满足。2007年7月，国务院发出《关于开展城镇居民基本医疗保险试点的指导意见》，从当年起开展城镇居民基本医疗保险试点工作。按照规划，争取2010年全面推开，逐步覆盖全体城镇非从业居民。

2012年5月，北京市海淀区清华园街道的无业老人陈桂珍病倒了却坚持不转院，有着自己的考虑："自己没有工作，一上大医院，医药费花不起"，"不光是身体难受，花钱就像从快见底的缸里往外舀水"。家人和医生反复劝说老人，她才同意转院，逐渐康复起来，但仍然忧心费用问题。当地街道社保所所长牛建华打消了她的顾虑，

"这次在医院花的 62638 元，实际报销 45892.18 元"。另外，考虑到她的困难情况，有关部门还可以为老人自费部分申请福利救助。如果申请到，自费的近两万元还可以报销 50%。

如陈桂珍般的城镇居民、非公企业职工和灵活就业人员被纳入保障范围，弥补了社会保障体系建设中的一个空白，也更有利于社会的和谐稳定。

而与城镇相比，在农村，很长一段时间里社会保障处于体系建设的薄弱环节。我们党一贯重视"三农"问题，在建设和完善社会保障体系的过程中，也着力解决农村社会保障的短板，农村养老、农村低保、新农合等制度体系陆续得到建设和完善。

"我和老伴都超过 60 岁了，不用自己缴一分钱，每个月就能领到 55 元养老金。"陈慧琼老人这样感叹着，真没想到农民也能像城里人一样，能享受"退休待遇"。广东新兴县新城镇南外社区是广东省 14 个新型农村社会养老保险工作试点县之一。"以前养儿防老，现在国家帮我们搞新农保，政府还给补贴，让我们这些农民今后养老不愁。""现在每个月自己有 55 元的养老金，虽然不多，但基本花销还是够的，自己想吃什么就买什么，不用再伸手向儿子儿媳要了，孩子们也能安心地在外打工，不用为我们牵肠挂肚。"截至 2012 年 4 月，新兴县参加新型农村社会养老保险 182593 人，已享受待遇 54238 人，参保率高达 96.91%，走在全省的前列。

新型农村社会养老保险制度保障了农村居民的老年生活，农村最低生活保障制度则守住了农村社会基本保障的防线。2007 年 7 月，国务院发出通知，决定在全国建立农村最低生活保障制度，将符合条件的农村贫困人口全部纳入保障范围，稳定、持久、有效地解决全国农村贫困人口的温饱问题。此外，医疗保障体系的改革也是农村社会保障体系完善的重要方面。通过积极发展农村卫生事业，推进新型农村合作医疗制度普及工作，显著提高了保障水平。到 2009 年底，新农合已覆盖全国 2716 个县（市、区），参加新农合人口 8.33 亿人，参合率达 94%，农民的负担大大减轻。新农合是解决群众看病难、看病贵问题的一个重大举措，也是完善社会保障体系的重要步骤，我们距离实现"老有所养、病有所医"的目标更近了。

在城镇与农村之间，随着工业化和城镇化快速推进，农民工群体逐渐庞大起来。农民工群体对城镇的建设和发展作出重要贡献，但由

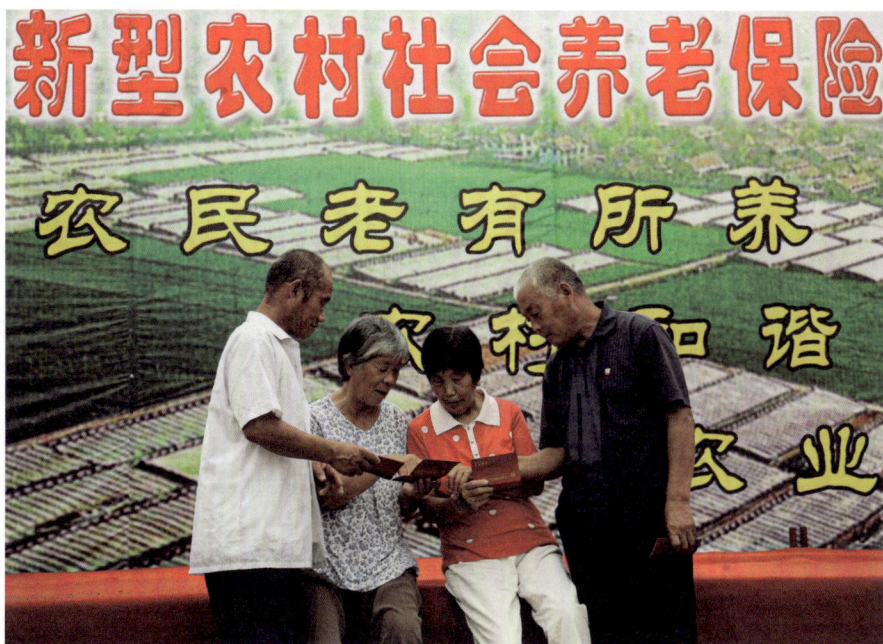

山东寿光的几位农民领到新农保养老金存折　　　　　　　　　　新华社照片

于种种限制，他们的社会保障制度未能及时跟进完善。2006 年 1 月，国务院下发《关于解决农民工问题的若干意见》，强调要根据农民工最紧迫的社会保障需求，坚持分类指导稳步推进，优先解决工伤保险和大病医疗保障问题，逐步解决养老保障问题。2009 年 2 月，《农民工参加基本养老保险办法》按照低费率、广覆盖、可转移和能衔接的要求，提高养老保险的接续性，保障他们的合法权益。这些制度体系的建设，有利于统筹城乡发展，维护社会公平正义，推动城镇化和工业化健康快速发展。

社保体系的新成就

发展为了人民，发展成果也应由人民共享，在发展经济的同时，切实保障和改善民生始终占据着重要位置。新世纪以来，国际国内环境发生剧烈变化，我国经济社会发展面临严峻挑战，不仅在经济增长速度上遇到困难，更在经济发展方式上面临冲击，社会保障体系也面临深刻变革。党中央果断决策，加快经济发展方式转变，推动重大变革。2008 年中央经济工作会议明确提出，"要着力在保增长上下功夫"，"把改善民生作为保增长的出发点和落脚点"。2009 年，中央财政仅用于教育、医疗卫生、社会保障和就业、保障性安居工程等民生方面的支出就比上年增长了 29.4%。

经过多年改革与发展，至 2012 年，建立和完善社会保障体系取得了明显成就。改善民生的力度得到显著提高，人民生活水平发生明显变化，基本上全面建立了城乡基本养老保险制度，基本形成了新型社会救助体系，初步建立了城乡基本医疗卫生制度。全民医保建设取得显著成果，保障性住房建设顺利推进，人民生活得到改善。

2011 年，全国五项社会保险（不含新型农村社会养老保险和城镇居民社会养老保险）基金收入合计 24043 亿元，比 2002 年增加 19994.5 亿元，年均增长率为 21.9%；基金支出合计 18055 亿元，比 2002 年增加 14583 亿元，年均增长率为 20.1%。从 2005 年至 2012 年，国家连续 8 年统一调整企业退休人员基本养老金。随着新农保和城镇居民社会养老保险试点范围扩大，到 2012 年 5 月底，全国已有 1.09 亿名 60 岁以上的城乡居民领取了政府发给的、每月最少 55 元的基础养老金。小康社会的建设和建成，与人民安居乐业、安危冷暖息息相关。党中央先后作出一系列重大决策部署，建立并不断完善社会保障体系，发挥好社会保障的作用，切实改善民生，提高人民生活水平，对全面建设小康社会具有决定性意义。

7. 推动社会主义文化大发展大繁荣

党的十六大以后，党中央高度重视文化建设，提出了一系列新观点新论断，兴起社会主义文化建设新高潮，积极推动社会主义文化大发展大繁荣。

文化建设的战略地位逐渐凸显

进入新世纪，科学技术日新月异，随着世界多极化、经济全球化的迅速发展，不同思想文化的交流逐渐增多，也带来价值观念、行为方式的激烈碰撞。因此，文化愈来愈成为影响综合国力竞争的重要因素，文化建设的战略地位逐渐凸显。党的十六大以后，党中央从全面建设小康社会全局和实现中华民族伟大复兴的高度，不断加强文化建设，推动社会主义文化大发展大繁荣，使文化创造源泉充分涌流，全民族文化创造力持续迸发。

早在 20 世纪 90 年代初，徐文荣等人就提出了"开发文化力，促进生产力"的思路，在横店办起了文化村、度假村、娱乐村、天堂村、小机场等项目，开始探索发展文化旅游产业。他们在旅游产业上投资数百亿元，陆续兴建了明清宫苑、清明上河图、华夏文化园、红军长征博览城、圆明新园等影视拍摄基地。经过多年发展，横店影视城已经成为游客和影视剧组的首选目的地。围绕影视拍摄，横店形成了一条龙的完善服务，实现了"导演带着本子进来，带着片子出去"的目标。

横店的发展是这些年文化建设的一个缩影，是站在全面建设小康社会全局，推进社会主义文化强国建设、推动社会主义文化大发展大繁荣、深化文化体制改革、解放和发展文化生产力的体现。2006年11月，胡锦涛在中国文联第八次全国代表大会、中国作协第七次全国代表大会上指出："当今时代，文化在综合国力竞争中的地位日益重要。谁占据了文化发展的制高点，谁就能够更好地在激烈的国际竞争中掌握主动权。人类文明进步的历史充分表明，没有先进文化的积极引领，没有人民精神世界的极大丰富，没有全民族创造精神的充分发挥，一个国家、一个民族不可能屹立于世界先进民族之林。"

建设社会主义核心价值体系

坚持社会主义先进文化的前进方向，推动社会主义文化大发展大繁荣，就要建设在社会中占据主导地位的社会主义核心价值体系。党的十六届六中全会明确提出建设社会主义核心价值体系的任务，指出："马克思主义指导思想，中国特色社会主义共同理想，以爱国主义为核心的民族精神和以改革创新为核心的时代精神，社会主义荣辱观，构成社会主义核心价值体系的基本内容。"社会主义核心价值体系是社会主义意识形态的本质体现，为我国经济社会发展提供思想保证、智力支持。在全面建设小康社会的过程中，在中国特色社会主义建设的伟大实践中，社会主义核心价值体系的内涵不断得到丰富和发展，我们对社会主义核心价值体系的理论研究不断深入。与此同时，党中央作出一系列工作部署，主动做好意识形态工作，在实践中积极探索用社会主义核心价值体系引领社会思潮的有效途径，使之成为人民的自觉追求，引导人民群众树立正确、积极、健康的世界观、人生观、价值观，形成全社会共同认同的理想信念、精神力量。

为使广大居民尽快了解社会主义荣辱观的内容，某地民心社区将"八荣八耻"谱写成了《八荣八耻歌》，还自编自谱了《做知荣明耻好公民》一歌。为便于传播，他们先是组织社区干部和群众骨干20多人成立了合唱队带头学唱，社区干部又深入到居民楼院教唱，在居民中普及开来。干部群众自发编写了山东快板、诗歌朗诵等，并举办了"民心社区学习社会主义荣辱观文艺晚会"，吸引了辖区数千名群众前往观看。民心社区还通过制作学习专栏、墙报，印制发放宣传单，在街头开展宣传活动等方式，广泛宣传社会主义荣辱观的内容，使"八荣八耻"家喻户晓，人人皆知。

深化文化体制改革

建设社会主义核心价值体系，涉及社会改革与发展的各个领域，体现在人民的自觉追求中，体现在精神文明建设和党的建设的全过程，体现在文化创新与传播的各个方面。意识形态的斗争是复杂的、激烈的，建设社会主义核心价值体系可以增强社会主义意识形态的凝聚力和吸引力，巩固和发展马克思主义在意识形态领域的指导地位。

随着经济快速发展，人民群众的精神文化需求日益增长，全面建设小康社会必然要求文化更加繁荣，全民族文化素质极大提高。随着对外开放的不断扩大，激烈的文化竞争促使我们适应时代变化，增强文化发展活力，弘扬传统文化，加强国家文化软实力建设，全面增强我国综合国力。这必然要求进一步解放和发展文化生产力，繁荣文化事业、发展文化产业。促进文化事业和文化产业的发展，就需要不断深化文化体制改革，健全文化市场体系，推动文化形式内容、传播手段不断创新，解放和发展文化生产力。党的十七届六中全会通过的《中共中央关于深化文化体制改革推动社会主义文化大发展大繁荣若干重大问题的决定》，围绕构建有利于文化繁荣发展的体制机制作出部署。

"文化引领时代风气之先，是最需要创新的领域。必须牢牢把握正确方向，加快推进文化体制改革，建立健全党委领导、政府管理、行业自律、社会监督、企事业单位依法运营的文化管理体制和富有活力的文化产品生产经营机制，发挥市场在文化资源配置中的积极作用，创新文化走出去模式，为文化繁荣发展提供强大动力。"

推动文化产业发展

随着经济社会形势的发展变化和人民群众精神文化需求的不断提高，党中央精准把握国际国内文化改革发展的规律，提出一系列指导文化建设的方针政策，推动中国特色社会主义文化发展。

改革是发展的动力。对文化体制进行深化改革，归根到底是为了革除制约文化发展的障碍，解放和发展文化生产力，推动社会主义文化发展。截至 2012 年 6 月底，国有文艺院团体制改革基本完成，全国承担改革任务的 2102 家国有文艺院团，已完成改革任务的达 1913 家，完成率达到 91%，其中转企改制占 61%、撤销占 20%、划转占 19%。保留事业体制的院团不断深化内部机制改革，取得积极进展。以企业为主体、事业为补充的新型演艺体制格局正在形成。

大力发展文化产业，既能够促进社会主义文化事业的繁荣，创造经济效益，又能够满足人民群众的精神文化需要，对于加强文化建设，繁荣社会主义文化具有重要意义。党和政府大力加强公益性文化事业建设，截至 2011 年底，全国有公共图书馆 2952 个，文化馆（站）4.4 万个，其中乡镇文化站 4 万个。农家书屋工程从无到有，到 2011 年已建成 50.5 万家，覆盖 84% 的行政村。人民基本文化权益得到保障，精神文化生活日益丰富活跃。

另外，党中央高度重视推动中华文化走向世界，开展多种形式的文化交流与贸易，逐渐形成全方位的对外文化交流新格局，提升主流媒体国际传播力，加强海外文化阵地建设，文化产品和服务出口持续增长。2011 年全国电影故事片产量达到 558 部，比 2002 年增长 458%，年均增长 21.05%，已占到国际电影总产量的 1/10，排名世界第三。图书版权输出引进比从 2002 年的 1：15 扩大到 2011 年的 1：2.1。中华文化走出去步伐不断加大，亲和力感召力不断提升。文化建设不断向前迈进，加快发展文化产业成为国民经济支柱性产业，建设文化人才队伍，对社会主义文化大发展大繁荣提供有力支撑，发挥了文化教育人民、服务社会的作用。

通过影视文化旅游产业的做大做强，极大地拉动了第三产业的发展，一大批新型服务业随之兴起，吸纳的就业人员越来越多。在横店

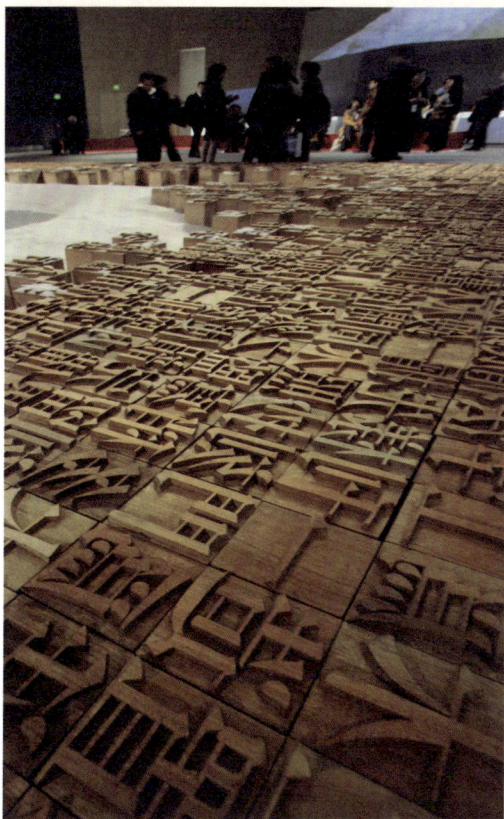

在德国法兰克福国际书展上，参观者在中国主题馆内的活字方阵前留连

新华社记者罗欢欢 摄

农村，已经形成家家开民宿、户户搞旅游、人人有钱赚的发展态势。每一个横店人都成了影视文化旅游产业的受益者。按国家统计局提出的户均年收入 6.5 万—30 万的中产阶层标准，2005 年横店中产阶层家庭就达到了 80% 以上。横店农民人均年收入是当时全国农民人均年收入的四倍，已经提前实现了全面小康。同时，横店城镇化水平飞速提升，城区面积从最初的 3 平方公里扩展到了 35 平方公里。"城在山中，房在林中，林在草中，人在花中"的现代化小城镇从梦想逐步变成了现实。

文化是人民的精神家园。全面小康，既是国家经济实力增强，也是国家文化软实力提升。全面建成小康社会，实现中华民族伟大复兴，必须推动社会主义文化大发展大繁荣，兴起社会主义文化建设的新高潮。截至 2011 年底，全国共有文化市场经营单位 25.6 万家，从业人员 157.3 万人，资产 2761 亿元，营业收入 1609 亿元。随着国民经济持续快速增长，全国文化事业费呈现持续增长态势。2002 年至 2011 年，全国文化事业费由 83.66 亿元增至 392.62 亿元，年均增长 18.7%。全国人均文化事业费由 2002 年的 6.51 元提高到 2011 年的 29.14 元。推动社会主义文化大发展大繁荣，使人民基本文化权益得到更好保障，中华文化国际影响力不断增强，文化生活丰富多彩，文化市场日益繁荣，文化活动精彩纷呈，为广大人民群众提供了丰富精神食粮，为坚持和发展中国特色社会主义提供了强大精神力量。

8. 生态文明建设

什么是生态文明，为什么要建设生态文明，如何建设生态文明？党的十六大以后，党中央深入贯彻落实科学发展观，提出许多重要论述，大力推进生态文明建设。

加快体制机制建设

资源环境存在的问题，既影响经济社会的持续发展，又影响人类生存环境，生态文明建设已成为刻不容缓的战略任务。生态建设和环境保护逐步上升为党和国家的重大战略。为加强生态文明建设，党和政府推进体制机制建设，健全法律法规，加强全球协作。

党的十六大提出要"推动整个社会走上生产发展、生活富裕、生态良好的文明发展道路"。2007 年，党的十七大提出要把建设生态文明确定为全面建设小康社会的重要目标。通过制定总体规划、健全考核体系、推行生态省市县建设等加强生态文明建设，相继制定《清洁生产促进法》《环境影响评价法》《放射性污染防治法》《循环经济促进法》，修订《固体废物污染环境防治法》《水污染防治法》等法律，把能源环境工作纳入法制轨道，不断加强和完善环保立法，"要研究绿色国民经济核算方法，探索将发展过程中的资源消耗、环境损失和环境效益纳入经济发展水平的评价体系"，督促领导干部树立正确政绩观。"实行有利于科学发展的财税制度，建立健全资源有偿使用制度和生态环境补偿机制"，在太湖流域，山西、内蒙古等省区推行试点工作，多方面加强对资源环境的保护。

在国际上，坚持"共同但有区别的责任"，加强全球合作，通过《节能减排综合性工作方案》等，积极应对气候变化问题。在各地各部门的共同努力下，"十一五"规划中提出的二氧化硫减排目标提前实现。2010年，全国二氧化硫排放总量2185.1万吨，化学需氧量排放总量1238.1万吨，比2005年分别下降14.29%和12.45%，实现了"十一五"规划纲要确定的约束性目标。

全社会共同参与

我国人口众多，水资源供需不平衡，其他资源开发与环境保护、经济发展的矛盾也亟需解决。资源环境和经济增长的矛盾日渐成为我国面临的严峻挑战。基于这样的形势，党中央提出大力建设生态文明，对其作出战略部署并纳入中国特色社会主义事业总体布局。大力推进生态文明建设，是基于中国现实的科学选择，需要全社会的共同参与。

南水北调是国家为缓解北方水资源短缺和生态环境恶化状况、促进全国水资源整体优化配置而提出的战略性举措。这是人类有史以来规模最大的水利工程，是构筑"四横三纵，南北调配，东西互济"的水资源总体格局，保证我国经济社会和生态环境协调发展的重大举措。南水北调工程规划分东线、中线和西线三部分：东线从长江江苏扬州

一些群众在总干渠与引渠连接工程处观看水流通过　　　　　　　新华社照片

段调水，经过江苏、山东到达河北、天津；中线从湖北丹江口水库调水，经河南、河北到北京、天津；西线规划从长江上游调水到黄河上游，供应西北和华北。工程总投资5000亿元，工期40—50年，每年向北方调水448亿立方米，等于一条黄河的水量。

　　胡锦涛在2004年中央人口资源环境工作座谈会上提出："必须清醒地看到，我国人口多、资源人均占有量少的国情不会改变，非再生性资源储量和可用量不断减少的趋势不会改变，资源环境对经济增长制约作用越来越大，人民群众对生态环境质量的要求也必然越来越高。从长远看，经济发展和人口资源环境的矛盾会越来越突出，可持续发展的压力会越来越大。"这就要求我们必须调整经济结构，转变经济发展方式，加强生态建设，走新型工业化道路。这符合我国经济社会发展的规律和趋势，适应了时代的要求，也是以人为本的必然要求，顺应了人民对于更好生活的期待。2006年，胡锦涛在与首都各界群众代表参加义务植树活动时，要求"着力解决生态环境保护和建设方面存在的突出问题，切实为人民群众创造良好的生产生活环境。要通过全社会长期不懈的努力，使我们的祖国天更蓝、地更绿、水更清、空气更洁净，人与自然的关系更和谐"。可见，建设生态文明统筹了人与自然的和谐发展，是基于以人为本的精神作出的科学决策。

生态文明建设工程需要调动全社会参与的积极性，进行长期、系统的建设。加强生态工程建设，要营造人人参与生态文明建设的良好氛围，创造良好的社会环境，加强宣传教育，增强资源意识、节约意识、环保意识，搭建利于全社会共同参与的平台，也要加强对企业的引导和约束，使企业注意节约能源资源，保护生态环境，承担社会责任，推动技术进步，淘汰落后产能，提高资源的利用效率。

在广西，曾被认为是效益低、污染大，没有多大潜力的夕阳产业的糖业，成为生机勃勃的"朝阳产业"。通过发展循环经济，过去当作垃圾处理的废渣、废水都变成了宝：蔗叶可用于饲养，蔗渣可用于造纸，废糖蜜用于生产酒精和味精，就连滤泥也能用来生产有机肥……甘蔗这回被吃干榨尽了，在"三废"里"淘金捞银"，既提高了经济效益又减少了环境污染。在龙州县，以蔗糖产业资源的高效利用和循环利用为核心，以先进环保技术为支撑，已形成甘蔗—制糖—蔗渣造纸、蔗渣产生物有机肥、废糖蜜制酒精—生物有机肥回田的产业链，甘蔗"造就"了造纸、酒精等多个新兴产业群，为全县财政收入提供了有力支撑，许多当地农民依靠种蔗脱贫致富。

生态文明建设的新成就

　　推进生态文明建设适应了国际形势的变化。建立资源节约型、环境友好型社会已成为国际广泛共识。为积极应对全球气候变化问题，我国主动肩负起国际责任，建立起负责任大国的形象，贯彻节约资源和保护环境的基本国策，统筹人与自然和谐发展。发展循环经济、追求绿色增长，有利于维护国家能源安全，破解能源对经济发展的制约作用，也有利于减轻减排压力，回击以保护有限资源、环境为名设置非关税壁垒的外国贸易保护主义，加强话语权，争取商品出口竞争优势。

　　党的十六大以后，党和政府建立健全相关制度政策，加大支持力度，积极发展绿色低碳能源。从 2002 年到 2011 年，水电、核电、风电等清洁能源占能源生产总量的比重由 7.8% 升至 8.8%，占能源消费总量的比重由 7.3% 升至 8.0%，均有明显提高。

　　此外，近些年来，国家大力加强生态工程建设，坚定地为生态文明建设提供支持和保障，取得良好效果。第七次全国森林资源清查（2004—2008 年）资料显示，我国森林面积达到 19545 万公顷，比第六次全国森林资源清查（1999—2003 年）增长 11.7%；森林覆盖率为 20.36%，增加 2.15 个百分点；森林蓄积量为 137.2 亿立方米，增长 10.2%。2010 年全国完成造林面积 592 万公顷；其中林业重点工程完成造林面积 346 万公顷，占全部造林面积的 58.4%。

自学洪是施甸县大亮山林场的原场长。1988年3月1号，县里通知他到林业局报到。林业局的领导说："杨善洲老书记退休了，省里安排他到昆明休息，但是杨书记婉言谢绝了，他要回我们老家施甸种树。现在抽调你们15个同志，和老书记一起上山筹办大亮山林场。"从那时起，他就和老书记在一起，工作和生活了22年。经过多年的奋斗，林场人工造林高达5.6万亩，有的树直径已经达到了40厘米，建起了茶园700多亩。300多亩果园，桃子、李子、桂圆、芒果，硕果累累，香飘十里。

党的十六大以后，我国把生态文明建设摆在更加重要的位置，积极探索环保新道路，推进绿色发展、循环发展、低碳发展，推动发展方式转变，形成节约资源和保护环境的空间格局，开创了环境保护事业的新局面。经过长期努力，扎实开展生态文明建设工作，全面推进资源节约和环境保护，我国生态保护事业取得明显成效。

2010年底城市污水处理厂日处理能力达10435.7万吨，比2002年增长1.9倍。2010年，全国环境污染治理投资总额为6654.2亿元，比2002年增长3.9倍，环境污染治理投资占GDP比重为1.67%，比2002年提高了0.52个百分点。截止到2010年底，全国自然保护区数量达到2588个，比2002年增加831个；全国累计水土流失治理面积达到10680万公顷，比2002年增加了2139万公顷。实现资源和环境的可持续发展，实现人与自然的和谐相处，需要更加科学有效的举措，建立生态文明制度，健全体制机制，形成人与自然和谐发展的现代化建设新格局。

良好生态环境是最普惠的民生福祉。建设生态文明关系人民福社、关乎民族未来，大力推进生态文明建设，树立尊重自然、顺应自然、保护自然的生态文明理念，是全面建成小康社会的必然要求。党和国家坚持优化国土空间开发格局、全面促进资源节约、加大自然生态系统和环境保护力度、加强生态文明制度建设，需要全社会的共同努力，需要更加自觉地保护生态、珍爱自然，努力走向社会主义生态文明新时代。

9. 巩固温饱成果，缩小发展差距

党的十六大以后，党中央对统筹推进区域发展作出新的部署。十六大把"地区差别扩大的趋势逐步扭转"作为全面建设小康社会奋斗目标的重要内容，提出要加强东、中、西部经济交流和合作，推进优势互补，实现共同发展。

统筹区域发展的新局面

长期以来，地区、城乡之间发展不平衡是我国经济社会发展的突出问题，这关系到我国现代化建设的全局。以全局视角全面统筹推进区域协调发展，一方面是改革开放以来，我国经济发展积累了雄厚物质基础，另一方面则是随着经济全球化的浪潮，为增强我国在国际竞争中发展的可持续性，解决区域发展不协调的问题更加突出地摆在了眼前。不逐步有效扭转区域发展不平衡的趋势，就会影响社会主义现代化进程，制约全面小康社会奋斗目标的实现。党中央在总结以往成功经验的基础上，实施一系列新举措，取得了重大进展。

青藏铁路的建设，因为技术和经济上的巨大困难，从最初设想，到决策上马，再到全线建成经历了一段漫长的岁月。为解决青藏铁路二期工程建设面临的世界性三大难题，即多年冻土、生态环保、高寒缺氧的问题，各相关部门通力合作，做了大量的工作。此外，为配合青藏铁路建设，还做了大量的配套工作，包括整修青藏公路，从青海、西藏两侧架通输电线路等。2006 年 7 月 1 日，举世瞩目的青藏铁路全长 1956 公里，已全线建成通车。作为世界海拔最高、线路最长、穿越冻土里程最长的高原铁路，它结束了西藏自治区没有

20 世纪 50 年代拍摄的勘测青藏线的资料照片

新华社照片

2006 年 7 月 1 日，青藏铁路全线通车。这是从格尔木出发的"青 1"次列车经过海拔 4767 米的昆仑山口

新华社记者侯德强 摄

铁路的历史，有力推动了雪域高原的跨越式发展，成为西藏经济社会发展的"输氧线"。

区域发展总体战略的形成与实施

青藏铁路、西电东送、西气东输等工程的建成，有利于将西部能源资源优势转化为经济优势，加快地区经济社会发展，改善人民群众生活。2003 年 10 月，党的十六届三中全会通过的《中共中央关于完善社会主义市场经济体制若干问题的决定》，提到加强对区域发展的协调和指导，"积极推进西部大开发，有效发挥中部地区综合优势，支持中西部地区加快改革发展，振兴东北地区等老工业基地，鼓励东部有条件地区率先基本实现现代化"。不久后的中央经济工作会议上也提出了逐步形成东、中、西部协调发展新格局的要求。其中，西部大开发作为长期艰巨的历史性工程，是促进区域协调发展的重要一环，国家相继提出一系列规划、政策统筹指导西部地区又快又好发展。2010 年 6 月，《中共中央、国务院关于深入实施西部大开发战略的若干意见》总结了西部大开发的主要成就，提出了西部大开发在我国区域协调发展战略中的优先地位。党和政府不断加大对西部地区的支持力度，促进经济建设和社会事业发展，惠及群众生活。

在扎实推进西部大开发进程的同时，党中央也相继作出振兴东北地区等老工业基地、促进中部地区崛起等重大决策，推动区域协调发展。2003 年 10 月，印发《中共中央、国务院关于实施东北地区等老工业基地振兴战略的若干意见》，明确提出指导思想、方针政策。《意见》指出，振兴老工业基地，不仅是东北地区等老工业基地自身改革发展的迫切要求，也是实现全国区域经济社会协调发展的重要战略举措，事关改革发展稳定的大局，对全面建设小康社会和实现现代化建设目标有着十分重要的意义。2009 年 9 月，《国务院关于进一步实施东北地区等老工业基地振兴战略的若干意见》进一步制定了东北地区等转变经济发展方式、贯彻落实科学发展观的新政策。

2006 年 4 月，《中共中央、国务院关于促进中部地区崛起的若干意见》指出，促进中部地区崛起，是继鼓励东部地区率先发展、实施西部大开发、振兴东北地区等老工业基地战略后，党中央、国务院从我国现代化建设全局出发作出的又一重大决策，是我国新阶段总体发展战略布局的重要组成部分，对于形成东中西互动、优势互补、相互促进、共同发展的新格局，对于贯彻落实科学发展观、构建社会主义和谐社会，具有重大的现实意义和深远的历史意义。

党的十七大提出实现全面建设小康社会奋斗目标的新要求、促进国民经济又好又快发展，指出："要继续实施区域发展总体战略，深入推进西部大开发，全面振兴东北地区等老工业基地，大力促进中部地区崛起，积极支持东部地区率先发展。"实施西部大开发、振兴东北地区等老工业基地和中部崛起战略，并未忽视东部地区发展，而是鼓励作为我国改革开放的先行地区和前沿地带的东部地区，利用自身优势率先发展，不断创新，继续"领跑"。党的十六大以后，我国不断推进重点地区开发开放，组织编制区域规划，引导形成合力的区域发展格局。开展多种形式的区域合作，拓宽合作领域，健全区域协调互动机制，推进长三角、珠三角、京津冀等重点区域提升合作层次。加强渤海、太湖流域等重点流域环境治理，增强区域可持续发展能力。在国家大力支持下，东部地区不断提高自主创新能力，推进结构优化升级，增强国际竞争力和可持续发展能力。

浙江清华长三角研究院成立于 2003 年 12 月，是浙江"引进大院名校，共建创新载体"战略的先行者，是浙江第一个省校共建新型创新载体。2002 年 10 月 16 日，习近平刚到浙江工作不久，就代表浙江省政府与清华大学签订了省校全面合作协议，省校合作取得长足发展。2004 年 3 月 23 日，习近平在视察嘉兴工作时就视察了研究院的选址地，对参与筹建的同志们给予勉励。2008 年 10 月 29 日，习近平再次到研究院，视察微环境控制技术研究中心，并充分肯定研究院发展成绩。他谈道："当年清华研究院创建时和总部大楼奠基时我都来过，这次看到研究院发展很快，成果已经显现，做出了很好的成绩，感到很高兴。现在看来，我们引进清华研究院是正确的，选择落户在嘉兴也是正确的。希望大家继续努力，使我们搭建的这种创新模式的平台，发挥更大的作用，为落实科学发展观、促进经济社会发展作出更大的贡献。"

区域协调发展的深入推进

在一系列政策措施支持下，东部地区经济社会发展取得巨大成就，产业结构不断优化、自主创新能力不断提高、经济集聚能力和经济实力不断提升、人民生活不断改善。在科学发展观和区域协调发展战略的指引下，东中西互动、经济共同发展取得明显成效。胡锦涛指出，

"把实现区域间基本公共服务均等化作为调整区域经济结构的核心，把建立体现区域特色和比较优势的产业体系作为调整区域经济结构的关键，把形成区域经济优势互补、良性互动的机制作为调整区域经济结构的保障"。党和政府在实现基本公共服务均等化、加强主体功能区建设、推进城镇化发展方面取得明显成效。

全面建设小康社会，加快推进社会主义现代化，还必须统筹城乡关系，着力解决"三农"问题，实现城乡经济社会一体化发展。从2004年起，中央每年印发有关"三农"问题的"一号文件"，鲜明地体现加快社会主义新农村建设、促进城乡经济社会发展一体化、促进农民持续增收的重要意义。党的十六大以后，深入贯彻落实科学发展观，农业生产得到发展，农村面貌得到改善，农民群众得到实惠，农村贫困人口生存和温饱问题基本解决。农村扶贫工作取得了新进展，我国扶贫开发从以解决温饱为主要任务的阶段转入巩固温饱成果、加快脱贫致富、改善生态环境、提高发展能力，缩小发展差距的新阶段。深入推进扶贫开发是缩小城乡区域发展差距、全面建设小康社会、促进社会和谐的必然要求。通过推进农村税费改革、推动公共财政覆盖农村、推动城乡平等就业等方式，切实推进农村社会事业发展和基础设施建设，政策更加完善，效果更加显著。

党的十六大以后，为解决农村教育、卫生等公共服务发展滞后问题，党中央推行城乡免费义务教育，建立新型农村合作医疗制度和农村最低生活保障制度，启动新型农村社会养老保险试点，增强公共就业服务，推动农村全面进步。根据党的十七大提出的走中国特色城镇化发展道路的要求，把城镇化作为重要抓手，协调城乡建设、区域发展，促进综合实力提升和人民生活改善，提高城镇化发展质量和水平，挖掘和释放我国需求潜力。推进主体功能区建设是党的十七大以后促进区域协调发展的重要特点。2010 年 12 月，国务院印发了新中国成立以来第一部全国性空间开发规划——《全国主体功能区规划》。自 2008 年以后，相继出台《国务院关于推进上海加快发展现代服务业和先进制造业建设国际金融中心和国际航运中心的意见》《关中—天水经济区发展规划》《青海省柴达木循环经济试验区总体规划》等区域发展规划，推进区域经济一体化，加快发展各地区经济区、经济带，推进主体功能区建设，优化国土开发格局，促进区域协调发展。

党的十六大以后，我国区域发展向着更加协调、更加均衡的方向迈进。2011 年，中部地区、西部地区生产总值占全国的比重分别为 21.2%、19.0%，分别比 2002 年提高了 2.0、1.5 个百分点。继续实施区域发展总体战略，能够充分发挥各地区优势，推动城乡一体化发展，巩固温饱成果，缩小发展差距，把我国经济发展活力和竞争力提高到新的水平。

10. 新起点：中国经济总量跃居世界第二

2010 年是"十一五"规划结束，"十二五"规划即将开始之年。2010 年，国内生产总值达到 40 万亿元人民币，排至世界第二位，人均国内生产总值超过 30000 元。在新世纪的前十年里，我国经济社会发生了翻天覆地的变化，发展成就举世瞩目。

让世界看到"中国速度"

从党的十六大到十八大，这十年，我国取得一系列新的历史成就，为全面建设小康社会打下了坚实基础。2002 年 11 月，党的十六大报告正式提出了全面建设小康社会的奋斗目标。十年间，在党的基本理论、基本路线、基本纲领、基本经验的正确指引下，在新中国成立以来特别是改革开放以来奠定的深厚基础上，在全党全国各族人民的团结奋斗中，我国取得了新的成绩，自觉把推动经济社会发展作为深入贯彻科学发展观的第一要义，加快形成符合科学发展要求的体制机制，转变经济发展方式，实现全面、协调、可持续的发展，不断解放和发展社会生产力，全面落实经济建设、政治建设、文化建设、社会建设、生态文明建设五位一体布局，推动我国经济持续发展、民主不断健全、文化日益繁荣、社会保持稳定，民生得到保障和改善，人民得到更多实惠。十年间，中国以举世瞩目的速度成长，在质疑和挑战中不断突破。

党的十六大以后的十年，是极不平凡的十年，中国展现了人类发展历史上的惊人速度。尽管国际环境波谲云诡，国内挑战接连不断，中国仍然在正确的道路上奋勇前进。在党中央的正确领导下，我们围绕坚持和发展中国特色社会主义提出一系列新思想、新论断，坚定不移走中国特色社会主义道路，深入贯彻落实科学发展观，加快推进改革开放和现代化建设。十年间，中国国民经济连上新台阶，综合国力显著提升，经济结构调整迈出新步伐，经济发展的协调性和竞争力得到增强，人民生活水平、居民收入水平、社会保障水平显著提高，对外开放的深度和广度、国际竞争力、国际影响力迈上新台阶，国家面貌发生历史性变化。

2003 年至 2011 年，国内生产总值年均实际增长 10.7%，其中有六年实现了 10% 以上的增长速度，在受国际金融危机冲击最严重的 2009 年依然实现了 9.2% 的增速。这一时期的年均增速不仅远高于同期世界经济 3.9% 的年均增速，而且高于改革开放以来 9.9% 的年均增速。2008 年下半年国际金融危机爆发以来，在世界主要经济体增速明显放缓甚至面临衰退时，我国经济依然保持了相当高的增速并率先回升，成为带动世界经济复苏的重要引擎。2008 年国内生产总值超过德国，居世界第三位；2010 年超过日本，居世界第二位，成为仅次于美国的世界第二大经济体。

奥运会与世博会写就辉煌篇章

2008 年 8 月，一届完美的奥运会呈现在世界面前。"北京奥运会积累下宝贵的物质财富和精神财富，弥足珍贵。从体育场馆到新航站楼，从安保措施到媒体运行，从规章制度到宝贵人才，从发展理念到城市建设……这些都是财富，这些财富都将影响深远。"北京奥运会后，各方总结梳理出 13 类 4000 多项措施和经验，逐一讨论，应用到城市管理和运行的长效机制之中。

2008 年北京奥运会在国家体育场"鸟巢"开幕　　　　　　新华社记者兰红光 摄

2010 年 5 月，在上海开幕的世博会举世瞩目。作为世界级的盛会，世博会不仅能够促进经济增长、科技进步，而且利于提高国家国际形象和人民综合素质，促进国内外文化的交流。上海世博会围绕"城市，让生活更美好"的主题，演绎了一场精彩纷呈的世界文明大展示，为祖国和人民赢得了荣耀。

"风格各异的展馆，百看不厌的文化展演，耐心热情的'小白菜'，世博会向中国打开了世界的窗口！""世博会结束了，但中国学习的脚步不会停！""你们带来的是一个国家的自豪，而带回去的却是整个世界的精彩！"2010年10月31日，上海世博园开幕第184天，园区里处处洋溢着激动和自豪，也充满着留恋与不舍。

"上海世博会给了参展方一个应对城市危机、建设和谐未来的交流平台，这是一个无与伦比的经历！"上海世博会莫桑比克馆总代表阿梅里科·马加伊亚从1992年起已连续参加了五届世博会，他称赞："上海世博会是规模最盛大的，不仅园区面积大、参与度广泛、参观者人数为历届之最，而且非洲联合馆也以前所未有的面积展示了自己的风情！"

在世博会举办的半年时间里，马加伊亚参加了许多研讨会，"与各国参展方、主办方分享的经历和经验让我收获颇丰。我一定要把这些城市建设理念收集起来带回莫桑比克，告诉我们国家今后也要推广零污染、积极推动绿色能源，这是上海世博会带给我的最大意义！"

北京奥运会、残奥会和上海世博会的成功举办彰显了中国特色社会主义的巨大优越性和强大生命力。除此之外，2008年以后，我们有效应对国际金融危机带来的外部经济风险冲击，夺取抗击汶川特大地震等严重自然灾害和灾后恢复重建重大胜利，妥善处置一系列重大突发事件，巩固和发展了改革开放和社会主义现代化建设大局，增强了中国人民和中华民族的自豪感和凝聚力。

新起点，新成就

21世纪初期，"中国的经济正在衰退，并开始崩溃"，"中国现行的政治和经济制度最多只能维持5年"，这样的"中国崩溃论"风行西方，而十年来中国的发展，却"出人意料"，不断打破"预言"，成为最有活力的经济体。

党的十六大以后，保障和改善民生始终被作为重要的出发点和落脚点。中国的全面小康，是全体人民共同享有发展成果的小康。党中央始终坚定不移走共同富裕道路，人民生活持续获得改善。到2011年末，城乡就业人数比2002年增加2916万人，就业规模不断扩大。2011年城镇居民人均可支配收入比2002年增长1.8倍，农村居民人均可支配收入比2002年增长1.9倍，收入增速于2010年、2011年连续两年超过城镇，城乡居民收入差距缩小。城乡居民家庭恩格尔系数也比2002年分别降低1.4%和5.8%，家用电器、移动电话等平均拥有量显著增加，生活质量明显得到改善。社会保障体系建设取得明显进展，养老、医疗等保险参保人数增加，更多居民得到政府最低生活保障，更多农村低收入人口纳入扶贫范围，农村贫困人口不断下降。

在新起点上，中国取得的新成就举世瞩目。历史即将翻开新的篇章，全面建成小康社会、夺取中国特色社会主义的新胜利展现出更加广阔的前景。

五、决胜全面建成小康社会

进入新时代，全面建成小康社会具备了充分的条件，中华儿女"两个一百年"的宏伟目标也愈加真切。行百里者半九十。距离目标越近，越不能懈怠，越是要加倍努力，倾力奋斗。党的十八大胜利召开，以习近平同志为核心的党中央接过了历史的接力棒："我们的人民热爱生活，期盼有更好的教育、更稳定的工作、更满意的收入、更可靠的社会保障、更高水平的医疗卫生服务、更舒适的居住条件、更优美的环境，期盼孩子们能成长得更好、工作得更好、生活得更好。人民对美好生活的向往，就是我们的奋斗目标。"

为中国人民谋幸福，为中华民族谋复兴，这是一代又一代中国共产党人始终不曾改变的初心和使命。

1. 全面建成小康社会："实现中华民族伟大复兴中国梦的关键一步"

绵延数千年的中华文明史上，自强不息的中华儿女从未停止过对美好梦想的向往和追求，并在追求和实现梦想的过程中，为人类文明进步作出了不可磨灭的贡献。鸦片战争后，近代中国遭受了前所未有的灾难和苦痛。实现中华民族伟大复兴的中国梦，成为中华民族近代以来最伟大的梦想。实现这一伟大梦想的关键一步，就是全面建成小康社会。

党的十八大：全面建成惠及十几亿人口的小康社会

2012 年 11 月 8 日至 14 日，中国共产党第十八次全国代表大会在北京举行。大会的主题是：高举中国特色社会主义伟大旗帜，以邓小平理论、"三个代表"重要思想、科学发展观为指导，解放思想，改革开放，凝聚力量，攻坚克难，坚定不移沿着中国特色社会主义道路前进，为全面建成小康社会而奋斗。

根据国内外形势的新变化，顺应经济社会新发展和人民群众新期待，接续党的十六大提出的全面建设小康社会奋斗目标和党的十七大提出的全面建设小康社会奋斗目标新要求，党的十八大提出了实现中华民族伟大复兴中国梦新的"小目标"：到 2020 年国内生产总值和城乡居民人均收入比 2010 年翻一番，全面建成惠及十几亿人口的小康社会。这是我们党向人民、向历史作出的庄严承诺。从"全面建设"到"全面建成"，彰显出党团结带领人民夺取全面建成小康社会胜利的坚定决心。

那么，"全面建成惠及十几亿人口的小康社会"是怎样一幅图景呢？党的十八大报告从经济、政治、文化、社会和生态文明建设五个方面提出了新的要求：

一是经济持续健康发展。转变经济发展方式取得重大进展，在发展平衡性、协调性、可持续性明显增强的基础上，实现国内生产总值和城乡居民人均收入比 2010 年翻一番。科技进步对经济增长的贡献率大幅上升，进入创新型国家行列。工业化基本实现，信息化水平大幅提升，城镇化质量明显提高，农业现代化和社会主义新农村建设成效显著，区域协调发展机制基本形成。对外开放水平进一步提高，国际竞争力明显增强。

二是人民民主不断扩大。民主制度更加完善，民主形式更加丰富，人民积极性、主动性、创造性进一步发挥。依法治国基本方略全面落实，法治政府基本建成，司法公信力不断提高，人权得到切实尊重和保障。

三是文化软实力显著增强。社会主义核心价值体系深入人心，公民文明素质和社会文明程度明显提高。文化产品更加丰富，公共文化服务体系基本建成，文化产业成为国民经济支柱性产业，中华文化走出去迈出更大步伐，社会主义文化强国建设基础更加坚实。

四是人民生活水平全面提高。基本公共服务均等化总体实现。全民受教育程度和创新人才培养水平明显提高，进入人才强国和人力资源强国行列，教育现代化基本实现。就业更加充分。收入分配差距缩小，中等收入群体持续扩大，扶贫对象大幅减少。社会保障全民覆盖，人人享有基本医疗卫生服务，住房保障体系基本形成，社会和谐稳定。

五是资源节约型、环境友好型社会建设取得重大进展。主体功能区布局基本形成，资源循环利用体系初步建立。单位国内生产总值能源消耗和二氧化碳排放大幅下降，主要污染物排放总量显著减少。森林覆盖率提高，生态系统稳定性增强，人居环境明显改善。

从这"五位一体"全面进步的要求不难看出，全面建成小康社会，强调的不仅是"小康"，更重要的也是更难做到的是"全面"，是覆盖领域、覆盖人口、覆盖区域全面的小康，要求经济更加发展、民主更加健全、科教更加进步、文化更加繁荣、社会更加和谐、人民生活更加殷实；要求人人参与、人人尽力、人人享有；不仅要求缩小城乡、地区间国内生产总值总量、增长速度的差距，更要全面缩小居民收入水平、基础设施通达水平、基本公共服务均等化水平、人民生活水平等方面的差距。

党的十八大是在我国进入全面建成小康社会决定性阶段召开的一次十分重要的大会。大会强调，全面建成小康社会，必须以更大的政治勇气和智慧，不失时机深化重要领域改革，坚决破除一切妨碍科学发展的思想观念和体制机制弊端，构建系统完备、科学规范、运行有效的制度体系，使各方面制度更加成熟更加定型。

抓重点、补短板、强弱项的"三大攻坚战"

　　生产力不断发展，社会不断进步，人民对美好生活的期待不断丰富，全面建成小康社会的具体任务和部署也随之不断动态发展。进入全面建成小康社会决胜期，党的十九大进一步明确了对如期全面建成小康社会的承诺，强调要紧扣我国社会主要矛盾变化，统筹推进经济建设、政治建设、文化建设、社会建设、生态文明建设，坚定实施科教兴国战略、人才强国战略、创新驱动发展战略、乡村振兴战略、区域协调发展战略、可持续发展战略、军民融合发展战略，"突出抓重点、补短板、强弱项，特别是要坚决打好防范化解重大风险、精准脱贫、污染防治的攻坚战，使全面建成小康社会得到人民认可、经得起历史检验"。

　　坚持底线思维，着力防范化解重大风险。进入发展关键期、改革攻坚期、矛盾凸显期，在我国形势总体向好的同时，世界大变局加速深刻演变，全球动荡源和风险点增多，外部环境复杂严峻；党面临的长期执政考验、改革开放考验、市场经济考验、外部环境考验依然具有长期性和复杂性。"安而不忘危，存而不忘亡，治而不忘乱"。坚持底线思维，防控和化解各种重大风险，就是在加固"全面建成小康社会"的底板。为人民群众安居乐业、全面建成小康社会提供坚强保障，各种风险都需要防控，但重点是防控那些可能迟滞或中断中华民族伟大复兴进程的全局性风险：政治安全风险、意识形态安全风险、经济发展风险、科技安全风险、社会稳定风险、生态安全风险、生物安全风险、外部环境风险、党的建设面临的风险以及粮食、能源等其他领域的重大风险。

决胜脱贫攻坚，共享全面小康。发展为了人民，是马克思主义政治经济学的根本立场。消除贫困、改善民生、实现共同富裕，是社会主义的本质要求。改革开放后的 37 年中，中国使 7 亿多农村贫困人口成功脱贫，是世界上减贫人口最多的国家，也是世界上率先完成联合国千年发展目标的国家，为全面建成小康社会打下了坚实基础。但同时也要意识到，越往后，脱贫成本越高，难度越大。党的十八届五中全会将"扶贫攻坚战"改为"脱贫攻坚战"，明确到 2020 年我国现行标准下农村贫困人口实现脱贫、贫困县全部摘帽、解决区域性整体贫困。让贫困人口和贫困地区同全国一道进入全面小康社会，是全面建成小康社会的底线任务。打好精准脱贫攻坚战，也是三大攻坚战中对全面建成小康社会最具有决定性意义的攻坚战。

全面加强生态环境保护，坚决打好污染防治攻坚战。良好生态环境是人和社会持续发展的根本基础，是最普惠的民生福祉。随着经济社会发展和人民生活水平不断提高，生态环境在群众生活幸福指数中的地位不断凸显。生态环境特别是大气、水、土壤污染严重，已成为全面建成小康社会的突出短板。习近平总书记指出："一边宣布全面建成小康社会，一边生态环境质量仍然很差，这样人民不会认可，也经不起历史检验。"打好污染防治攻坚战，打好蓝天、碧水、净土三大保卫战和柴油货车污染治理、水源地保护、黑臭水体治理、长江保护修复、渤海综合治理、农业农村污染治理等标志性重大战役，2020年达到同全面建成小康社会目标相适应的生态环境保护水平，才能实现全面建成小康社会的庄严承诺，满足人民群众对优美生态环境的需要，为子孙后代留下美丽家园，为中华民族赢得美好未来。

承上启下的"关键一步"

正如习近平总书记所指出的："我们党在不同历史时期，总是根据人民意愿和事业发展需要，提出富有感召力的奋斗目标，团结带领人民为之奋斗。"党的十八大提出全面建成小康社会的目标，提出更具明确政策导向、更加针对发展难题、更好顺应人民意愿的新要求，既符合中国发展实际，又反映了中华民族不懈追求进步的光荣传统，也更加增强了人民群众对实现伟大梦想、成就伟大事业的信心。

全面建成小康社会所带来的人民生活水平的提高、综合国力的显著增强，为中华民族伟大复兴奠定了坚实的物质基础。如期实现全面建成小康社会这一阶段战略目标，历史性地解决困扰了农民几千年的贫困问题，将中华民族几千年来孜孜以求的"小康"理想变为现实，既彰显出中华民族对美好生活的向往追求和历经磨难始终不屈不挠、敢于斗争、敢于胜利的精神品格，又能极大地增强民族自信心自豪感，极大地增强中华民族实现伟大复兴的能力和力量，必将在中华民族发展史上留下浓墨重彩的一笔。这是中华民族伟大复兴的一个重要里程碑，是实现中华民族伟大复兴中国梦的关键一步。踏好这关键一步，对于乘势而上开启全面建设社会主义现代化国家新征程具有承上启下的重要意义。

2. 践行新发展理念，推进高质量发展

随着国民经济发展迈入新阶段，我国经济发展表现出速度变化、结构优化、动力转换等特点。面对经济社会发展新趋势新机遇和新矛盾新挑战，以习近平同志为核心的党中央因势而谋、因势而动、因势而进，提出了新发展理念，指引新常态下的发展行动。

成长的烦恼：新常态

大多数人第一次听到"新常态"这个词，是在 2014 年 5 月。习近平总书记在河南考察工作时指出："我国发展仍处于重要战略机遇期，我们要增强信心，从当前我国经济发展的阶段性特征出发，适应新常态，保持战略上的平常心态。"

那么，何谓"新常态"？

新常态是进入"十三五"时期之后，我国经济发展出现的新的显著特征。主要特点是：增长速度要从高速转向中高速，发展方式要从规模速度型转向质量效率型，经济结构调整要从增量扩能为主转向调整存量、做优增量并举，发展动力要从主要依靠资源和低成本劳动力等要素投入转向创新驱动。以经济增长速度为例，2014 年上半年中国 GDP 同比增长 7.4%，而在过去的两年中，这个数字是 7.7%。这是

中国自改革开放以来 GDP 增速第四次连续两三年低于 8%，而前三次都是因为受到外部短期因素的干扰，经过调整后都回到了高速增长的轨道上。1998 年至 2008 年，全国规模以上工业企业利润总额年均增速高达 35.6%，而到 2013 年降至 12.2%，2014 年 1 月至 5 月仅为 5.8%。

从历史长过程看，经济发展新常态是我国经济发展历程中新状态、新格局、新阶段不断形成的又一个新阶段，是我国经济在经历了改革开放 30 多年高速发展、总量不断增大后，向更高级形态、更优化分工、更合理结构演进所必然会出现的一种状态，必然经历的一个过程，符合一般事物发展螺旋式上升的规律特征。

对正处于增长速度换挡期、结构调整阵痛期、前期刺激政策消化期"三期叠加"阶段的中国经济来说，实现这样广泛而深刻的变化并不容易，对我们是一个新的巨大挑战。但同时我们也要认识到，新常态下我国经济发展长期向好的基本面没有变，经济韧性好、潜力足、回旋空间大的基本特质没有变，经济持续增长的良好支撑基础和条件没有变，经济结构调整优化的前进态势没有变，"十三五"及今后一个时期，我国仍处于发展的重要战略机遇期。认识新常态，适应新常态，引领新常态，是这一时期我国经济发展的大逻辑。

药方：新发展理念

新常态是主要表现在经济领域的一个客观状态，不是推卸责任、坐以待毙的避风港。面对我国经济发展进入新常态、世界经济低迷复苏的国内外形势，我们更应该充分发挥主观能动性，以新理念、新举措、新作为推动发展。其中，发展理念是发展行动的先导，是管全局、管根本、管方向、管长远的东西，是发展思路、发展方向、发展着力点的集中体现。发展理念搞对了，目标任务就好定了，政策举措也就跟着好定了。

在深刻总结改革开放以来的发展经验，深入思考"十三五"乃至更长时期我国发展思路、发展方向、发展着力点的基础上，党的十八届五中全会提出了创新、协调、绿色、开放、共享的新发展理念，并以此为主线谋篇布局，提出了关于制定"十三五"规划的建议。

创新、协调、绿色、开放、共享，这些听起来并不陌生的词汇，是如何组成一剂针对中国经济新常态、世界经济低迷复苏的新药方的呢？

对症下药。五大发展理念各有侧重和针对：创新发展针对我国创新能力不强，科技发展水平总体不高，科技对经济社会发展支撑能力不足，科技对经济增长贡献率较低的现实情况，注重解决发展动力问题；协调发展针对我国长期存在的区域、城乡、经济和社会、物质文明和精神文明、经济建设和国防建设等不协调的实际存在，注重解决发展不平衡问题；绿色发展呼应人民群众对清新空气、干净饮水、安全食品、优美环境的强烈要求，针对资源约束趋紧、环境污染严重、生态退化的严峻现实，注重解决人与自然和谐问题；开放发展针对我国在用好国际国内两个市场、两种资源，应对国际贸易摩擦、争取国际经济话语权，运用国际经贸规则等方面的弱点和不足，注重解决发展内外联动问题；共享发展针对在收入分配、城乡区域公共服务水平等方面存在的突出问题，注重解决社会公平正义问题。

总结提升。新发展理念是对发展经验和教训的深刻总结。创新、协调、绿色、开放、共享，作为思想方法，作为战略措施，作为目标愿景，都曾不止一次地被各种组织、学者倡导和论述，但将其上升到理念的高度来认识，还是第一次。"穷理者欲知事物之所以然与其所当然者而已。"新发展理念集中体现了新时代我国的发展思路、发展方向、发展着力点，是管全局、管根本、管长远的导向，集中反映了党对经济社会发展规律认识的深化。

系统设计，综合起效。创新、协调、绿色、开放、共享，是我们党始终提倡和一贯坚持的，但结合新的形势赋予其新的内涵并形成一个具有内在联系的集合体，是党的十八大以来党中央的创造性理论贡献。崇尚创新、注重协调、倡导绿色、厚植开放、推进共享的新发展理念，是一个系统的理论体系，回答了关于发展的目的、动力、方式、路径等一系列理论和实践问题，阐明了中国共产党关于发展的政治立场、价值导向、发展模式、发展道路等重大政治问题。坚持创新发展、协调发展、绿色发展、开放发展、共享发展，是关系我国发展全局的一场深刻变革。

以新发展理念为主要内容的习近平经济思想，是党的十八大以来党中央推动中国经济发展实践的理论结晶，是运用马克思主义基本原理对中国特色社会主义政治经济学的理性概括。坚持加强党对经济工作的集中统一领导，坚持以人民为中心的发展思想，坚持适应把握引领经济发展新常态，坚持使市场在资源配置中起决定性作用，坚持适应我国经济发展主要矛盾变化完善宏观调控，坚持问题导向部署经济发展新战略，坚持正确工作策略和方法，长期坚持、不断丰富发展习近平经济思想，必将推动我国经济发展产生更深刻、更广泛的历史性变革。

稳中求进：高质量发展

按照"十三五"规划纲要的一系列具体工作部署，神州大地春潮涌动。以 2016 年为例：GDP 达 74.4 万亿元，经济增速 6.7%，仍处于合理运行区间；"三去一降一补"五大任务初见成效，去产能的年度任务提前超额完成，商品房待售面积连续数月下降，实体经济成本有所下降；全国人大共有 35 部法律获得通过，其中新制定 10 部、修改 24 部、公布法律解释 1 部；全国新登记市场主体增加 1651.3 万户，同比增长 11.6%，平均每天新登记 4.51 万户；中国对"一带一路"沿线 53 个国家的直接投资达到 145.3 亿美元，中国企业对相关 61 个国家新签的合同总额达到 1260.3 亿美元；据世界银行测算，2012 年至 2016 年中国对世界经济增长的贡献率达到 34%，超过美国、欧盟和日本的总和。

党的十九大总结十八大以来成功驾驭经济发展大局的实践，指出，中国特色社会主义进入了新时代，我国经济发展也进入了新时代，基本特征就是我国经济已由高速增长阶段转向高质量发展阶段。

那么，什么是高质量发展？我们为何转向高质量发展？如何推动高质量发展？

高质量发展，就是能够很好满足人民日益增长的美好生活需要的发展，是体现新发展理念的发展，是创新成为第一动力、协调成为内生特点、绿色成为普遍形态、开放成为必由之路、共享成为根本目的的发展，是更高质量、更有效率、更加公平、更可持续的发展。更明确地说，高质量发展，就是从"有没有"转向"好不好"。这既是遵循经济规律发展、保持经济持续健康发展的必然要求，也是适应我国社会主要矛盾变化和全面建成小康社会、全面建设社会主义现代化国家的必然要求。

中国特色社会主义进入新时代，我国社会主要矛盾已经转化为人民日益增长的美好生活需要和不平衡不充分的发展之间的矛盾。同时，我国仍处于并将长期处于社会主义初级阶段，我国仍然是世界上最大的发展中国家，发展仍然是党执政兴国的第一要务。发展中的矛盾和问题，就集中体现在发展质量上。只有把发展质量问题摆在更为突出的位置上，着力提升发展质量和效益，才能以更平衡、更充分的发展满足人民对美好生活的需要，解决好新时代的主要矛盾。而从做好"两个一百年"奋斗目标的有机衔接来看，结合需求条件、要素条件和潜在增长率所发生的客观变化，只有实现发展方式的转变，推动高质量发展，才能防范和化解各类重大风险，保持经济社会持续健康发展，顺利完成工业化、实现现代化。

从高速增长到高质量发展，党对全面建成小康方式路径的认识不断深化。坚定不移贯彻新发展理念，全面推动创新发展、协调发展、绿色发展、开放发展、共享发展，运用新发展理念的辩证思维和系统观念把握这五大发展的规律和趋势，推动发展方式系统性变革、整体性转变，实现发展质量、结构、规模、速度、效益、安全相统一；使市场在资源配置中起决定性作用；更好发挥政府作用，把推进供给侧结构性改革作为主线，加快建设现代化经济体系；坚持质量第一、效率优先，推动经济发展实现量的合理增长和质的稳步提升；推动质量变革、效率变革、动力变革；统筹好发展和安全，切实转变发展方式，实现高质量发展并将其全面落实到统筹推进"五位一体"总体布局和协调推进"四个全面"战略布局中，是贯彻落实习近平经济思想的战略部署。

当今世界正经历百年未有之大变局，我国发展的外部环境日趋复杂。面对新冠肺炎疫情给全球经济带来的巨大冲击，我们把新发展理念作为强大武器，从需求端和供给端两头发力，危中寻机、化危为机，谋划常态化疫情防控前提下高质量发展的思路举措，推动经济社会秩序全面恢复。经过不懈努力，2020年中国国内生产总值同比增长2.3%，成为全球唯一实现经济正增长的主要经济体，同时，居民人均可支配收入实际增长与经济增长基本同步，全国居民人均收入比2010年增加一倍。实践证明，防范化解各类风险隐患，积极应对外部环境变化带来的冲击挑战，关键在于办好自己的事，提高发展质量，提高国际竞争力，增强国家综合实力和抵御风险能力，有效维护国家安全。推动高质量发展是防范化解各类重大风险的根本途径，是实现经济行稳致远、社会和谐安定的必然选择。

百年变局与世纪疫情交织叠加，经济全球化遭遇逆流，全球深层次矛盾突出，不稳定性不确定性增加，维护世界和平、促进共同发展面临更多挑战。但正像习近平总书记在首届中国国际进口博览会开幕式上所指出的："经历了无数次狂风骤雨，大海依旧在那儿！经历了5000多年的艰难困苦，中国依旧在这儿！面向未来，中国将永远在这儿！"面向未来，中国将把握新发展阶段、贯彻新发展理念、构建新发展格局，深入推进中国式现代化，在实现高质量发展中推动人的全面发展、全体人民共同富裕不断取得实质性进展。

3. 全面深化改革

党的十八大报告有一个突出特点，就是把发展目标与改革目标一起规划、把完善社会主义市场经济体制与加快转变经济发展方式一同部署。报告强调，全面建设小康社会，必须以更大的政治勇气和智慧，不失时机深化重要领域改革，坚决破除一切妨碍科学发展的思想观念和体制机制弊端。只有攻克体制机制上的顽瘴痼疾，突破利益固化的藩篱，才能进一步解放和发展社会生产力，进一步激发和凝聚社会创造力。

党的十八大召开不到一年时间，人们逐渐发现，酒类批发许可证工本费、农作物种子检验收费、社会保障 IC 卡工本费……这些与企业、农民、城市居民密切相关的收费项目，自 2013 年 11 月 1 日起正式取消了。至此，2013 年全国已统一取消和免征共计 347 项中央级和省级行政事业性收费。这些看是平常的民生小事，折射的是党中央深入推进全面深化改革的重大决策部署。

"剩下的都是难啃的硬骨头"

党的十八大召开后不久，2012 年 12 月，在深圳莲花山公园，习近平总书记向邓小平铜像敬献花篮后感慨地说，我们来瞻仰邓小平铜像，就是要表明我们将坚定不移推进改革开放。

30多年前，平地惊雷、闸门开启、活力涌流，中国共产党人作出改变了中国命运的关键抉择。从"杀出一条血路来"，到一程再一程接力奋斗，中国沿着改革开放的强国之路华丽蝶变，大踏步赶上时代前进步伐。

然而，"容易的、皆大欢喜的改革已经完成了，好吃的肉都吃掉了，剩下的都是难啃的硬骨头"。发展中不平衡、不协调、不可持续问题依然突出，科技创新能力不强，产业结构不合理，发展方式依然粗放，城乡区域发展差距和居民收入分配差距依然较大，社会矛盾明显增多，教育、就业、社会保障、医疗、住房、生态环境、食品药品安全、安全生产、社会治安、执法司法等关系群众切身利益的问题较多，部分群众生活困难，形式主义、官僚主义、享乐主义和奢靡之风问题突出，一些领域消极腐败现象易发多发，反腐败斗争形势依然严峻，等等。解决这些问题，关键在于深化改革。

全面深化改革，是中国航船破浪前行的动力引擎。以什么样的勇气啃硬骨头、涉险滩，以什么样的智慧突破利益固化的藩篱，以什么样的方法破解改革难题，决定未来中国能不能向历史交出一份优异的答卷。

以智慧和力量写就的改革宣言

2013年11月12日晚上，浙江汤溪工具制造有限公司董事长胡永余一眼不眨地看完新闻联播后，兴奋地直拍大腿。"我们公司主要生产机床刀具，净利润率只有 3%—5%。我不能把鸡蛋放在一个篮子里，所以申请参股一家商业银行。全会公报说要积极发展混合所有制经济，看来，银行很可能愿意跟我们这些民间资本'混合'！"

胡永余所说的公报就是党的十八届三中全会通过的《中共中央关于全面深化改革若干重大问题的决定》。

2013 年 11 月 12 日，全世界的目光聚焦在中国，北京，人民大会堂。下午 3 时，党的十八届三中全会举行闭幕会，一致通过了《中共中央关于全面深化改革若干重大问题的决定》。这是中国共产党人用使命和担当作出的战略抉择，这是中国人民以智慧和力量写就的改革宣言。

《决定》提出"全面深化改革的总目标是完善和发展中国特色社会主义制度，推进国家治理体系和治理能力现代化"，要求到 2020 年，在重要领域和关键环节改革上取得决定性成果，形成系统完备、科学规范、运行有效的制度体系，使各方面制度更加成熟更加定型。提出"使市场在资源配置中起决定性作用和更好发挥政府作用"等新观点新论断，并对经济体制改革、政治体制改革、文化体制改革、社会体制改革、生态文明体制改革和党的建设制度改革进行了全面部署。

6 大方面、15 个领域、336 项改革举措，力度前所未有。英国《金融时报》形容，这份蓝图是中国执政党近年来最具雄心的改革计划。

党的十八届三中全会的意义是划时代的，开启了全面深化改革、系统整体设计推进改革的新时代，开创了我国改革开放的全新局面。

全面深化改革的主体框架基本确立

大潮涌起，风正帆悬。掌舵者的改革精神、改革气质清晰彰显。

按照党的十八届三中全会精神，党中央专门成立了由习近平总书记担任组长的中央全面深化改革领导小组。截至党的十九大，这个小组共召开 38 次会议，审议通过 365 个重要改革文件，确定 357 个重点改革任务，出台 1500 多项改革举措。

司法、财税、户籍制度、公车、央企薪酬、混合所有制、考试招生、农村土地、公立医院、科技体制、足球……一项项议论多年、阻力较大、牵涉深层次调整的改革，在顶层协调与推动下启动，一个个以前不敢碰、不敢啃的硬骨头被砸开。

从加快实施自由贸易区战略到推进"一带一路"建设；从自由贸易试验区试点扩围到完成筹建亚洲基础设施投资银行……党中央着眼内外统筹、破立结合，破除阻碍对外开放的"绊脚石"，不仅为中国发展开通更加广阔的道路，也为世界带来更多机遇。

放眼神州大地，改革风云再次激荡——

在东北，黑龙江实施"两大平原"现代农业综合配套改革试验，吉林建立"舟桥"机制加速科技成果转化，辽宁整合市场监管机构并推进大部门制改革；

在京津冀，北京加快全国科技创新中心建设，天津滨海新区通过"一颗公章管审批"避免"公章四面围城、审批长途旅行"，河北推进城乡一体化综合配套改革试点，三地已启动通关一体化，正在共同推动以交通、产业、生态环保为重点的区域协同发展；

在长三角，上海自贸区推出一系列改革举措，正在负面清单管理、境外投资管理、商事登记、金融对外开放等方面总结出可复制、可推广的经验，江苏推进科技体制综合改革，浙江实施"河长制"推进环境治理改革；

在长江流域，覆盖 11 省市、促进我国经济由东向西梯度推进的长江经济带建设全面启航，依托长江黄金水道，综合立体交通走廊建设开始实施。

在推进全面深化改革的发展历程中，党中央着力抓好基础性、长远性、系统性的制度设计，稳妥推进财税和金融体制改革，健全城乡发展一体化体制机制，构建开放性经济新体制，推进协商民主广泛多层制度化发展，健全自然资源资产产权制度，深化国防和军队改革等，都作了制度性安排。国家治理体系与治理能力在制度的不断完善中得到提升。

2016 年 12 月 30 日，检视改革进程，习近平总书记胸有成竹："经过 3 年多努力，一批具有标志性、关键性的重大改革方案出台实施，一批重要领域和关键环节改革举措取得重大突破，一批重要理论创新、制度创新、实践创新成果正在形成，全面深化改革的主体框架基本确立。"

2017 年，中央推进全面深化改革的主基调的是抓落实。各地区、各部门狠抓落实，生态文明、养老、医疗保险制度、医药分开、教育体制机制等领域改革取得明显进展。

改革脚步更有力

风雪交加的深冬时节，黑龙江哈尔滨香坊区冬奥家园的居民家里暖意融融。温度计显示，室温达 22℃。主人王雅丽说："今年提前几天就供暖了，烧得挺不错，晚上睡觉盖层薄被子就行。"

前些年，一些地方冬季出现"气荒"，对群众温暖过冬产生一定影响。2019 年 3 月 19 日的中央深改委第七次会议提出提高油气资源配置效率，保障油气安全稳定供应。国家相关部门贯彻要求，督促地方和企业细化应急保供预案，确保民生等重点用气需求。

表面看是居家冷暖的小事情，背后是全面深化改革的持续发力。党的十九大后，全面深化改革继续向纵深发展，党对新时代全面深化改革勾勒出更加清晰的顶层设计，由前期重点是夯基垒台、立柱架梁，中期重点在全面推进、积厚成势，发展到着力点放到加强系统集成、系统高效上来。

把提高供给体系质量作为主攻方向，深化供给侧结构性改革；将第二轮土地承包到期后再延长 30 年，深化农村土地制度改革；守住不发生系统性金融风险的底线，深化金融体制改革……党的十九大就重要领域和关键环节改革作出部署，改革方向更清晰。

在建设现代化经济体系、建设创新型国家、深化国资国企改革、实施乡村振兴战略、推动全面开放、发展社会主义民主政治、深化依法治国实践、繁荣社会主义文化、保障和改善民生、建设美丽中国、全面从严治党等方面，党的十九大报告提出 158 项改革举措，改革脚步更有力。

2018 年 3 月 28 日，习近平总书记主持召开机构改革后新成立的中央全面深化改革委员会第一次会议。他强调，深化党和国家机构改革全面启动，标志着全面深化改革进入了一个新阶段，改革将进一步触及深层次利益格局的调整和制度体系的变革，改革的复杂性、敏感性、艰巨性更加突出，要加强和改善党对全面深化改革统筹领导，紧密结合深化机构改革推动改革工作。12 月，党中央隆重庆祝改革开放 40 周年，宣示在新时代将改革开放进行到底的信心和决心。

党的十八届三中全会以来，党中央以前所未有的决心和力度冲破思想观念的束缚，坚决破除利益藩篱和体制机制弊端，积极应对外部环境变化带来的风险挑战，开启了气势如虹、波澜壮阔的改革进程。到 2020 年底，党的十八届三中全会确定的目标任务全面推进，各领域基础性制度框架基本确立，许多领域实现历史性变革、系统性重塑、整体性重构，为推动形成系统完备、科学规范、运行有效的制度体系，使各方面制度更加成熟更加定型奠定了坚实基础，全面深化改革取得历史性伟大成就，践行了"人民对美好生活的向往就是我们的奋斗目标"的郑重承诺。改革已经成为中国共产党的鲜明旗帜和当代中国的时代特征。

4. 实施创新驱动发展战略

创新是国家和民族发展的驱动力，也是推动人类社会发展的重要力量。创新驱动发展战略是以科技创新支撑产业发展，加快经济发展方式转变的经济结构调整，促进综合国力和核心竞争力显著提升的战略。实施创新驱动发展战略，是对经济社会发展理念和思想的重大变革。随着我国创新驱动发展战略深入推进，创新正在成为引领发展的第一动力，中国跻身创新型国家行列，正在从科技大国迈向科技强国。科技进步贡献率超过 60%。

从"手撕钢"看创新驱动

"手撕钢"的学名叫宽幅软态不锈钢精密箔材，这种材料薄如蝉翼，厚度只有 0.02mm，不到 A4 纸的 1/4，是山西太钢出品的新产品，因可以用手轻易撕开，得名"手撕钢"。2020 年 5 月，习近平总书记来到公司车间里考察，不禁称赞："工艺确实好，就像锡纸一样薄，百炼钢做成了绕指柔。""手撕钢"堪称钢铁行业皇冠上的明珠，广泛应用于军工核电、航空航天、新能源等高端制造业，支撑国家战略发展。由于技术质量指标严、工艺控制难度大，制造技术长期掌握在少数发达国家手中。为打破垄断，太钢用了两年时间，攻克了 175 个设备难题、452 个工艺难题，自主研发的"手撕钢"不仅达到了国外品质，而且超越了其宽度规格。受新冠肺炎疫情影响，不少企业面临困难，而"手撕钢"却供不应求，2020 年 1 月至 4 月，出口订单较去年同期增加近 7 成。

"随着柔性屏钢技术的突破，将来咱们用的手机和电视机，屏幕是可以卷起来的。出去旅行，背包上的太阳能板将更轻更薄，储存的能量也会更多。材料的创新让生活更加美好。"太钢人描绘出一幅科技改变生活的动人画卷。

长期以来，山西兴于煤、困于煤，一煤独大导致产业单一。如何转型发展？如何蹚出一条新路？太钢给出了答案，创新、创新、再创新！钢铁从"按吨卖"到"论克卖"，屏幕从"立起来"到"卷起来"的背后是党中央大力实施的创新驱动发展战略。

大力实施创新驱动发展战略

从国内看，创新驱动是形势所迫。改革开放以来，我国根据自己的资源禀赋和比较优势，选择了由投资带动的要素驱动发展模式，在实践中取得了巨大成功，使我国进入了中等收入国家行列，经济总量已跃居世界第二位。然而，随着人口红利的逐步衰减和资源环境约束的强化，"高投入、高消耗、高污染、低质量、低效益"的经济发展模式已难以为继，不可能继续支撑我国向高收入国家迈进。国外的大量实践也表明，如果一个国家没有随着发展阶段的转换及时转变发展方式，就很可能落入中等收入陷阱，使经济社会发展陷入长期停滞状态。习近平总书记曾算过这样一笔账：世界发达水平人口全部加起来是 10 亿人左右，而我国有 13 亿多人，全部进入现代化，那就意味着世界发达水平人口要翻一番多。不能想象我们能够以现有发达水平人口消耗资源的方式来生产生活，那全球现有资源都给我们也不够用！老路走不通，新路在哪里？就在科技创新上，就在加快从要素驱动、投资规模驱动发展为主向以创新驱动发展为主的转变上。

从全球范围看，科技兴则民族兴，科技强则国家强。科学技术越来越成为推动经济社会发展的主要力量，创新驱动是大势所趋。新一轮科技革命和产业变革正在孕育兴起，一些重要科学问题和关键核心技术已经呈现出革命性突破的先兆，带动了关键技术交叉融合、群体跃进，变革突破的能量正在不断积累。即将出现的新一轮科技革命和产业变革与我国加快转变经济发展方式形成历史性交汇，为我们实施创新驱动发展战略提供了难得的重大机遇，机不可失。

党的十八大作出了实施创新驱动发展战略的重大部署，强调科技创新是提高社会生产力和综合国力的战略支撑，必须摆在国家发展全局的核心位置。加快实施创新驱动发展战略，就是要使市场在资源配置中起决定性作用和更好发挥政府作用，破除一切制约创新的思想障碍和制度藩篱，激发全社会创新活力和创造潜能，提升劳动、信息、知识、技术、管理、资本的效率和效益，强化科技同经济对接、创新成果同产业对接、创新项目同现实生产力对接、研发人员创新劳动同其利益收入对接，增强科技进步对经济发展的贡献度，营造大众创业、万众创新的政策环境和制度环境。这是党中央综合分析国内外大势、立足国家发展全局作出的重大战略抉择，具有十分重大的意义。

创新是引领发展的第一动力

实施创新驱动发展战略是一项系统工程，涉及方方面面的工作，需要做的事情很多。最为紧迫的是要进一步解放思想，加快科技体制改革步伐，破除一切束缚创新驱动发展的观念和体制机制障碍。

党的十八大以来，党中央多次召开会议，研究实施创新驱动发展战略的顶层设计，推出了加快发展科技服务业、加强知识产权保护、加速科技成果转化等方面的新政策、新举措，《关于深化体制机制改革加快实施创新驱动发展战略的若干意见》《国家创新驱动发展战略纲要》《深化科技体制改革实施方案》《关于发展众创空间推进大众创新创业的指导意见》……有关创新驱动的顶层设计日臻完善，围绕体制机制的改革举措蹄疾步稳，强力推动创新驱动战略深入实施，新发现、新发明不断涌现，新技术、新成果加快转化，为经济转型升级提供了强大的动力源泉。

沉睡的科研设备"用"过来。过去，高校院所购置的大量科研仪器设备在高墙内"睡大觉"，研发需求旺盛的企业却无法共享。2014年10月，《关于国家重大科研基础设施和大型科研仪器向社会开放的意见》发布。此后，开放共享好的单位，奖！反之，则罚！机制畅通了，设备利用更高效，创新活力也更强。

撒胡椒面的科研资金"统"起来。曾经，每年近百项、涉及上千亿元资金的中央财政科技计划分别由各部门掌握安排，科研人员只好"四处烧香"、多头申报。2014年9月，中央深改组第五次会议审议《关于深化中央财政科技计划（专项、基金等）管理改革的方案》，决定将中央财政科技计划进行优化整合。从此，"钱袋子"交给专业机构打理，资金用在了刀刃上，解决了重复交叉、定位不清的问题，打破多头管理、科研人员四处跑项目的局面。

尘封的研发成果"动"起来。一边是科研院所的研发成果束之高阁，一边是企业苦苦寻觅新技术。如何打破成果转化的"玻璃墙"？2015年8月修改后的《促进科技成果转化法》，明确了科研机构、高校的科技成果处置权，"国家设立的研究开发机构、高等院校对其持有的科技成果，可以自主决定转让、许可或者作价投资"。"南京九条""成都十条"……各地纷纷"开闸"，让一批"锁在柜子里"的科研成果加速转化为现实生产力。

创新驱动跑出加速度

创新投入更多了：据国家统计局发布的公报，2020年，全国共投入研究与试验发展（R&D）经费24393.1亿元，比上年增加2249.5亿元，增长10.2%，增速比上年回落2.3个百分点；研究与试验发展（R&D）经费投入强度（与国内生产总值之比）为2.40%，比上年提高0.16个百分点。按研究与试验发展（R&D）人员全时工作量计算的人均经费为46.6万元，比上年增加0.5万元。全球创新指数排名从2015年的第29位跃升到2020年的第14位，是前30名中唯一的中等收入经济体。目前，国家正在支持北京、上海、粤港澳大湾区形成国际科技创新中心，建设北京怀柔、上海张江、大湾区、安徽合肥综合性国家科学中心。

创新转化更高效：高速列车总里程达世界之最，正向谱系化、智能化、绿色化方向发展；特高压输变电达到世界先进水平；千吨级履带起重机、300 吨自卸车等装备制造水平大幅攀升；新能源汽车产业规模全球领先，产销量连续五年位居世界首位，累计推广的新能源汽车超过了 450 万辆，占全球的 50% 以上；农业科技进步贡献率超过 60%；无人机、智能驾驶……围绕产业链部署创新链，更多的创新成果走下书架走向货架。

创新版图更辽阔：如果在中国的版图上标注出一个个国家高新区，你会发现星星之火已经燎原。2019 年，我国 169 家国家高新区实现生产总值 12.2 万亿元，上缴税费 1.9 万亿元，分别占国内生产总值的 12.3%、税收收入的 11.8%。2019 年国家高新区的企业研发支出为 8259 亿元，占全国企业总投入的半壁江山。2020 年 5 月，国家高新区两个主要指标实现两位数增长：营业收入 3.27 万亿元，同比增长 10.3%；工业增产值 2.25 万亿元，同比增长 10.4%。除了高新区、自主创新示范区这样的传统孵化器外，创客空间、创新工场等插上互联网翅膀的新型孵化器也风生水起，创新创业结合，线上线下结合，孵化投资结合，开放式的创新生态系统已经浮出水面。

展望未来，《国家创新驱动发展战略纲要》对创新驱动发展战略进行的顶层设计和系统谋划，明确我国到 2050 年建成世界科技创新强国"三步走"的战略目标。

第一步，到 2020 年进入创新型国家行列，基本建成中国特色国家创新体系，有力支撑全面建成小康社会目标的实现。

"中国天眼"全景　　　　　　　　　　　　　　新华社记者欧东衢 摄

在马里亚纳海沟作业区，"蛟龙"号载人潜水器离开"向阳红 09"科学考察船缓缓进入水中

新华社记者刘诗平 摄

256

嫦娥三号月球车示意图   新华社照片

第二步，到2030年跻身创新型国家前列，发展驱动力实现根本转换，经济社会发展水平和国际竞争力大幅提升，为建成经济强国和共同富裕社会奠定坚实基础。

第三步，到2050年建成世界科技创新强国，成为世界主要科学中心和创新高地，为我国建成富强民主文明和谐的社会主义现代化国家、实现中华民族伟大复兴的中国梦提供强大支撑。

"墨子"传信、"神舟"飞天、"北斗"组网、"嫦娥"探月、"蛟龙"入海、"天眼"巡空、"鲲龙"击水……以梦为马，创新路上，中国大步向前！

5. 乡村振兴战略

2020 年 9 月 22 日，农历秋分节气，还是第三个中国农民丰收节，中国农民自己的专属节日。

在山西省运城市万荣县黄河农耕文明博览园广场，曲调昂扬的歌伴舞《这里最早叫中国》拉开了"庆丰收、迎小康"为主题的第三个中国农民丰收节主场活动的序幕。铿锵有力的鼓乐《鼓舞中华庆丰收》，敲出了农民奔向小康精气神。

国家统计局数据显示：2020 年全国粮食总产量为 13390 亿斤，比上年增加 113 亿斤，增长 0.9%，我国粮食生产喜获"十七连丰"。粮食产量连续六年站稳 1.3 万亿斤台阶，果菜茶肉蛋鱼等产量稳居世界第一，农业综合生产能力稳步提升，农业科技进步贡献率超过 60%，农作物耕种收综合机械化率达到 71%。大国粮仓根基牢，中国人的饭碗牢牢端在自己的手中。

新方位："三农"发展进入新阶段，乡村振兴肩负新使命

中国是农业大国，重农固本是安民之基、治国之要。把解决好"三农"问题作为全党工作重中之重，是我们党执政兴国的重要经验。党的十八大以来，习近平总书记反复强调，农业强不强、农村美不美、

258

人们在浙江省德清县庆祝首届"中国农民丰收节"活动开幕式上表演

新华社记者黄宗治 摄

农民富不富，决定着亿万农民的获得感和幸福感，决定着我国全面小康社会的成色和社会主义现代化的质量。

党的十八大以来，党中央坚持把解决好"三农"问题作为全党工作重中之重，统筹推进工农城乡协调发展，出台一系列强农惠农政策，实现了农业连年丰收、农民收入持续提高、农村社会和谐稳定。农业农村形势好，为经济社会发展全局提供了基础支撑。同时要清醒看到，当前我国最大的发展不平衡是城乡发展不平衡，最大的发展不充分是农村发展不充分。农业发展质量效益和竞争力不高，农民增收后劲不足，农村自我发展能力较弱，城乡差距依然较大。要采取超常规振兴措施，在城乡统筹、融合发展的制度设计和政策创新上想办法、求突破。

党的十九大在认真总结改革开放特别是党的十八大以来"三农"工作的成就和经验，准确把握"三农"工作新的历史方位的基础上，进一步提出实施乡村振兴战略。这是党中央从党和国家事业全局出发、着眼于实现"两个一百年"奋斗目标、顺应亿万农民对美好生活的向往作出的重大决策，是中国特色社会主义进入新时代做好"三农"工作的总抓手，为新时代农业农村改革发展指明了方向、明确了重点。

实施乡村振兴战略，是为了适应社会主要矛盾变化的新要求。新形势下，农业主要矛盾已经由总量不足转变为结构性矛盾，主要表现为阶段性的供过于求和供给不足并存。农业农村发展进入新的历史阶段。"当前，最大的发展不平衡，是城乡发展不平衡；最大的发展不充分，是农村发展不充分。"时任农业部部长的韩长赋表示。从外部看，城乡差距依然较大。东部与西部、城市与农村，无论经济发展还是基础设施、公共服务，乡村都是发展中的明显短板。从内部看，农业农村进入结构升级、方式转变、动力转换的平台期，适应新形势，亟待培育新动能。

在城市，家住北京市东城区、被称作"烘焙达人"的李明芳坦言："面包要做得松软，得用高筋面粉，但知名品牌多是进口的，价格贵不少。"现在人们不仅要吃饱，更要吃好，吃得安全健康，而我们的农产品大路货多，优质的、有品牌的少，低端农产品过剩和高端农产品不足并存。

在农村，农民增收传统动力减弱了，新动力跟不上。经济增长换挡降速，外出务工的工资性收入增长受限；成本上升、价格下压，农业经营收入增速放缓，农民持续增收压力大。

从资源角度看，资源环境承载力到极限了，绿色生产跟不上。撒肥一炮轰、大水漫灌，许多地方粗放经营方式没有根本改变。我国用世界 9% 的耕地和 6% 的淡水资源，养活了世界 20% 的人口。成就背后是巨大的代价，资源长期透支、超强度开发，弦绷得越来越紧，生态环境亮起了"红灯"。解决这些问题，需要在乡村采取超常规振兴措施，在制度设计和政策创新上想办法、求突破。

乡村如何振兴？

党的十九大报告勾勒出清晰路径：按照产业兴旺、生态宜居、乡风文明、治理有效、生活富裕的总要求，建立健全城乡融合发展体制机制和政策体系，加快推进农业农村现代化。乡村振兴的总要求涵盖了乡村经济、生态、文明、治理、生活五个方面，系统发力让农业成为有奔头的产业，让农民成为有吸引力的职业，让农村成为安居乐业的家园。

产业兴旺，就是要紧紧围绕促进产业发展，引导和推动更多资本、技术、人才等要素向农业农村流动，调动广大农民的积极性、创造性，形成现代农业产业体系，促进农村一二三产业融合发展，保持农业农村经济发展旺盛活力。

生态宜居，就是要加强农村资源环境保护，大力改善水电路气房讯等基础设施，统筹山水林田湖草保护建设，保护好绿水青山和清新清净的田园风光。

乡风文明，就是要促进农村文化教育、医疗卫生等事业发展，推动移风易俗、文明进步，弘扬农耕文明和优良传统，使农民综合素质进一步提升、农村文明程度进一步提高。

治理有效，就是要加强和创新农村社会治理，加强基层民主和法治建设，弘扬社会正气、惩治违法行为，使农村更加和谐安定有序。

生活富裕，就是要让农民有持续稳定的收入来源，经济宽裕，生活便利，最终实现共同富裕。

2018 年 1 月，中共中央、国务院印发《关于实施乡村振兴战略的意见》。《意见》要求，举全党全国全社会之力，以更大的决心、更明确的目标、更有力的举措，推动农业全面升级、农村全面进步、农民全面发展，谱写新时代乡村全面振兴新篇章。

《意见》明确，到 2020 年，乡村振兴取得重要进展，制度框架和政策体系基本形成。农业综合生产能力稳步提升，农业供给体系质量明显提高，农村一二三产业融合发展水平进一步提升；农民增收渠道进一步拓宽，城乡居民生活水平差距持续缩小；现行标准下农村贫困人口实现脱贫，贫困县全部摘帽，解决区域性整体贫困；农村基础设施建设深入推进，农村人居环境明显改善，美丽宜居乡村建设扎实推进；城乡基本公共服务均等化水平进一步提高，城乡融合发展体制机制初步建立；农村对人才吸引力逐步增强；农村生态环境明显好转，农业生态服务能力进一步提高；以党组织为核心的农村基层组织建设进一步加强，乡村治理体系进一步完善；党的农村工作领导体制机制进一步健全；各地区各部门推进乡村振兴的思路举措得以确立。

到 2035 年，乡村振兴取得决定性进展，农业农村现代化基本实现。农业结构得到根本性改善，农民就业质量显著提高，相对贫困进一步缓解，共同富裕迈出坚实步伐；城乡基本公共服务均等化基本实现，城乡融合发展体制机制更加完善；乡风文明达到新高度，乡村治理体系更加完善；农村生态环境根本好转，美丽宜居乡村基本实现。

到 2050 年，乡村全面振兴，农业强、农村美、农民富全面实现。

2018 年 9 月，中共中央、国务院印发《乡村振兴战略规划（2018—2022 年）》。明确了今后五年的重点任务，提出了 22 项具体指标，其中约束性指标 3 项、预期性指标 19 项，首次建立了乡村振兴指标体系。规划围绕推动乡村产业、人才、文化、生态和组织振兴，抓重点、补短板、强弱项，对加快农业现代化步伐、发展壮大乡村产业、建设生态宜居的美丽乡村、繁荣发展乡村文化、健全现代乡村治理体系、保障和改善农村民生等作了明确安排，部署了 82 项重大工程、重大计划、重大行动。围绕乡村振兴"人、地、钱"等要素供给，提出了推动城乡融合发展、加快城乡基础设施互联互通、推进城乡基本公共服务均等化的政策举措。《规划》细化实化了乡村振兴各项工作，部署了一系列重大工程、重大计划和重大行动，是推进实施乡村振兴战略的总蓝图、总路线图。

乡村振兴的广阔前景

乡村振兴，关键在人。农业专家说，要通过制度创新，培养造就一支懂农业、爱农村、爱农民的"三农"工作队伍，把亿万农民的积极性、主动性、创造性调动起来，激发乡村发展的内生动力，为乡村振兴注入更多"活水"。

安徽铜陵市青年钱昕大学毕业后，回到老家创办家庭农场。他说："优质农产品深受城市消费者追捧，我流转了 1000 多亩土地，发展优质水稻，种植无公害果蔬。只要用心用力，一样能在农村有作为。"

伴随鼓励农民工返乡创业等政策，"城归"正成为热潮。同时，多种形式的适度规模经营稳步发展，新型职业农民超过 1400 万人，农民专业合作社达到 188 万家，规模经营面积占比超过 30%。

2021 年，有关部门发布《乡村振兴战略规划实施报告（2020 年）》。《报告》显示，2020 年各地各部门对标对表全面建成小康社会目标，有力应对严峻复杂的国际国内形势特别是新冠肺炎疫情影响，扎实推进《规划》实施，三农领域重点任务取得明显成效。粮食生产再获丰收。决战脱贫攻坚取得全面胜利，农村绝对贫困问题得到历史性解决。农业科技进步贡献率超过 60%，耕种收综合机械化率达到 71%，农作物化肥农药施用量连续四年负增长，畜禽粪污综合利用率超过 75%。乡村产业加快发展，全国农产品加工营业收入达到 23.2 万亿元，农村网络零售额实现 1.79 万亿元，全年农业生产托管服务面积超过 16 亿亩次，返乡入乡创业创新人员超过 1000 万，农村新产业新业态蓬勃发展。农村生活条件明显改善，基本实现村村通动力电、通硬化路、通 4G 网，农村人居环境整治三年行动较好完成，农村居民人均可支配收入达到 17131 元，比 2010 年翻一番多，农村基本公共服务水平进一步提升。农村改革深入推进，乡村治理效能得到提升，农村发展活力不断增强。乡村振兴战略实施取得的成效，为全面建成小康社会奠定了坚实基础。

新时代，新征程，乡村振兴的宏伟蓝图令人憧憬，催人奋进。在党中央领导下，万众一心再出发，一张蓝图干到底，我国"三农"事业必将开辟新天地，亿万农民也将拥抱更加幸福美好的明天。

6. 建设法治中国

"原审被告人聂树斌无罪！"2016 年 12 月，最高人民法院第二巡回法庭里，聂树斌 72 岁的母亲张焕枝流下热泪。近年来，聂树斌案、陈满案、呼格案等旷日持久的申诉案重审改判，人民群众从一起起冤假错案的纠正中看到正义永恒。

四年前，2012 年 11 月，党的十八大报告首次提出，"法治是治国理政的基本方式"。这是中国共产党人对用什么方式治理国家的准确回答和郑重承诺。三个月后，习近平总书记在对当年召开的全国政法工作会议作出的重要批示中首次提出建设"法治中国"的新要求。

2014 年 10 月，党的十八届四中全会召开，这是党史上第一次专门研究法治建设的中央全会；2018 年 3 月，党中央组建中央全面依法治国委员会，这是党史上第一次设立这样的机构；2020 年 11 月，中央全面依法治国工作会议召开，这在党史上也是第一次……这一个个"第一次"体现了以习近平同志为核心的党中央对法治建设的高度重视，记录了建设法治中国的坚实步伐。

全面建成小康社会之后路该怎么走？

2016 年 9 月 18 日上午，中南海的国务院小礼堂气氛庄严、隆重。

领誓人左手抚按宪法，右手举拳，宣读誓词。其他宣誓人列队站立，举起右拳，跟诵誓词。这是国务院首次举行宪法宣誓仪式，同时也奏响了法治中国建设的时代强音。

中国是一个有 14 亿多人口的大国，地域辽阔、民族众多、国情复杂。中国共产党在这样一个大国执政，要保证国家统一、法制统一、政令统一、市场统一，要实现经济发展、政治清明、文化昌盛、社会公正、生态良好，都需要秉持法律这个准绳、用好法治这个方式。这是党的十八大明确全面建成小康社会奋斗目标、党的十八届三中全会部署全面深化改革之后，党中央紧接着在十八届四中全会部署全面推进依法治国工作的基本考虑。

"从现在的情况看，只要国际国内不发生大的波折，经过努力，全面建成小康社会目标应该可以如期实现。但是，人无远虑，必有近忧。全面建成小康社会之后路该怎么走？如何跳出'历史周期率'、实现长期执政？如何实现党和国家长治久安？这些都是需要我们深入思考的重大问题。"习近平总书记深入浅出阐明了党中央部署全面依法治国的现实考虑和战略谋划。

2014 年 10 月 20 日，党的十八届四中全会大幕开启。

党的十八届四中全会提出了建设中国特色社会主义法治体系、建设社会主义法治国家的总目标，包括"五大法治体系"、"三个共同推进"、"三个一体建设"建设、新十六字方针等。这是以习近平同志为核心的党中央对全面依法治国作出的顶层设计和战略部署，标志着依法治国进入了快车道，开启法治中国建设新征程。

全会明确了全面推进依法治国的重大任务，这就是：要完善以宪法为核心的中国特色社会主义法律体系，加强宪法实施；要深入推进依法行政，加快建设法治政府；要保证公正司法，提高司法公信力；要增强全民法治观念，推进法治社会建设；加强法治工作队伍建设；要加强和改进党对全面推进依法治国的领导。

围绕总目标，全会提出了 180 多项重大改革举措，涵盖了依法治国的各个方面。2015 年 4 月，中央全面深化改革领导小组第十一次会议审议通过《党的十八届四中全会重要举措实施规划（2015—2020年）》，为此后一个时期推进全面依法治国提供了总施工图和总台账。

科学立法、严格执法、公正司法、全民守法

建设法治中国，必须坚持科学立法。

2020 年 5 月，十三届全国人大三次会议审议通过了《中华人民共和国民法典》，这是新中国成立以来第一部以"法典"命名的法律，是新时代我国社会主义法治建设的重大成果。民法典共七编 1260 条、十万多字，是我国法律体系中条文最多、体量最大、编章结构最复杂的一部法律。

新中国成立 70 多年来，从颁布《婚姻法》到推出《民法典》，从强调严格执法到建设法治政府，从新中国初期的普法运动到建设法治社会，法治中国建设伴随着时代号角阔步前行。党的十八大以来，制定和修改法律法规 500 多部，推出司法体制改革举措 100 多项。经过长期努力，我国已经形成以宪法为统帅，以法律为主干，以行政法规、地方性法规为重要组成部分的中国特色社会主义法律体系。目前，

我国已有法律 270 多部，形成法规 700 多部、地方性法规 1.2 万部，各个方面、各个领域基本实现有法可依。

立法过程中，如何处理改革决策与法律制度之间的关系，考验着党和政府的智慧。2014 年 2 月 28 日，在中央全面深化改革领导小组第二次会议上，习近平总书记一锤定音地指出："凡属重大改革都要于法有据。在整个改革过程中，都要高度重视运用法治思维和法治方式，发挥法治的引领和推动作用，加强对相关立法工作的协调，确保在法治轨道上推进改革。"

全面实施"二孩"政策和"三孩"政策、废止劳动教养制度、建立上海自由贸易试验区……党的十八大以来，每一项重大改革措施的出台，都经过全国人大常委会的审议、表决，都提前对所涉及的现行法律作出修改完善，确保在法治轨道上推进改革。进入新时代，法治建设按下快进键，法治中国成为响彻神州大地的响亮号角。

建设法治中国，必须坚持严格执法。

2014 年 10 月，党的十八届四中全会通过的《中共中央关于全面推进依法治国若干重大问题的决定》明确提出，建立领导干部干预司法活动、插手具体案件处理的记录、通报和责任追究制度。

2014 年 11 月，十二届全国人大常委会以立法形式将 12 月 4 日设立为国家宪法日。2015 年 7 月，又明确规定国家工作人员就职时公开进行宣誓，庄严承诺忠于宪法、忠于祖国、忠于人民。

2015 年 2 月，在省部级主要领导干部专题研讨班开班式上，习近平总书记发表长篇讲话，聚焦问题，突出主题：全面依法治国必须抓住领导干部这个"关键少数"。据统计，我国 80% 的法律、90%

的地方性法规、100% 的行政法规和部门规章，都是通过领导干部这个"关键少数"加以贯彻实施的。领导干部能否以身作则尊崇法治、捍卫法治、厉行法治，成为民众最有深切感受的法治温度。

2015 年 3 月，中办、国办印发《领导干部干预司法活动、插手具体案件处理的记录、通报和责任追究规定》，用 13 个条文建立起 3 项制度：司法机关对领导干部干预司法活动、插手具体案件处理的记录、通报和责任追究等制度。与此配套，中央政法委也印发了《司法机关内部人员过问案件的记录和责任追究规定》，为司法机关内部人员过问案件划定红线，明确责任追究，确保司法人员依法独立公正办案。

建设法治中国，必须坚持公正司法。

英国哲学家培根说："一次不公正的审判，其恶果甚至超过十次犯罪。因为犯罪虽是无视法律——好比污染了水流，而不公正的审判则毁坏法律——好比污染了水源。"公正司法是维护社会公平正义的最后一道防线。内蒙古呼格吉勒图案、浙江张氏叔侄案、安徽于英生案、湖北佘祥林案、河南赵作海案、河北聂树斌案……党的十八大以来，超过 30 件重大冤假错案得到纠正，许多案件是按"疑案从无"的原则改判的。这一司法观念的重大转变，来自党的十八届四中全会对"推进以审判为中心的诉讼制度改革"的部署，来自习近平总书记对"有效防范冤假错案产生"的多次强调。

同时，还推动了以司法责任制为重点的司法体制改革。实行法官、检察官员额制。进一步全面落实司法责任制，不断健全"让审理者裁判、由裁判者负责""谁决定谁负责"的新型司法权力运行机制。

党的十八大以来，一系列备受社会各界关注的大案要案、热点案件，有的微博直播庭审，有的全程公开审判，有的裁判文书上网，一个个生动案例，标志着中国司法步入了公开透明的"快车道"。自2014年1月1日起，全国3000多家各级法院的裁判文书在"中国裁判文书网"上接受公众监督。中国裁判文书网公开的数据显示，截至2020年8月底，网站公开的文书总量超过1亿篇，访问数量近480亿人次。

建设法治中国，必须坚持全民守法。

法国思想家卢梭曾说："一切法律中最重要的法律，既不是刻在大理石上，也不是刻在铜表上，而是铭刻在公民的内心里。"法律的权威源自人民的内心拥护和真诚信仰。在占世界人口近五分之一的中国，如何做到人人尊法、守法，这是世界法治史上独一无二的课题。

千百年来，很多中国人心中总有一个挥之不去的"青天情结"，让有些百姓信"访"不信"法"，遇事不是寻求法律的帮助，而是靠上访，找政府、找领导。2014年，中央出台《关于依法处理涉法涉诉信访问题的意见》，实行了诉讼与信访分离制度。意见实施后的统计表明，涉法涉诉类问题在党政信访部门接访总量中的比例明显下降，而司法机关的接访量明显上升。

党的十八大以来，无论是实行国家机关"谁执法谁普法"的普法责任制，还是将法治列入社会主义核心价值观，无论是健全公民和组织守法信用记录，完善褒奖和惩戒机制，还是把信访纳入法治化轨道，都彰显了法治社会建设的扎实推进，自觉守法、遇事找法、解决问题靠法正成为全社会的广泛共识和自觉行动。与此同时，消除无律师县，建立集律师、公证、司法鉴定、人民调解等功能于一体的公共法律服务大厅，推行巡回法庭制度，推广一村一社区一法律顾问制度，实行公证处巡回办证、蹲点办证，完善"12348"免费法律咨询服务热线……党的十八大以来，公共法律服务供给不足的短板正在渐渐补齐，老百姓在家门口就能获得所需要的法律帮助。全社会自觉尊法、学法、守法、用法的法治氛围日渐浓厚，法治权威成为人民的内心拥护和真诚信仰，为法治中国提供最坚强支撑。

2017年，党的十九大报告宣布：成立中央全面依法治国领导小组，加强对法治中国建设的统一领导。依法治国在党中央治国理政大局中的地位进一步凸显。党的十九届四中全会站在党和国家长治久安的高度，对"坚持和完善中国特色社会主义法治体系，提高党依法治国、依法执政能力"作出顶层设计，从制度上对全面推进依法治国提出了明确的要求。

新中国的法治大厦，是在法制废墟和人治积习的基础上建立起来的，历程充满艰辛，成就影响深远，实现了从人治到法制再到法治的历史性飞跃，完成了几千年来中华民族国家治理方式的根本性转变，也必将引领中国走向更加光明的未来。

7. 培育和践行社会主义核心价值观

一段时间以来，倒地老人"扶还是不扶"？配偶因高利贷、赌博、吸毒而负债累累，离婚后另一方要还债还是不还？……道德问题和法律问题交织在一起，引发舆论的持续关注，折射出人们对价值观的珍视和对现实难题的焦灼，可以说是剪不断，理还乱。

全面小康，是物质文明和精神文明协调发展的小康，既是国家经济实力增强，也是国家文化软实力提升；既是人民仓廪实、衣食足，也是人民知礼节、明荣辱。发展起来以后的中国，对精神信仰、伦理道德、社会风尚的关注更甚以往，对主流价值和共同信念的归属感尤为强烈。面对世界范围思想文化交流交融交锋形势下价值观较量的新态势，面对改革开放和发展社会主义市场经济条件下思想意识多元多样多变的新特点，在经济政治社会等方面的建设不断取得成就的同时，实现人的思想道德文化等方面的同步发展，成为必须解决好的问题。

把 24 个字的高度概括叫响

党的十八大报告强调指出："倡导富强、民主、文明、和谐，倡导自由、平等、公正、法治，倡导爱国、敬业、诚信、友善，积极培育和践行社会主义核心价值观。"

富强、民主、文明、和谐是国家层面的价值目标，自由、平等、公正、法治是社会层面的价值取向，爱国、敬业、诚信、友善是公民个人层面的价值准则，这24个字是社会主义核心价值观的基本内容，为培育和践行社会主义核心价值观提供了基本遵循。社会主义核心价值观是当代中国精神的集中体现，是社会主义先进文化的精髓。

培育和践行社会主义核心价值观，是推进中国特色社会主义伟大事业、实现中华民族伟大复兴中国梦的战略任务。积极培育和践行社会主义核心价值观，对于巩固马克思主义在意识形态领域的指导地位、巩固全党全国人民团结奋斗的共同思想基础，对于促进人的全面发展、引领社会全面进步，对于集聚全面建成小康社会、实现中华民族伟大复兴中国梦的强大正能量，具有重要现实意义和深远历史意义。

为国家立心，为民族铸魂

党的十八大以来，党中央大力推进、持续深化社会主义核心价值观培育和弘扬。这项强基固本的灵魂工程建设，凝聚起社会共识的"最大公约数"，彰显出日益强劲的中国精神、中国价值、中国力量。

2013年12月，中共中央办公厅印发《关于培育和践行社会主义核心价值观的意见》，明确提出：以"三个倡导"为基本内容的社会主义核心价值观"是我们党凝聚全党全社会价值共识作出的重要论断"，"为培育和践行社会主义核心价值观提供了基本遵循"，并全面阐述了培育和践行社会主义核心价值观的意义、原则、途径和方法，对这一"铸魂工程"作出了新的战略部署。

2015 年 4 月，中央宣传部、中央文明办印发《培育和践行社会主义核心价值观行动方案》，分解出 30 多项重点任务。按其部署，核心价值观"融入经济社会发展，融入人们生产生活，融入家庭家风家教"，富有实效的创新手段不断涌现。

与此同时，一些重大礼仪活动上升到国家层面。国家通过法定程序，将 9 月 3 日确定为中国人民抗日战争胜利纪念日，将 12 月 13 日设立为南京大屠杀死难者国家公祭日，将 9 月 30 日设立为烈士纪念日。

一方面，以中华优秀传统文化涵养社会主义核心价值观。"培育和弘扬社会主义核心价值观必须立足中华优秀传统文化。"传承优良家风、重视传统节日无疑是重要内容。"不论时代发生多大变化，不论生活格局发生多大变化，我们都要重视家庭建设，注重家庭、注重家教、注重家风，紧密结合培育和弘扬社会主义核心价值观，发扬光大中华民族传统家庭美德"。2015 年除夕来临之际，习近平总书记在春节团拜会上特意强调。家教家风成为推进社会主义核心价值观落地生根的重要抓手。党的十八大以来，坚持以民族传统节日为契机弘扬中华优秀传统美德，让传统节日成为爱国节、文化节、道德节、情感节、仁爱节、文明节，彰显了节日文化内涵，树立了节日新风。

另一方面，抓好重点人群，稳固核心价值观的根与魂。"打铁还需自身硬"，领导干部这个"关键少数"必须成为践行社会主义核心价值观的先行者、好样本。八项规定、群众路线教育实践活动、"三严三实"专题教育、"打虎拍蝇"……一系列举措显著净化了政治生态，党员领导干部带头走正路、干正事、扬正气，有效激发了全社会崇德向善的正能量。此外，各地既重"古贤"又重"今贤"，重构乡

讲解员（左一）在给小学生介绍安徽好人的先进事迹

新华社记者张端 摄

村本土文化，敦厚民心民风，激励向上向善，有力促进了社会主义核心价值观在乡村扎根。青少年作为祖国的未来，更是构建稳固核心价值观的关键群体。"人生的扣子从一开始就要扣好"，核心价值观培育从少年儿童抓起，从青年学生抓起，融入国民教育全过程，为未来整个社会的价值取向夯基垒土。

再一方面，学习宣传先进典型，放大凡人善举、平凡英雄的光与热，用身边的榜样感染人。党的十八大以来，国家荣誉勋章、全国道德模范评选、时代楷模发布、感动中国人物表彰，"身边好人""寻找最美"……随着学习宣传先进典型活动在全国范围深入开展，一批又一批充满时代感、饱含正能量的先进个人和集体涌现出来，为全社会树立了道德标杆，成为引领社会主义核心价值观建设的旗帜。航空英模罗阳，在司法改革中敢啃硬骨头、甘当"燃灯者"的邹碧华，"太行新愚公"李保国，舍己救人的"最美教师"张丽莉，捐资助学、扶贫济困的将军夫人龚全珍……一个个闪光的名字犹如无数道德灯塔在全国挺立，照亮了整个社会的价值星空。北京榜样、善行河北、安徽好人、感动浙江……从一个身边好人的凡人善举，到一群道德模范的身先士卒；从一座城市的好人频出，到一个社会的崇德尚善。敬业奉献、助人为乐、见义勇为、诚实守信、孝老爱亲，层出不穷的先进典型，用心诠释着道德之美，用行动温暖了全社会。

把软要求变成硬规矩

2019 年 6 月，"核心价值观百场讲坛"工程第 94 场活动在宁夏吴忠市举办。中国社会科学院学部委员、社会政法学部副主任李林作题为《在依法治国中践行核心价值观》的讲座，并与现场观众和网友进行交流：唯有充分用好法律这道"硬规矩"，用法治手段解决道德领域突出问题，社会主义核心价值观才能有效转化为人们的实际行动。

针对"扶与不扶"的问题，2017 年 3 月 15 日通过的《中华人民共和国民法总则》第 184 条规定："因自愿实施紧急救助行为造成受助人损害的，救助人不承担民事责任。"这一善意救助者责任豁免规则，被称作"好人法"，其用意是鼓励善意救助伤病的高尚行为。

针对配偶因高利贷、赌博、吸毒而负债累累，离婚后另一方还要帮着还债的问题，2017 年 2 月，最高人民法院对相关婚姻法司法解释作出补充规定，强调虚假债务、非法债务不受法律保护。同时，最高法下发通知，要求各级法院正确适用法律，在家事审判工作中正确处理夫妻债务，推进和谐健康诚信经济社会建设。

发生这些有益变化的背后，是党中央把社会主义核心价值观融入法治建设的持续推动。党的十八大以来，道德与法律相互融合、相互促进的过程蹄疾步稳、扎实推进。

促"和谐"：反家庭暴力法设立人身安全保护令等制度，为维护和睦家庭关系筑牢更加完备的法律屏障。

立"诚信"：刑法修正案（九）"重拳"打击考试作弊等行为，守护公平诚信的道德底线。

讲"文明"：网络安全法在总则中明确，"国家倡导诚实守信、健康文明的网络行为，推动传播社会主义核心价值观"。

扬"爱国"：司法机关依法办理侵犯"狼牙山五壮士"名誉权案、邱少云亲属提起的人格权纠纷案，发布保护英雄人物名誉权典型案例。

为了大力培育和践行社会主义核心价值观，运用法律法规和公共政策向社会传导正确价值取向，把社会主义核心价值观融入法治建设，把软要求变成硬规矩，2021年9月，有关部门印发《关于建立社会主义核心价值观入法入规协调机制的意见（试行）》，《意见》对社会主义核心价值观入法入规协调机制作了具体规定，对工作程序作出规范，对推动社会主义核心价值观成为全体人民的共同价值追求具有重要意义。

人民有信仰，民族有希望，国家有力量

一项项治理举措扎实有力，一个个道德痼疾得以疗治。几年来，

我们牢牢抓住培育和践行社会主义核心价值观这个基础工程、铸魂工程，坚持以正确价值导向凝魂聚气、成风化人，坚持贯穿结合融入、落细落小落实，推动社会主义核心价值观内化于心、外化于行。社会风气发生潜移默化的变化，时代精神风貌开始逐步重塑。高远的价值追求在切近的现实生活中扎下根须，旺盛生长，支撑起公民的精神高度和社会的文明程度。

在抗击新冠肺炎疫情的严峻斗争中，涌现出共和国勋章获得者钟南山、"人民英雄"国家荣誉称号获得者张伯礼、张定宇、陈薇等一大批可歌可泣的先进典型和感人事迹。他们中有白衣执甲、逆行出征的医务工作者，有冲锋在前、顽强拼搏的党员干部，有闻令而动、敢打硬仗的人民子弟兵，有坚守岗位、日夜值守的公安干警和社区工作者，有真诚奉献、不辞辛劳的志愿者，更有众志成城、守望相助的人民群众……这些战疫英雄，虽然各自岗位不同，但他们的光辉形象带给我们一样的感动。他们以实际行动展现了民族力量和中国精神，彰显了中华民族和衷共济、风雨同舟的家国情怀，生动诠释了社会主义核心价值观的真谛。

每个走向复兴的民族，都离不开价值追求的指引；每段砥砺奋进的征程，都必定有精神力量的支撑。这种追求，虽百折而不挠；这种力量，最持久且深沉。正如习近平总书记所言："人民有信仰，民族有希望，国家有力量。"

8. 坚定社会主义文化自信

中华文化经过历史长河的洗练、峥嵘岁月的磨砺、伟大实践的锻造，是最有韧劲、最具内涵、最富生机的文化，是凝聚亿万人民为新中国发展不懈奋斗的精神力量。党领导人民坚持走中国特色社会主义文化发展道路，增强文化自觉，坚定文化自信，建设社会主义文化强国，铸就了巍峨耸立的中华民族精神大厦。

什么是文化自信?

近几年，央视推出的几档传统文化节目火了起来，吸引人们热情观看。《我在故宫修文物》通过介绍稀世珍宝的修复过程和修复者的生活故事，展现了中华优秀传统文化的博大精深和精妙绝伦；《中国诗词大会》采用竞猜、"飞花令"等比赛形式，让观众领略到古典诗词的韵律和意境之美；《经典咏流传》将传统诗词经典与现代流行元素相融合，深度挖掘中华优秀传统文化的人文情怀和价值理念……

不仅是电视节目，2019 年春天，《流浪地球》以近 50 亿元票房、超 1 亿观影人次，成就中国科幻影片的"高光时刻"。这部电影与某些国外大片不同，没有宣扬以暴易暴，突出自己高贵、别人卑劣的价值观，而是以世界大同、天下一家的博大胸怀，倡导全人类携手并进、

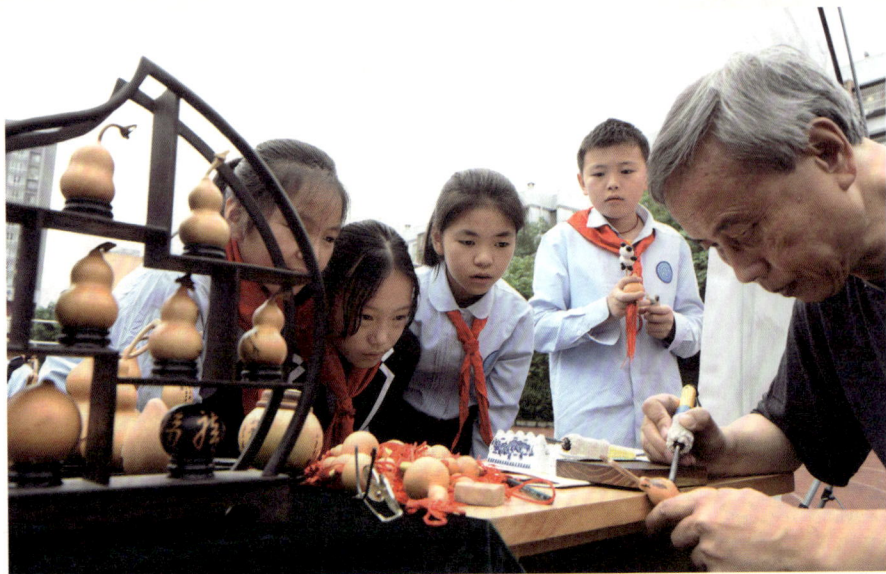

在重庆市沙坪坝区西永第一小学校，手工艺人在展示葫芦烙画

新华社记者唐奕 摄

共渡难关。这部电影充分诠释了中华文化"讲仁爱、重民本、守诚信、崇正义、尚和合、求大同"的价值理念和精神境界，彰显了中华文化的自信和担当。这也是它取得巨大成功的一个很重要的原因。

党的十八大以来，党中央推动实施中华优秀传统文化传承发展工程，推动中华优秀传统文化创造性转化、创新性发展，越来越多的传统经典、戏曲、书法等内容走入课堂、走进校园，融入国民教育体系。各地采取多种方式，让收藏在博物馆的文物、陈列在大地上的遗产、书写在古籍里的文字都活起来，发挥起弘扬中华优秀传统文化的重要作用。

曾参与《中国诗词大会》等多档传统文化节目的大学老师蒙曼，谈到自己的工作和十九大代表的身份，深知使命在肩、责任重大。她说，"这几年，中国飞速发展，而且已经到了从快速'长身体'进入'长精神'阶段。"这些年来，"人们对于传统文化的了解、习读，已由浅及深，又有所升温。这是我感到最快乐、最有价值感的时刻。为了传承中华优秀传统文化、弘扬中华文明，我乐此不疲。"

文化是一个国家、一个民族的灵魂。文化兴国运兴，文化强民族强。文化自信是实现中华民族伟大复兴的精神力量。

那么，什么是文化自信？习近平总书记强调："文化自信，是更基础、更广泛、更深厚的自信。"习近平总书记在十九大报告中指出："文化是一个国家、一个民族的灵魂。文化兴国运兴，文化强民族强。没有高度的文化自信，没有文化的繁荣兴盛，就没有中华民族伟大复兴。要坚持中国特色社会主义文化发展道路，激发全民族文化创新创造活力，建设社会主义文化强国。"

文化自信，我们有充分的理由

当今世界，要说哪个政党、哪个国家、哪个民族能够自信的话，那中国共产党、中华人民共和国、中华民族是最有理由自信的。之所以具有这样的强大底气，就在于中华文化积淀着几千年的优秀传统，传承着革命时期的红色基因，汲取着建设和改革的精神力量。

这种自信源于中华优秀传统文化的历久弥新。中华文明是世界上唯一没有中断的既古老又年轻的文明，是人类文明灿烂星空中最绚丽的星宿。5000多年文明江河奔流到如今，涌现出老子、孔子、庄子、孟子、屈原、李白、苏轼、曹雪芹等灿若星辰的伟大人物，诞生了诗经、楚辞、汉赋、唐诗、宋词、元曲、明清小说等浩如烟海的文学经典，为中华民族生生不息、薪火相传提供了精神滋养。这些文化基因和精神标识，历经千年风雨的洗礼依然挺立、生机勃勃。中华文化跨越时空的永恒价值和魅力，是我们自信的根基。

这种自信源于革命文化的浴火淬炼。艰难困苦，玉汝于成。中华文化之所以坚韧勇毅，就在于它有着经过血与火的考验、苦和难的磨砺，用无数先烈鲜血染红的精神底色。在 28 年的革命斗争岁月中，中国共产党带领人民坚定信念、矢志不渝，历经磨难、绝处逢生，浴血奋战、敢于胜利，形成了以建党精神、井冈山精神、长征精神、延安精神、西柏坡精神等为代表的革命文化。正是有了在战火中淬炼出来的革命精神谱系的引领，中国人民才无往而不胜、不断从胜利走向胜利，中华文化才熔铸了最坚韧的精神气质。

这种自信源于社会主义先进文化的开拓奋进。新中国的诞生，标志着中国人民站起来了，中华民族精神面貌焕然一新。新中国成立 70 多年来，中国共产党带领人民在战天斗地、开拓创新、砥砺奋进的非凡历程中，形成并发展了社会主义先进文化。无论是艰苦创业的铁人精神、勇于攀登的"两弹一星"精神，还是无私奉献的雷锋精神、勤勉为公的焦裕禄精神；无论是顽强拼搏的女排精神、众志成城的抗震救灾精神，还是开放自强的北京奥运精神、敢于超越的载人航天精神，以及新时代形成的伟大抗疫精神和脱贫攻坚精神，都是社会主义中国时代精神的精华，为坚定文化自信增添了新的力量。

党的十八大以来，以习近平同志为核心的党中央紧紧围绕建设社会主义文化强国的战略目标，以高度的文化自信、文化自觉、文化担当，系统规划和全面铺开了新形势下的文化建设。党的十八大和党的十九大都对文化建设作出重大部署，中央政治局会议、中央政治局常委会会议、中央深改工作领导小组会议等多次研究文化建设重大问题。党中央先后印发一系列重要文件，对文化建设作出全面安排、提出明确要求，形成了全面系统、科学完整的工作体系和工作框架，社会主义文化建设开创了新的局面。

文化建设蹄疾步稳

确立文化体制改革总体框架，社会主义先进文化前进方向更加坚定。制定《深化文化体制改革实施方案》，编制《国家"十三五"时期文化发展改革规划纲要》，出台"两个效益"相统一、媒体融合发展、特殊管理股试点、新闻单位采编播管岗位人事管理制度改革、采编和经营两分开、文艺评奖改革、构建现代公共文化服务体系、实施中华优秀传统文化传承发展工程、国际传播能力建设等40多个改革文件，细化了改革的路线图、时间表、任务书，搭建起文化制度体系的"梁"和"柱"。在此基础上，建立任务台账、加强督察问效，确保各项改革任务落地生根。经过多年努力，把社会效益放在首位、实现"两个效益"相统一的体制机制已经基本确立，文化领域深化改革的基本框架已经搭建完成，标准化均等化的现代公共文化服务体系日益完善，现代文化市场体系和现代文化产业体系更加健全。

深化媒体创新，主流舆论的传播力引导力影响力公信力不断增强。当前，媒体格局深刻调整、舆论生态深刻变化，迫切需要推进媒体改革创新，构建坚持正确舆论导向、适应融合发展趋势的媒体传播格局。各地以"中央厨房"建设为龙头，促进传统媒体与新兴媒体深度融合，加快构建一批新型主流媒体和媒体集团。2020年9月，中共中央办公厅、国务院办公厅印发了《关于加快推进媒体深度融合发展的意见》。《意见》从重要意义、目标任务、工作原则三个方面明确了媒体深度融合发展的总体要求，要求尽快建成一批具有强大影响力和竞争力的新型主流媒体，逐步构建网上网下一体、内宣外宣联动的主流舆论格局，建立以内容建设为根本、先进技术为支撑、创新管理为保障的全媒体传播体系。文化娱乐领域乱象有效整治，天朗气清风气正在形成。

以人民为中心的工作导向、创作导向鲜明有力。近年来，我国文化建设呈现出繁荣发展的景象，文化基础设施不断完善，群众文化生活日益丰富多彩，文化软实力和中华文化的影响力大幅提升。中央有关部门统筹安排财政资金，实施百县万村综合文化中心工程，在集中连片特殊困难地区县和国家扶贫开发工作重点县扶持建设一万个村综合文化服务中心。2016年，又启动贫困地区民族自治县、边境县村综合文化服务中心覆盖工程，实现贫困地区民族自治县、边境县村级文化中心建设的全覆盖。2017年3月，《中华人民共和国公共文化服务保障法》施行，实现了人民群众基本文化权益的法律保障。同时，文艺创作由"高原"向"高峰"迈进，文化事业、文化产业蓬勃发展，反映中国道路、中国精神、中国力量的精品力作大量涌现，中华优秀传统文化焕发出新的生命力创造力，人民群众在精神文化生活中的获得感大大增强。截至2020年底，全国共有公共图书馆3212个、美术馆618个、博物馆5788家、文化馆3327个、乡镇综合文化站32825个、村级综合性文化服务中心 57.5 万多个。从农家书屋、乡镇综合文化站，到城市公共图书馆、博物馆、文化馆、美术馆，覆盖城乡的公共文化设施网络持续完善，基本实现免费或低价开放，公共文化服务的丰富性、便利性、均等性显著增强。影视出版繁荣发展，"暑期档""国庆档""春节档"大片云集，精品图书不断呈现，人们享受越来越多的高品质文化盛宴。文化与旅游融合发展，旅游景区、休闲度假、乡村旅游、红色旅游等旅游产品文化内涵不断提升，人们在行走中华大地、领略大好河山中感悟中华文化之美、陶冶心灵情操。全民健身热悄然兴起。全国共有体育场地 371.3 万个，体育场地面积 31 亿平方米，人均体育场地面积达 2.2 平方米，行政村"农民体育健身工程"基本实现全覆盖。从竞技体育到群众性体育活动，从国际赛事摘金夺银到闲暇时跳起欢快的广场舞，全民健身强健着民族筋骨、强大着民族力量，中国正在从体育大国迈向体育强国。

讲好中国故事，中华文化在世界上的感召力影响力显著提升。美人之美，美美与共。党的十八大以来，中央印发《关于进一步加强和改进中华文化走出去工作的指导意见》《关于加快发展对外文化贸易的意见》《关于加强"一带一路"软力量建设的指导意见》等文件，统筹对外文化交流、文化传播和文化贸易，加快推动中华文化走出去。文明因多样而交流，因交流而互鉴，因互鉴而发展。2019 年 5 月，亚洲文明对话大会在北京隆重举行，成为促进亚洲及世界各国文明开展平等对话、交流互鉴、相互启迪的一个新平台。2020 年 7 月，《习近平谈治国理政》第三卷中英文版在日本、马来西亚、新加坡、泰国、印度尼西亚等周边国家主流书店和华文书店陆续上架销售，受到国际社会广泛关注，已覆盖欧洲、美洲、非洲、亚洲等 70 余个国家和地区。中国理念、中国制度、中国方案得到越来越多国家和地区的理解和认可。

"国民之魂，文以化之；国家之神，文以铸之。"社会主义文化繁荣发展，向世界展现了中国人民感天动地的奋斗史诗。展望未来，建设社会主义文化强国，必将书写更加辉煌的文化篇章，把中国人民的雄心壮志呈现给世界。

9. 坚决打赢精准脱贫攻坚战

贫困人口如期脱贫，是全面建成小康社会的底线任务和标志性指标，是社会主义的本质要求，是中国共产党对全国人民的庄严承诺。党的十八大以来，以习近平同志为核心的党中央把扶贫开发工作纳入"五位一体"总体布局、"四个全面"战略布局，全面打响脱贫攻坚战。脱贫攻坚力度之大、规模之广、影响之深，前所未有。经过八年努力，如期完成新时代脱贫攻坚的目标任务，创造了中国减贫史上最好的成绩，谱写了人类反贫困历史的新篇章。

不断加强顶层设计

面对中华民族千百年来存在的绝对贫困问题，党团结带领全国人民，咬定减贫目标不放松，不断加强顶层设计，制定长远发展规划，保持大政方针的稳定性、连续性，坚持一张蓝图绘到底，并根据国内外形势变化，不断充实和完善，提出与时代发展相衔接的减贫目标要求，积小胜为大胜，最后取得全面胜利。

改革开放以来，党和国家在全国范围内有组织、有计划、大规模进行扶贫开发，持续向贫困宣战。成立国务院扶贫开发领导小组及办公室，先后实施《国家八七扶贫攻坚计划（1994—2000年）》《中国农村扶贫开发纲要（2001—2010年）》《中国农村扶贫开发纲要（2011—2020年）》等中长期扶贫规划。

党的十八大以来，习近平总书记最关注的工作之一就是贫困人口脱贫。2012年底，刚刚就任中共中央总书记一个多月，他便冒着严寒，来到地处太行山深处的河北省阜平县看望困难群众。在骆驼湾村，他走进村民家中，盘腿坐在炕上，同乡亲手拉手，详细询问他们一年下来有多少收入，粮食够不够吃，过冬的棉被有没有，取暖的煤炭够不够，小孩上学远不远，看病方便不方便。在20多个小时里，习近平总书记奔波700多公里，走访两个贫困村，召开两场座谈会。他明确提出："没有农村的小康，特别是没有贫困地区的小康，就没有全面建成小康社会。"就是在这次考察中，习近平总书记向全党全国发出了脱贫

通过无人机拍摄的河北省阜平县骆驼湾村　　　　　　新华社记者赵鸿宇 摄

攻坚的总攻动员令。

以习近平同志为核心的党中央把扶贫开发工作作为实现第一个百年奋斗目标的重点任务。2015 年 11 月，党中央、国务院出台《关于打赢脱贫攻坚战的决定》。2016 年 3 月，发布《中华人民共和国国民经济和社会发展第十三个五年规划纲要》，对全力实施脱贫攻坚总体目标作出部署。2018 年 6 月，党中央、国务院制定《关于打赢脱贫攻坚战三年行动的指导意见》。习近平总书记几乎走遍了全国最贫困的地区，从华北平原到西南边陲，从大别山区到秦巴腹地，从土家苗寨到雪域高原，从"苦瘠甲天下"的甘肃定西到"隔山走一天"的四川大凉山，中国实施脱贫攻坚以来，习近平总书记扶贫的脚步遍布全国 14 个集中连片特困地区，先后深入几十个贫困村考察调研，为扶贫事业倾注了大量心血，深刻体现了他对人民群众的深情挚爱，体现了中国共产党人为民谋幸福的坚定担当。

实施精准扶贫方略

中国脱贫攻坚战不断取得胜利，一个重要的因素就是坚持精准扶贫方略，对症下药，靶向治疗。扶贫开发贵在精准，重在精准，成败之举在于精准。以习近平同志为核心的党中央把精准扶贫、精准脱贫作为打赢脱贫攻坚战的基本方略。

2013 年，习近平总书记在湖南湘西考察时首次提出"精准扶贫"概念。湘西十八洞村，是一个青山环抱的苗族村寨。2013 年 11 月 3 日，习近平总书记走了很远的山路才到村子，他首先走进位于村口的石爬专老人的家，参观了谷仓和猪圈，随后与这对苗族老夫妇坐在板凳上聊天。面对不识字的石爬专老人"怎么称呼您"的提问，习近平总书记向大妈介绍自己说，"我是人民的勤务员。"在村民晒谷场的梨树下，面对围坐在身边的全村父老乡亲，习近平总书记第一次提出了"精准扶贫"：扶贫要实事求是，因地制宜。要精准扶贫，切忌喊口号，也不要定好高骛远的目标。随后，党中央、国务院对精准扶贫总体布局和工作机制都作了详尽规制。

精准扶贫方略的核心内容是做到"六个精准"，实施"五个一批"，解决"四个问题"。做到"六个精准"，即扶持对象精准、项目安排精准、资金使用精准、措施到户精准、因村派人（第一书记）精准、脱贫成效精准，确保各项政策好处落到扶贫对象身上，建立起精准的脱贫攻坚工作体系。为了解决好"怎么扶"的问题，各地按照贫困地区和贫困人口的具体情况，实施"五个一批"工程，即发展生产脱贫一批，易地搬迁脱贫一批，生态补偿脱贫一批，发展教育脱贫一批，社会保障兜底一批。实施精准扶贫方略，还体现在打好深度贫困地区脱贫攻坚这场硬仗上。中国创造性地采取了建档立卡的措施，将全国的贫困人口按照所属区域、年龄结构、贫困原因等方式进行分类归档，做到因户施策、因人施策。

全社会积极参与

脱贫攻坚是一项系统性重大工程，涉及经济社会发展各个领域，必须坚持全国一盘棋，坚持发挥集中力量办大事的制度优势，调动各方面积极性，举全国之力打赢脱贫攻坚战。

以习近平同志为核心的党中央，深入推进东西部扶贫协作，实现先富帮后富，推动东部地区人才、资金、技术向贫困地区流动。东部18个经济较发达省区市与西部10个省区市建立了结对帮扶关系。342个东部经济较发达县结对帮扶570个西部贫困县，促进区域协调发展、协同发展、共同发展。党政军机关把帮扶作为政治责任，发挥优势开展定点扶贫。近300个中央单位参与定点扶贫，实现对592个贫困县全覆盖，示范带动省区市层层组织开展定点扶贫工作。各类企业、社会组织和志愿者个人积极参与扶贫开发，推动实现社会帮扶资源和精准扶贫有效对接。民营企业开展"万企帮万村"精准扶贫行动，积极承担社会责任、踊跃投身脱贫攻坚。全军和武警部队根据国家和驻地扶贫开发总体规划，开展多种形式的扶贫帮困活动。通过充分发挥政府和社会等力量作用，专项扶贫、行业扶贫、社会扶贫"三位一体"大扶贫格局作用巨大。中国减贫、脱贫攻坚凝聚了全党全国人民的智慧和心血。

坚持抓党的建设促脱贫攻坚，充分发挥基层党组织的战斗堡垒作用和共产党员的先锋模范作用，进一步增强农村基层党组织的凝聚力和战斗力。在脱贫攻坚中，第一书记、驻村干部发挥了重要作用。贫困地区基层干部展现出顽强的战斗力，广大第一书记和驻村干部同当地基层干部并肩战斗，带领贫困群众脱贫致富，用自己的辛苦换来贫困群众的幸福，有的甚至献出了宝贵生命。

黄文秀就是其中的杰出代表。黄文秀研究生毕业后，放弃大城市的工作机会，毅然回到家乡。她积极响应组织号召，到乐业县百坭村担任驻村第一书记，埋头苦干，带领 88 户 418 名贫困群众脱贫，全村贫困发生率下降 20% 以上。2019 年 6 月 17 日凌晨，她在从百色返回乐业途中遭遇山洪不幸遇难，献出了年仅 30 岁的宝贵生命。她用美好青春诠释了共产党人的初心使命，谱写了新时代的青春之歌。

全面建成小康社会"一个都不能少"。这既包括 56 个民族一个不能少，也包括全体社会成员一个不能少。脱贫攻坚是各级党委政府的责任，更是贫困群众自身的迫切要求。贫困群众是脱贫攻坚的对象，也是脱贫致富的主体，激发贫困人口脱贫致富的内生动力至关重要。通过一系列治贫先治愚、扶贫与扶志扶智相结合的教育引导和政策引领举措，调动和激发贫困地区和贫困群众的内生动力与主体作用，极大提振和重塑贫困群众自立自强、自力更生、勤劳致富、勤俭持家、加强学习、创新创业的精神追求和风貌。贫困群众深刻认识到"幸福都是奋斗出来的""社会主义是干出来的""世界上的事情都是干出来的"，大家撸起袖子加油干。贫困地区干部群众盼脱贫、谋发展的意愿强烈，内生动力和活力不断激发，脱贫攻坚已经成为全党全社会的统一意志和共同行动。

在以习近平同志为核心的党中央坚强领导下，新时代脱贫攻坚任务如期完成，现行标准下农村贫困人口全部脱贫，贫困县全部摘帽，消除了绝对贫困和区域性整体贫困，近一亿贫困人口实现脱贫，创造了人类减贫史上的奇迹。打赢脱贫攻坚战，顺应了人民群众对美好生活的向往。啃下贫困硬骨头，脱贫群众获得感、幸福感、安全感不断提升。

农村是全面建成小康社会的重点，党的十八大以来，我国现代农业建设取得重大进展，粮食产量连续保持在 1.3 万亿斤以上，农民人均收入较 2010 年翻一番多。"现在的日子如蜜甜。"贵州省兴义市则戎镇长冲村脱贫户龚光志回忆，过去种几亩地，还得赡养 90 多岁的奶奶和 70 多岁的父母。2016 年，帮扶干部牵头联系，龚光志干起了快递员，申请扶贫小额贷款扩大种养规模，年收入达到 10 万多元，"现在脱贫又脱单，开上小汽车，过上好日子。"八年来，脱贫地区累计改造义务教育薄弱学校 10.8 万所，新改建村卫生室 20 多万个，所有乡村医疗卫生机构完成标准化建设，脱贫群众住院看病报销比例提高到 80% 左右，"看病难、看病贵"明显改观。"收入年年涨，生活节节高，日子越过越舒心。"吉林省汪清县大兴沟镇上村脱贫户刘文光满脸笑容地说。"2020 年大豆有好收成，养牛收入一万多元，脱贫稳稳的！"内蒙古莫力达瓦达斡尔族自治旗哈布奇村的熬珍花拿出脱贫告知书，脸上挂着灿烂的笑。"家门口有钱挣，好日子就在眼前喽！"贵州省望谟县乐旺镇坡头村脱贫户唐守芬格外开心，靠在村里花椒种植基地干活，她和老伴一个月能挣 4000 多元，2020 年全家脱了贫，干劲越来越足。一张张笑脸，一个个好消息，汇聚成决胜全面小康的脱贫答卷。

经过全党全国各族人民共同努力，在迎来中国共产党成立 100 周年的重要时刻，我国脱贫攻坚战取得了全面胜利，现行标准下 9899 万农村贫困人口全部脱贫，832 个贫困县全部摘帽，12.8 万个贫困村全部出列，区域性整体贫困得到解决，完成了消除绝对贫困的艰巨任务，创造了又一个彪炳史册的人间奇迹！这是中国人民的伟大光荣，是中国共产党的伟大光荣，是中华民族的伟大光荣！

中国在如此短的时间内取得如此显著的减贫成就，谱写了人类反贫困历史新篇章。中国脱贫攻坚事业是"人类历史上最伟大的事件之一"。改革开放40多年来，中国7.7亿贫困人口摆脱了贫困，中华民族千百年来存在的绝对贫困问题得到历史性解决。打赢精准脱贫攻坚战，成为人类社会战胜贫困的成功样板。扶贫开发、脱贫攻坚是中国道路、中国模式的重要组成部分。

10. "绿水青山就是金山银山"

良好生态环境是最普惠的民生福祉，是全面小康最亮丽的底色。最近几年，越来越多的人喜欢在"朋友圈"等网络社交媒体晒天气，大家对蓝天白云情有独钟，遇到雾霾的天气，大家纷纷吐槽。空气质量好坏问题格外引人关注，生态环境问题日益成为重要的民生问题。习近平总书记生动指出："环境就是民生，青山就是美丽，蓝天也是幸福，绿水青山就是金山银山；保护环境就是保护生产力，改善环境就是发展生产力。"能否解决生态破坏严重、生态灾害频繁、生态压力巨大等问题，直接关系着人民群众对全面小康的认可度和满意度。

建设美丽中国

党的十八大以来，习近平总书记从中国特色社会主义事业五位一体总布局的战略高度，对生态文明建设提出了一系列新思想、新观点、新论断。这些重要论述为实现中华民族永续发展和中华民族伟大复兴的中国梦规划了蓝图，也为建设美丽中国提供了根本遵循。

早在 2005 年 8 月，时任浙江省委书记的习近平来到浙江安吉县余村调研。余村因天目山余脉余岭而得名。现在这里群山苍翠，竹海绵延，是国家 4A 级景区、全国文明村。可是，曾经的余村，矿山、

游客在被评为"中国美丽乡村"精品示范村的浙江省安吉县余村游览

新华社记者谭进 摄

水泥厂遍布，虽然靠"卖石头"致了富，却破坏了山体、污染了水和空气。关停污染企业和收入直线下降成了村里一时无法解决的矛盾。了解到村里发展的困惑后，习近平赞赏关停矿山、水泥厂是高明之举，并首次明确提出"绿水青山就是金山银山"的科学论断。"两山论"的提出，为余村人吃下了定心丸，指明了发展方向。打定主意的余村人，大力发展生态旅游经济。靠着绿水青山，余村人也拥有了金山银山。

习近平总书记强调，绿水青山就是金山银山，这是重要的发展理念，也是推进现代化建设的重大原则。实践证明，"绿水青山就是金山银山"理念，符合我国经济社会发展客观规律，顺应人民群众对美好生活的期待和要求，是指导可持续发展和生态文明建设的重要方法。

2018年5月，在全国生态环境保护大会上，习近平总书记发表重要讲话，对全面加强生态环境保护，坚决打好污染防治攻坚战，作出了系统部署和安排，为建设美丽中国指明了方向。

强化制度和法治保障

生态文明建设，绝不是吹响冲锋号、打几个冲锋就能大功告成的，必须实行严格的制度和严密的法治。习近平总书记强调，要深化生态文明体制改革，尽快把生态文明制度的"四梁八柱"建立起来，把生态文明建设纳入制度化、法治化轨道。

2015 年 1 月 1 日，人们期盼已久的《中华人民共和国环境保护法》正式实施，从立法层面上加大了保护激励机制与污染处罚力度。在这部法律中，提出了对环境污染"按日计罚、查封扣押、限产停产"等狠招，成为治理污染的"钢牙利齿"，被称为"史上最严厉"的环保法。2018 年 3 月，十三届全国人大一次会议第三次全体会议通过《中华人民共和国宪法修正案》，将新发展理念、生态文明建设和建设美丽中国的要求写入宪法。

制度是管根本、管长远的，治理环境必须在完善制度上下功夫。党的十九大报告提出，像对待生命一样对待生态环境，统筹山水林田湖草系统治理，实行最严格的生态环境保护制度。2018 年 6 月，中共中央、国务院颁布《关于全面加强生态环境保护，坚决打好污染防治攻坚战的意见》，在落实党政主体责任、强化考核问责方面作了制度安排。2018 年，组建生态环境部，统一行使生态和城乡各污染排放与行政执法职责，并整合组建生态环境综合执法队伍。2019 年，最高人民检察院和生态环境部等九部门联合印发《关于在检察公益诉讼中加强协作配合依法打好污染防治攻坚战的意见》。

习近平总书记在 2017 年新年贺词中提到"每条河流要有'河长'了",再次引起了群众对"河长制"的关注和热议。"河长制"是破解我国新老水问题、保障国家水安全的重大制度创新,全国省、市、县、乡四级河长体系全面建立,每一段河流都有了明确的生态"管家"。各地河长主动将河湖"老大难"问题作为自己的责任田,针对老百姓关心的河湖突出问题,积极开展专项整治行动,有的集中整治非法采砂、非法码头,有的实施退圩还湖,有的开展消灭"垃圾河""黑臭河"专项治理,河畅、水清、岸绿的景象开始显现。

党中央建立健全环保督察工作机制,加大环境督查工作力度,严肃查处违纪违法行为,着力解决生态环境方面突出问题,让人民群众不断感受到生态环境的改善。对秦岭等地破坏生态环境事件,习近平总书记坚持一抓到底,不彻底解决绝不松手,在全社会引起极大反响。秦岭是中国南北地理分界线,更是八百里秦川的一道生态屏障。2014年以来,习近平总书记对秦岭违建别墅严重破坏生态问题和秦岭生态环境保护先后六次作出重要批示指示。一场雷厉风行的专项整治行动迅速展开,全面拆除,全面复绿,一些党员干部因违纪违法被立案调查。2020 年 4 月 20 日,习近平总书记来到秦岭牛背梁国家级自然保护区,了解秦岭生态保护工作情况。他强调,秦岭违建是一个大教训。从今往后,在陕西当干部,首先要了解这个教训,切勿重蹈覆辙,切实做守护秦岭生态的卫士。在党中央坚强领导下,各级党委、政府切实把党中央关于生态文明建设的决策部署落到实处,形成全民参与生态环境保护的新局面,为建设美丽中国保驾护航。

保卫碧水蓝天净土

"小康全面不全面，生态环境质量是关键。"建设生态文明是关系人民福祉、关系民族未来的大计。如果经济发展了，但环境恶化了，人民整天生活在重度污染中，见不到蓝天白云，喝不上纯净健康的水，是算不上幸福的，那样的发展也是得不偿失的。党的十八大以来，以习近平同志为核心的党中央高度重视生态文明建设，坚持绿色发展，推动生态文明建设和生态环境保护从实践到认识发生了历史性、转折性、全局性变化。

长江经济带生态环境保护发生转折性变化，是我国生态文明建设的一个新样板。长江经济带覆盖 11 省市，面积约 205 万平方公里，人口和生产总值均超过全国的 40%。历经多年开发建设，生态环境状况形势非常严峻。自 2016 年 1 月开始，习近平总书记聚焦长江经济带发展，五年召开三次专题座谈会，长江上游、中游、下游全覆盖。五年来，沿江省市和有关部门坚持问题导向，以钉钉子精神持续推进生态环境整治，一大批高污染高耗能企业被关停取缔，沿江化工企业关改搬转超过 8000 家，1361 座非法码头彻底整改，促进经济社会发展全面绿色转型，长江经济带生态环境保护发生了转折性变化。长江流域优良断面比例从 2016 年的 82.3% 提高到 2019 年的 91.7%，2020 年 1 月至 11 月进一步提升至 96.3%，长江流域劣 V 类水质比例从 2016 年的 3.5% 下降到 2019 年的 0.6%，2020 年首次实现消除劣 V 类水体。一幅人与自然和谐共生的美丽画卷正在绘就。

随着污染防治攻坚战的深入，重污染天气在我们国家的一些重点地区发生的频率和发生的强度都在大幅度地降低，以京津冀及周边地区 28 个城市为例，2015 年重污染天气有 36 天，就是一个城市平均有一个多月是重污染天气，但是到了 2019 年降到了 20 天，减少了 45%。严重污染天气在 2015 年京津冀地区是 10 天，到 2019 年平均只有两天，降低了 80%。北京在 2015 年重污染天数是 43 天，2019 年重污染天数只有 4 天。2020 年，全国地级及以上城市空气质量平均优良天数比例为 87.0%；$PM_{2.5}$ 未达标地级及以上城市平均浓度比 2015 年下降 28.8%。蓝天，回来了。

2017 年，河北省塞罕坝林场被联合国环境署总部授予"地球卫士奖"。塞罕坝林场位于中国河北省北部，占地 9.3 万公顷。由于历史上的过度采伐，土地日渐贫瘠。1962 年，来自全国的 369 名年轻人在此集结，开始在这一地区种植树木，经过三代人努力，将森林覆盖率从 11.4% 提高到 80%。塞罕坝造林人半个多世纪的持续奋斗，让贫瘠沙地变成绿水青山，获得了世界赞誉。全民义务植树持续开展 40 年，全国动员、全民动手、全社会共同参与，植树造林、绿化祖国成为全社会自觉行动。全国人工林面积扩大到 11.9 亿亩，不毛之地变成绿洲，黄土高坡披上绿装，中国成为全球森林资源增长最多和人工造林面积最大的国家。2020 年底，全国森林覆盖率达到 23.04%，草原综合植被覆盖度达到 56.1%，湿地保护率达到 50% 以上。

在党中央坚强领导下，各地区各部门坚决扛起生态环境保护政治责任，坚持新发展理念，把党中央关于提升生态文明、建设美丽中国的宏伟蓝图变为美好现实，坚决打赢蓝天保卫战、着力打好碧水保卫战、扎实推进净土保卫战，努力让人民生活在天更蓝、山更绿、水更清的优美环境之中。经过不懈努力，我国成为全球生态文明建设的重要参与者、贡献者、引领者，绿色发展方式和生活方式逐步形成。2019年，美国国家航空航天局（NASA）发布一项研究成果：全球从2000年到2017年新增的绿化面积中，约四分之一来自中国，中国的贡献比例居全球首位。

11. 推进国家治理体系和治理能力现代化

中国特色社会主义制度是党和人民在长期实践探索中形成的科学制度体系，是人类制度文明史上的伟大创造。我国国家治理一切工作和活动都依照中国特色社会主义制度展开。中国特色社会主义制度和国家治理体系，具有显著的优越性和强大的生命力，是当代中国发展进步的根本保障。

长期探索与伟大创造

经国序民，正其制度。制度建设是国家治理的基础，在很大程度上决定着社会发展的方向、速度和质量。习近平总书记指出，制度优势是一个国家最大的优势，制度竞争是国家间最根本的竞争。

建立什么样的国家制度，是近代以来中国人民面临的一个历史性课题。无数仁人志士为寻求改变中华民族前途命运的道路进行反复探索，尝试了君主立宪制、议会制、多党制、总统制等各种制度模式，但都以失败告终。找到一条正确的道路是多么不容易！

中国共产党自成立之日起就致力于建设人民当家作主的新社会，提出了关于未来国家制度的主张，并领导人民为之进行斗争，1922 年7 月，明确提出，统一中国为真正的民主共和国。土地革命时期，党在江西中央苏区建立了中华苏维埃共和国，《宪法大纲》规定"建设的是工人和农民的民主专政的国家"，中华苏维埃共和国实行工农兵代表大会制度，临时中央政府先后颁布 120 多部法律、法令。抗日战争时期，党建立以延安为中心、以陕甘宁边区为代表的抗日民主政权，成立边区政府，按照"三三制"原则，以参议会为最高权力机关，建立各级立法、行政、司法机关。1940 年 1 月，毛泽东在《新民主主义论》中，更是提出了新民主主义革命的政治、经济、文化纲领，描绘了新民主主义社会的蓝图。

新中国成立后，党带领全国各族人民经过不懈努力，逐步确立并巩固了我国的国体、政体、根本政治制度、基本政治制度、基本经济制度和各方面的重要制度。在社会主义革命和建设时期，确立了新中国的国体、政体、国家结构形式、政党制度和以公有制为基础的社会主义基本经济制度。社会主义基本制度的全面确立，为当代中国的一切发展进步创造了政治前提、奠定了制度基础。改革开放以后，我们党推进全面深化改革，中国特色社会主义制度日趋成熟定型。

把制度建设摆到更加突出的位置

党的十八大以来，坚持和完善中国特色社会主义制度、推进国家治理体系和治理能力现代化，是以习近平同志为核心的党中央对全面深化改革作出的顶层设计。

党的十八届三中全会第一次提出将"完善和发展中国特色社会主义制度，推进国家治理体系和治理能力现代化"确定为全面深化改革的总目标。党的十九大把完善和发展中国特色社会主义制度、推进国家治理体系和治理能力现代化，列为习近平新时代中国特色社会主义思想的"八个明确"之一，党的十九届六中全会通过的《中共中央关于党的百年奋斗重大成就和历史经验的决议》，把它列为习近平新时代中国特色社会主义思想的"十个明确"之一，使之成为习近平新时代中国特色社会主义思想的重要组成部分。党的十九届四中全会是党的历史上第一次用一次中央全会专门研究"坚持和完善中国特色社会主义制度、推进国家治理体系和治理能力现代化"这个重大问题并作出决定，体现了以习近平同志为核心的党中央高瞻远瞩的战略眼光和强烈的历史担当，对决胜全面建成小康社会、全面建设社会主义现代化国家，对巩固党的执政地位、确保党和国家长治久安，具有重大而深远的意义。

不断健全党的领导体制机制，全面加强对经济建设、政治建设、文化建设、社会建设、生态文明建设、军队和国防建设等工作的领导，党和国家发展全局中的重要工作得到中央层面的决策统筹，党总揽全局、协调各方的领导核心作用得到充分发挥。加强人民当家作主制度建设，明确提出发挥人民代表大会及其常委会在立法工作中的主导作用，在各级人大新设置专门的社会建设委员会。并且优化人大常委会和各专门委员会组成人员。推进社会主义协商民主广泛多层制度化发展。加强中国特色社会主义法治体系建设，对全面依法治国作出一系列重大决策、提出一系列重大举措，法治国家、法治政府、法治社会建设相互促进，中国特色社会主义法治体系日益完善。深化经济体制改革，供给侧结构性改革深入推进，经济结构不断优化，创新型国家建设步伐加快，乡村振兴战略和区域协调发展战略稳步实施，社会主义市场经济体制不断完善，推动形成全面开放新格局。深化生态文明体制改革，全党全国贯彻绿色发展理念的自觉性和主动性显著增强，生态文明制度体系加快形成，主体功能区制度逐步健全，节能减排取得重大进展，重大生态保护和修复工程进展顺利，生态环境治理明显加强。深化国防和军队改革，不断推进国防和军队现代化，国防和军队改革取得历史性突破，形成军委管总、战区主战、军种主建新格局，人民军队组织架构和力量体系实现革命性重塑，武器装备取得历史性突破，治军方式发生根本性改变，革命化现代化正规化水平显著提高。深化国家监察体制改革，全面推进党的纪检体制改革、国家监察体制改革和纪检监察机构改革，形成了党内纪检和国家监察制度相统一的完备监督体系。

以习近平同志为核心的党中央把制度建设摆到更加突出的位置，坚决破除一切妨碍科学发展的思想观念和体制机制弊端，使各方面制度更加成熟更加定型。

"中国之治"的显著优势

近年来，在全球化持续深化的大背景下，西方之乱到中国之治，形成了世人瞩目的鲜明对比。西方世界乱象频发，经济增长乏力，政治极化严重，社会分裂加深，民粹主义思潮蔓延，种族歧视凸显，社会撕裂加剧，债务危机、金融危机、福利危机等使多数百姓的实际生活水平长期停滞不前，西方模式面临严峻挑战，其国家制度和国家治理陷入前所未有的困境。与此形成鲜明对照的是中国之治。短短数十年，特别是党的十八大以来，中国经济社会发展取得历史性成就、发生历史性变革，政治稳定、经济发展、社会和谐、民族团结，给西方和整个世界带来了震撼。中国智慧、中国经验和中国理念正迅速走向世界，为解决全球治理难题提供一个又一个中国方案。

一方面，我们用几十年时间走完了发达国家几百年才走过的工业化进程，跃升为世界第二大经济体，人民生活在经济发展中提高到前所未有的水平，党领导人民创造了世所罕见的经济快速发展奇迹。另一方面，从中国历史看，几千年来战乱动荡的时候多，安宁稳定的时候少，人民深受颠沛流离之苦。能否实现国家长治久安，成为人民衡量制度好坏、政权优劣的重要标准。我们保持了社会长期和谐稳定，成为国际社会公认的最有安全感的国家之一，人民得以安居乐业，党领导人民创造了社会长期稳定奇迹。

这"两大奇迹"，是极其不容易的伟大成就。实现"两大奇迹"的根本保障，就是中国共产党领导的优势，就是调动各方面积极性、集中力量办大事的优势，就是坚持以人民为中心的发展思想，不断保障和改善民生、增进人民福祉，走共同富裕道路的显著优势。坚持中国共产党集中统一领导，我们能够保持"一张蓝图绘到底"的一贯性，始终向着建设社会主义现代化强国、实现中华民族伟大复兴目标前进。这种一贯性与西方国家治理中过多考虑局部利益、缺乏协调配合、政策缺乏长期性、连贯性等形成了鲜明对比。可以说，在人类文明发展史上，除了中国特色社会主义制度和国家治理体系外，没有任何一种国家制度和国家治理体系能够在这样短的历史时期内创造出这样的奇迹。

中国道路成功的背后是中国特色社会主义制度的成功。"中国之治"的制度密码,就在于始终坚持党的集中统一领导,始终坚持在理论和实践相结合中,与时俱进地不断发展马克思主义,始终坚持用中国化的马克思主义、发展着的马克思主义指导国家治理。"中国之治"的制度密码,就在于中国特色社会主义制度具有强大的生命力和巨大的优越性。它是属于中国自己的好制度、是具有显著优势的好制度,是能够持续推动拥有 14 亿多人口大国进步和发展、确保实现第二个百年奋斗目标、实现中华民族伟大复兴中国梦的制度和治理体系。

12. 打铁还需自身硬

2012 年 11 月，习近平总书记在十八届中央政治局常委与中外记者见面会上指出："打铁还需自身硬。我们的责任，就是同全党同志一道，坚持党要管党、从严治党，切实解决自身存在的突出问题，切实改进工作作风，密切联系群众，使我们党始终成为中国特色社会主义事业的坚强领导核心。"立下了全面从严治党的军令状，表明了党中央从严管党治党的决心、信心、恒心。

全面小康关键在党

办好中国的事情，关键在党；全面建成小康社会，关键也在党。党坚强有力，中国特色社会主义事业才能兴旺发达，国家才能繁荣稳定，人民才能幸福安康。

如果把伟大的祖国比作"中华号"巨轮，我们党就是总舵手。在全面建成小康社会波澜壮阔的航程中，要确保这艘巨轮承载千百年来中华民族的希望按照正确方向驶向光明的前程，成功应对各种困难挑战，就必须发挥好党的坚强领导核心作用。

打赢脱贫攻坚战，是全面建成小康社会的重中之重。党加强对脱贫攻坚的全面领导，不断强化中央统筹、省负总责、市县抓落实的工作机制，构建五级书记抓扶贫、全党动员促攻坚的局面，鲜红的党旗始终在脱贫攻坚主战场上高高飘扬，脱贫攻坚战取得了全面胜利。贵州省麻江县坝芒布依族乡水城村党支部充分发挥战斗堡垒作用，积极引领群众做强特色产业，托起村民的致富梦。他们推广"支部引领、党员示范、群众致富"的做法，发展壮大村集体经济。通过合作社流转土地建成规模化蔬菜种植基地，从十多年前单品黄瓜种植发展到辣椒、茄子、无筋豆、西洋菜等产业化、规模化种植，辐射带动坝区蔬菜种植4000余亩，切实助农增收。村民高兴地说："如今的大丰收都是村党支部和群众共同努力、辛勤付出的结果。"在党支部领导下，水城村在调整产业结构上持续发力，党员干部的身影无处不在，他们或与村民群众面对面、手把手，宣传当前的惠农强农政策；或提供农技资料，邀请农技专家举办培训班或到场指导，及时了解农户在种植中遇到的困难，积极为其解决难题。

2021年2月25日，习近平总书记在全国脱贫攻坚总结表彰大会上的重要讲话中指出："事实充分证明，中国共产党具有无比坚强的领导力、组织力、执行力，是团结带领人民攻坚克难、开拓前进最可靠的领导力量。只要我们始终不渝坚持党的领导，就一定能够战胜前进道路上的任何艰难险阻，不断满足人民对美好生活的向往！"

八项规定纠正"四风"

八项规定，一个改变中国的政治词汇，开启了中国共产党激浊扬清的作风之变。2012年12月，中共中央政治局审议通过关于改进工作作风、密切联系群众的八项规定。短短 600 多字的八项规定对加强作风建设立下规矩，不搞四平八稳，不喊空洞口号，直面现实问题，提出具体要求。习近平总书记指出："我们不舒服一点、不自在一点，老百姓的舒适度就好一点、满意度就高一点，对我们的感觉就好一点。这也是新形象新气象。"这是以习近平同志为核心的党中央深刻洞察党内存在的问题、抓全面从严治党的第一个切入口。

2013 年 7 月 21 日，习近平总书记来到武汉新港考察，没有鲜花，没挂欢迎横幅。他卷起裤腿，打着雨伞，冒雨考察，身上的衬衣全都淋湿。以习近平同志为核心的党中央始终带头严格执行中央八项规定，以行动作无声的号令、以身教作执行的榜样，为全党树立起光辉典范。广大党员干部在思想上政治上行动上同以习近平同志为核心的党中央保持高度一致，把贯彻落实中央八项规定精神作为一项重大政治任务来抓。在全党全国涤荡起一股净化之风，党内正气上升、社会风气上扬，广大干部群众在一个又一个细节、一件又一件小事中感受到了切切实实的变化。"小切口带动大变局"，八项规定成为中国共产党抓全面从严治党的亮丽名片，成为改变中国党风政风和社会风气的动员令。

从整治"舌尖上的腐败""会所中的歪风""车轮上的铺张"，到清理公款吃喝、公款旅游、"小金库"、"吃空饷"……一些曾被认为不可能刹住的歪风邪气被刹住了，一些司空见惯的作风难题被攻克了，人民群众对干部清正、政府清廉、政治清明的殷切期盼逐步变成了现实。

始终加强自身建设

中国共产党历来重视党的建设，无论革命、建设和改革时期，党的建设始终都是党的事业取得胜利的一大法宝。中国共产党之所以能够发展成为今天这样一个拥有 9600 多万名党员、在 14 亿多人口的大国长期执政的马克思主义政党，能够历经磨难而不衰、愈战艰险愈坚强，创造了无数的辉煌业绩，一个重要原因就在于我们党始终坚持党要管党、全面从严治党，始终注重加强自身建设。

党的十八大以来，以习近平同志为核心的党中央推进全面从严治党，把政治建设摆在首位，严明党的政治纪律和政治规矩。习近平总书记指出：讲政治，是我们党补钙壮骨、强身健体的根本保证，是我们党培养自我革命勇气、增强自我净化能力、提高排毒杀菌政治免疫力的根本途径。党的十九大报告明确提出以党的政治建设为统领，全面推进党的政治建设、思想建设、组织建设、作风建设、纪律建设，把制度建设贯穿其中，深入推进反腐败斗争，不断提高党的建设质量。这是一个重大理论创新，体现了以习近平同志为核心的党中央坚持管党治党的坚强决心和责任担当，把党对政治建设的认识提升到新的高度。离开政治建设这个根本，思想建设等其他方面的建设就会失去依托，甚至迷失方向，难以取得预期成效。

坚持用习近平新时代中国特色社会主义思想武装全党，把思想建设作为基础性建设，筑牢党员干部的理想信念根基，补足精神之"钙"，解决好世界观、人生观、价值观这个"总开关"问题，党的思想建设取得巨大进展和成效。2014年的夏天，习近平总书记为联系兰考开展党的群众路线教育实践活动又来到兰考。这里是"县委书记的榜样"焦裕禄工作过的地方，是焦裕禄精神的发源地。在他到达的前一天，兰考县委领导班子的民主生活会一直持续到深夜。在"真刀真枪""刺刀见红"的批评与自我批评中，兰考县长周辰良没有忍住自己的眼泪。他称这次民主生活会"触及灵魂"。触及灵魂，是党加强思想建设的必然要求，也是党对广大党员最大的关心和爱护。习近平总书记强调：不能把理想信念只当口号喊。理想信念动摇是最危险的动摇，理想信念滑坡是最危险的滑坡。没有理想信念，或理想信念不坚定，精神上就会"缺钙"，就会得"软骨病"，就可能导致政治上变质、经济上贪婪、道德上堕落、生活上腐坏。

以强烈的历史责任担当推进正风肃纪，反腐败斗争夺取压倒性胜利。坚定不移惩治腐败，是我们党有力量的表现。反腐败斗争不仅关系党的前途命运，而且关系国家和民族的前途命运。党的十八大以来，以习近平同志为核心的党中央坚持反腐败无禁区、全覆盖、零容忍，坚定不移"打虎""拍蝇""猎狐"，反腐败斗争取得压倒性胜利。党的十八大闭幕20天后，中央纪委宣布四川省委原副书记李春城涉嫌严重违纪，接受组织调查，拉开了"打虎拍蝇"的序幕。2013年1月，十八届中央纪委二次全会在北京召开。在这次会议上，习近平总书记要求纪检工作要坚持标本兼治、综合治理、惩防并举、注重预防方针，更加科学有效地防治腐败，坚定不移把党风廉政建设和反腐败斗争引向深入。坚守以人民为中心的根本政治立场，深化拓展群众身边腐败和作风问题整治。自上而下全面整治群众反映突出问题，各地区各部门把解决群众反映强烈的难点痛点、最急最忧最盼问题作为重中之重，分级分类集中整治。深化扶贫领域专项治理。以"三区三州"等深度贫困地区为重点，紧盯扶贫项目资金管理风险隐患，坚决查处贪污侵占、虚报冒领、截留挪用、优亲厚友等问题。深挖彻查涉黑涉恶腐败和"保护伞"。把扫黑除恶同基层"拍蝇"结合起来，加强与政法机关协同配合，制定破解"保护伞"查办难题相关政策，对移交问题线索全面摸排、重点督办，对重大复杂案件同步立案、同步调查。坚决查处民生领域侵害群众利益问题，不断增强群众获得感、幸福感、安全感。

党的十八大以来，以习近平同志为核心的党中央，从关系党和国家生死存亡的高度，以猛药去疴、壮士断腕的坚强意志，以踏石留印、抓铁有痕的韧劲，始终坚持党要管党，坚定不移推进全面从严治党，坚持思想建党和制度治党紧密结合，集中整饬党风，严厉惩治腐败，净化党内政治生态，开辟了管党治党新境界，取得了全面从严治党新成就，为开创党和国家事业新局面提供了重要保证。

13. 第一个百年奋斗目标实现

2021 年 7 月 1 日，习近平总书记在庆祝中国共产党成立 100 周年大会上庄严宣告：经过全党全国各族人民持续奋斗，我们实现了第一个百年奋斗目标，在中华大地上全面建成了小康社会，历史性地解决了绝对贫困问题，正在意气风发向着全面建成社会主义现代化强国的第二个百年奋斗目标迈进。这是中华民族的伟大光荣！这是中国人民的伟大光荣！这是中国共产党的伟大光荣！

庆祝中国共产党成立100周年大会在北京天安门广场隆重举行

新华社记者李尕 摄

决胜全面小康的战略部署，极大地凝聚起了中华民族的力量。中华民族从来没有像今天这样目标一致、万众一心，人民群众从来没有像今天这样展现出空前的创造历史的奋发精神。在以习近平同志为核心的党中央坚强领导下，中华民族千百年来的憧憬变为现实，全面建成小康社会的宏伟目标已经如期实现，中华民族伟大复兴的中国梦迈出了关键一步！

新时代开端的宏伟目标

党的十八大根据国内外形势新变化，顺应我国经济社会新发展和广大人民新期待，对全面建设小康社会目标进行了充实和完善，提出了到 2020 年全面建成小康社会的奋斗目标。

"全面建成小康社会"和"全面建设小康社会"虽然只是一字之差，含义却发生了质变。全面建成小康社会已进入决定性阶段，适时提出全面建成小康社会的奋斗目标，既与党的十六大、十七大作出的战略部署相衔接，又根据新的情况和条件作进一步深化、充实和明确，增强了目标的针对性，体现了经济社会发展大势。

进入新时代，到了需要一鼓作气向全面建成小康社会目标冲刺的关键时刻。2012 年，党的十八大根据我国经济社会发展实际，对全面建设小康社会目标再次进行了充实和完善，在经济、政治、文化、社会、生态等方面提出了新的要求。主要是：经济持续健康发展，在发展平衡性、协调性、可持续性明显增强的基础上，实现国内生产总值和城乡居民人均收入比 2010 年翻一番；人民民主不断扩大；文化软实力显著增强；人民生活水平全面提高；资源节约型、环境友好型社会建设取得重大进展。会议强调，全面建成小康社会，必须以更大的政治勇气和智慧，不失时机深化重要领域改革，坚决破除一切妨碍科学发展的思想观念和体制机制弊端，构建系统完备、科学规范、运行有效的制度体系，使各方面制度更加成熟更加定型。2017 年，党的十九大科学把握党和国家事业所处的历史方位和发展阶段，全面分析全面建成小康社会的基础条件、内外因素，作出决胜全面建成小康社会、开启全面建设社会主义现代化国家新征程战略部署，吹响了夺取全面建成小康社会伟大胜利的号角。

习近平总书记把全面建成小康社会放在治国理政突出位置，提出一系列重要思想重要理念，作出一系列重大决策重大部署，强调，全面建成小康社会，是党向人民、向历史作出的庄严承诺，是实现中华民族伟大复兴中国梦的关键一步；在"四个全面"战略布局中，全面建成小康社会是战略目标、居于引领地位，全面深化改革、全面依法治国、全面从严治党是三大战略举措；全面小康，覆盖的领域要全面、是"五位一体"全面进步，覆盖的人口要全面、是惠及全体人民的小康，覆盖的区域要全面、是城乡区域共同的小康；小康不小康，关键看老乡，全面建成小康社会最艰巨最繁重的任务在农村特别是在贫困地区；必须尽快把影响如期实现全面建成小康社会目标的短板补齐；全面建成小康社会要靠实干，基本实现现代化要靠实干，实现中华民族伟大复兴要靠实干；等等。习近平总书记亲自谋划、亲自指挥、亲自推动全面小康社会建设，团结带领全党和全国人民，战贫困、促改革、抗疫情、治污染、化风险，着力提升人民群众获得感、幸福感、安全感，

2017 年 10 月 1 日在北京东单路口拍摄的"五位一体"花坛

新华社记者李贺 摄

解决了许多长期想解决而没有解决的难题，办成了许多过去想办而没有办成的大事，党和国家事业取得历史性成就、发生历史性变革。以习近平同志为核心的党中央，团结带领全党和全国人民，锚定这个宏伟目标，统筹推进"五位一体"总体布局，协调推进"四个全面"战略布局，攻坚克难，奋发有为，向着全面建成小康社会进军。

抗击新冠肺炎疫情

新冠肺炎疫情是新中国成立以来发生的传播速度最快、感染范围最广、防控难度最大的重大突发公共卫生事件。

2019 年底，新型冠状病毒肺炎突袭武汉。疫情的发展势头超出了估计，随着病例的迅猛增加，一时间，医院告急，医务人员告急，抗疫物资告急！一方有难，八方支援。人民子弟兵来了，外地医疗队来了；防疫物资来了，蔬菜也来了……全国的人力物力资源，像一架马力全开的机器，短时间内迅速向武汉集中！

以习近平同志为核心的党中央坚持把人民生命安全和身体健康放在第一位，第一时间实施集中统一领导，中央政治局常委会、中央政治局先后召开 21 次会议研究决策，坚决打赢疫情防控阻击战。为打赢武汉保卫战、湖北保卫战，中央组织实施空前规模的生命大救援，用十多天时间先后建成火神山医院和雷神山医院，大规模改建 16 座方舱医院，迅速开辟 600 多个集中隔离点，19 个省区市对口帮扶除武汉以外的 16 个市州，346 支国家医疗队、4 万多名医护人员赶赴支援。

2020 年 3 月 10 日，在抗疫关键时刻，习近平总书记赴武汉考察疫情防控工作。在火神山医院指挥中心，他视频连线医务人员代表时说："你们都穿着防护服、戴着口罩，我看不到你们完整的面容，但你们是我心目中最可爱的人！"他视频连线感染科病房，与病房内患者和医务人员亲切交流。在东湖新城社区，他同社区工作者、基层民警、医生、志愿者等亲切交流，详细询问社区群众生活物资采购和供应情况，强调要千方百计保障好群众基本生活。社区居家隔离的居民群众看到习近平总书记来了，纷纷从阳台和窗户探出头来，挥手向总书记问好，有的摇着国旗高呼："中国加油！武汉加油！"习近平总书记不时驻足，微笑着向大家挥手致意。

万众一心一起抗，一起扛！党团结带领全国各族人民，进行了一场惊心动魄的抗疫大战，经受了一场艰苦卓绝的历史大考，付出巨大努力，取得抗击新冠肺炎疫情斗争重大战略成果，创造了人类同疾病斗争史上又一个英勇壮举。

完成对人民的庄严承诺

"十三五"时期是全面建成小康社会的决胜阶段。2015年10月，党中央召开十八届五中全会，制定"十三五"规划纲要。《纲要》明确了指导思想，成为全面建成小康社会决胜阶段的行动指南。以习近平同志为核心的党中央团结带领全党全国各族人民砥砺前行、开拓创新，奋发有为推进党和国家各项事业，我国的经济实力、科技实力、综合国力跃上新的大台阶。

经济实力大幅跃升。2020年在新中国历史上极不平凡，面对突如其来的新冠肺炎疫情、世界经济深度衰退等多重严重冲击，在以习近平同志为核心的党中央坚强领导下，全国各族人民顽强拼搏，疫情防控取得重大战略成果，在全球主要经济体中唯一实现经济正增长，交出一份人民满意、世界瞩目、可以载入史册的答卷。2016年至2019年，国内生产总值年均实际增长6.7%，在世界主要经济体中名列前茅。2019年，人均国内生产总值按年平均汇率折算达到10276美元，稳居上中等收入国家行列。制造业增加值连续十年居世界首位，220多种工业产品产量居世界第一。2016年至2019年，我国对世界经济增长的年均贡献率近30%，继续担当世界经济增长的火车头。2021年经济保持恢复发展，国内生产总值达到114万亿元，

增长 8.1%。创新能力进一步增强，经
济结构和布局继续优化，改革开放不断
深化。

科技实力跨越式发展。科技支撑起
小康梦。新中国成立初期，我国连火柴、
铁钉都要依靠进口。而今，我国在载人
航天、探月工程、超级计算、量子通信、
大飞机制造、航空母舰、北斗卫星导航
系统等基础和前沿领域取得一大批标
志性成果，中国跻身创新型国家行列，
正在从科技大国迈向科技强国。科技广泛应用于生产领域，创新驱动
发展成效显著，科技进步贡献率超过 60%。科技显著提升治理水平，
数字政府、数字社会、数字乡村、智慧城市、"互联网＋政务服务"
等加快普及，网格化网络化智能化治理渐成常态。科技深刻改变人们
的生活，网络点餐购物、移动扫码支付、网约车出行、共享单车出行、
线上办公、在线教育、远程医疗、智能家居等，给人们带来的不仅是
更多的便利，还有更充分的自由、更全面的发展。

生态环境发生历史性变化。污染防治成效明显。地表水水质优
良率达到 83.4%，居民集中式生活饮用水水源达标率为 94.5%，地级
及以上城市建成区黑臭水体已基本消除；受污染耕地安全利用率达到
90% 左右、污染地块安全利用率达到 93% 以上，如期实现固体废物进
口清零目标。人们呼吸的空气更清新了、喝的水更干净了、吃的食物
更放心了、生活的环境更优美了，切实感受到环境变化带来的幸福和

2020 年拍摄的港珠澳大桥（无人机全景照片） 新华社记者陈晔华 摄

美好，对蓝天白云、清水绿岸的满意度和获得感进一步提升。2020 年，中国民众对生态环境质量的满意度达 89.5%。

现代基础设施日益完善。"五纵五横"综合运输大通道基本贯通，高速铁路、高速公路、城市轨道交通运营总里程和港口深水泊位数量均居世界第一，民航运输总周转量连续多年位居世界第二，中国加快向交通强国迈进。四通八达的交通网络深刻影响了城市格局、人口布局和经济版图，深刻改变了人们的生活圈、工作圈。能源供给保障能力和能源开发技术水平持续提升，能源开发效率明显提高，基本形成煤、油、气、核和可再生能源多轮驱动高质量发展的能源生产体系。水利基础设施不断完善，中国以占世界 6% 的淡水资源支持和保障了占世界近 20% 的人口和 17% 的经济总量。互联网基础设施建设加速推进，网络覆盖越来越广、资费越来越低、网速越来越快，随时随地可以一键互联、一"网"打尽，信息高速路畅通了人民幸福路。

区域协调发展呈现新格局。中国幅员辽阔、人口众多，各地区自然资源禀赋差别大、发展不平衡。经过长期努力，统筹区域发展取得重大进展，东部地区率先发展，西部大开发、东北振兴、促进中部地区崛起等区域发展战略相继实施，京津冀协同发展、长江经济带发展、粤港澳大湾区建设、长三角区域一体化发展、黄河流域生态保护和高质量发展等区域发展重大战略高质量推进，主体功能区战略和制度逐步完善，形成了国土空间布局更加优化，东西南北中纵横联动，主体功能明显、优势互补的区域协调发展新格局。

脱贫攻坚成果举世瞩目。经过全党全国各族人民共同努力，我国脱贫攻坚战取得了全面胜利，现行标准下 9899 万农村贫困人口全部脱贫，832 个贫困县全部摘帽，12.8 万个贫困村全部出列，区域性整体贫困得到解决，完成了消除绝对贫困的艰巨任务，创造了又一个彪炳史册的人间奇迹。脱贫地区经济社会发展大踏步赶上来，整体面貌发生历史性巨变。

人民生活水平显著提高。居民收入持续增加，全国居民人均年可支配收入从 1978 年的 171 元增加到 2021 年的 35128 元。城乡居民恩格尔系数分别从 1978 年的 57.5%、67.7% 下降到 2021 年的 28.6%、32.7%，城乡居民生活质量不断提升。温饱问题解决后，人们对生活品质、品位有了更高的追求，衣食住行不断升级，消费结构从生存型逐渐向发展型、享受型过渡。衣，从穿暖到穿美、穿出时尚；食，从吃饱到吃好、吃出健康；住，从有所居到更敞亮、更宜居；行，从便利通畅到快捷舒适。吃穿用有余，家电全面普及，乘用汽车快速进入寻常百姓家。餐饮、健康、教育、旅游、文娱等服务性消费持续快速增长，在居民人均消费支出中占比逐渐达到一半左右。越来越多的人有"钱"有"闲"，"诗和远方"更加触手可及，"说走就走"不再是梦想，旅游扮靓人们的幸福生活，中国正在进入大众旅游时代。

社会保障惠及全民。中国基本建成包括社会保险、社会救助、社会福利、社会优抚在内的世界上规模最大的社会保障体系，正向全覆盖、保基本、多层次、可持续的目标迈进。截至 2021 年 6 月底，全国基本养老、失业、工伤保险参保人数分别达到 10.14 亿人、2.22 亿人、2.74 亿人，基本医疗保险覆盖超过 13 亿人。生育保险依法覆盖所有用工单位及职工。住房保障力度不断加大，累计建设各类保障性住房和棚改安置房 8000 多万套，帮助两亿多困难群众改善住房条件，低保、低收入住房困难家庭基本实现应保尽保，中等偏下收入家庭住房条件有效改善。积极应对人口老龄化上升为国家战略，居家社区机构相协调、医养康养相结合的养老服务体系加快建立，多数城市社区初步形成助餐、助医、助洁等为主体的"一刻钟"居家养老服务圈，越来越多的农村社区建起村级幸福院、日间照料中心等养老服务设施，城乡普惠型养老服务、互助型养老进一步发展，广大老年人不离家、不离村就能享受到专业养老服务，老有所养、老有所依、老有所乐、老有所安的目标不断实现。残疾人权益保障更加有力，8500 万残疾人同步迈入小康。儿童福利和未成年人保护体系不断完善，有力保障了儿童健康和全面发展。越织越密的社会保障安全网，充分发挥可持续的托底作用，人们工作更安心、生活更舒心、对未来更有信心。

全面建成小康社会，是中国共产党确定的"两个一百年"奋斗目标的第一个百年奋斗目标。我们党创造性地使用"小康"概念，立足我国发展情况提出小康目标和全面建设小康社会战略目标，并根据不同历史时期不断变化的实际对目标体系进行调整和完善，得到了最广大人民的理解和支持，调动了全国人民的无限热情和积极性。我们党扭住这个奋斗目标，一茬接着一茬干，一棒接着一棒跑。

党的十八大以来，以习近平同志为核心的党中央团结带领全国各族人民，咬定全面建成小康社会战略目标不放松，坚忍不拔、锲而不舍，万众一心加油干，越是艰险越向前，夺取全面建成小康社会决胜阶段的伟大胜利，实现了第一个百年奋斗目标，兑现了我们党对历史、对人民的庄严承诺。

中国的全面小康，是中国人民依靠自己的辛劳和智慧，拼搏奋斗出来的。中国共产党团结带领人民，白手起家、自力更生、艰苦奋斗，干出了一片新天地，实现了千百年来梦寐以求的小康。中国全面建成小康社会，为人类走向现代化探索了新路径。当今世界，仍面临着严重的发展困境。中国共产党立足中国国情，把握经济社会发展规律，在中国大地上探寻适合自己的道路和方法，全面建成小康社会，走出了一条中国式现代化新道路，创造了人类文明新形态。

中国共产党的领导是中国全面建成小康社会的根本保证。党充分发挥总揽全局、协调各方的作用，充分发挥中国特色社会主义制度优势，把亿万人民团结和凝聚起来，汇聚起小康社会建设的磅礴力量。一代又一代中国共产党人，弘扬伟大建党精神，顽强拼搏、不懈奋斗，为实现全面小康付出巨大牺牲。没有中国共产党的领导，就没有全面建成小康。中国共产党是中国人民过上好日子的领路人，党和人民同心同德、苦干实干，中国人民的日子越过越好！

14. 擘画未来：迈向社会主义现代化强国

全面建成小康社会，实现了中国现代化建设的阶段性目标，中华民族伟大复兴向前迈出了新的一大步。站在新的历史起点上，中国共产党团结带领中国人民，意气风发地踏上了全面建设社会主义现代化国家、实现中华民族伟大复兴的新征程。

最伟大的梦想

建设富强民主文明和谐美丽的社会主义现代化强国，实现中华民族伟大复兴，是鸦片战争以来中国人民最伟大的梦想。今天，我们的一切奋斗归根到底都是为了实现这一伟大目标。中国人民前进的脚步不可阻挡，中华民族伟大复兴的趋势不可改变。新时代是中华民族实现伟大复兴的关键时期。我们比历史上任何时期都更接近中华民族伟大复兴的目标，比历史上任何时期都更有信心、有能力实现这个目标。

中国全面建成了小康社会，但发展不平衡不充分问题仍然突出。重点领域关键环节改革任务仍然艰巨，创新能力不适应高质量发展要求，农业基础还不稳固，城乡区域发展和收入分配差距较大，生态环保任重道远，民生保障存在短板，社会治理还有弱项。中国共产党将团结带领人民继续奋斗，付出更加艰巨、更加艰苦的努力，不断把为人民造福事业推向前进。

当今世界正经历百年未有之大变局，新一轮科技革命和产业变革深入发展，国际力量对比深刻调整，和平与发展仍是时代主题。百年变局与世纪疫情交织叠加，经济全球化遭遇逆流，全球深层次矛盾突出，不稳定性不确定性增加，维护世界和平、促进共同发展面临更多挑战。

经过长期奋斗，中国发展取得巨大成就，积累了坚实基础，完全有能力、有信心、有底气实现第二个百年奋斗目标，创造让世界刮目相看的新的更大奇迹。面向未来，中国将把握新发展阶段、贯彻新发展理念、构建新发展格局，深入推进中国式现代化，在实现高质量发展中推动人的全面发展、全体人民共同富裕不断取得实质性进展。

战略安排

党的十九大作了新时代中国特色社会主义发展的战略安排。从2020年到本世纪中叶，分两个阶段来安排。第一个阶段，从2020年到2035年，在全面建成小康社会的基础上，再奋斗15年，基本实现社会主义现代化。到那时，我国经济实力、科技实力将大幅跃升，跻身创新型国家前列；人民平等参与、平等发展权利得到充分保障，法治国家、法治政府、法治社会基本建成，各方面制度更加完善，国家治理体系和治理能力现代化基本实现；社会文明程度达到新的高度，国家文化软实力显著增强，中华文化影响更加广泛深入；人民生活更为宽裕，中等收入群体比例明显提高，城乡区域发展差距和居民生活水平差距显著缩小，基本公共服务均等化基本实现，全体人民共同富裕迈出坚实步伐；现代社会治理格局基本形成，社会充满活力又和谐有序；生态环境根本好转，美丽中国目标基本实现。第二个阶段，从2035年到本世纪中叶，在基本实现现代化的基础上，再奋斗15年，把我国建成富强民主文明和谐美丽的社会主义现代化强国。到那时，我国物质文明、政治文明、精神文明、社会文明、生态文明将全面提升，实现国家治理体系和治理能力现代化，成为综合国力和国际影响力领先的国家，全体人民共同富裕基本实现，我国人民将享有更加幸福安康的生活，中华民族将以更加昂扬的姿态屹立于世界民族之林。

2020年10月29日，党的十九届五中全会通过了《中共中央关于制定国民经济和社会发展第十四个五年规划和二〇三五年远景目标的建议》。

"十四五"时期是我国在全面建成小康社会、实现第一个百年奋斗目标之后，乘势而上开启全面建设社会主义现代化国家新征程、向第二个百年奋斗目标进军的第一个五年。全会提出了"十四五"时期经济社会发展主要目标，这就是：经济发展取得新成效，在质量效益明显提升的基础上实现经济持续健康发展，增长潜力充分发挥，国内市场更加强大，经济结构更加优化，创新能力显著提升，产业基础高级化、产业链现代化水平明显提高，农业基础更加稳固，城乡区域发展协调性明显增强，现代化经济体系建设取得重大进展；改革开放迈出新步伐，社会主义市场经济体制更加完善，高标准市场体系基本建成，市场主体更加充满活力，产权制度改革和要素市场化配置改革取得重大进展，公平竞争制度更加健全，更高水平开放型经济新体制基本形成；社会文明程度得到新提高，社会主义核心价值观深入人心，人民思想道德素质、科学文化素质和身心健康素质明显提高，公共文化服务体系和文化产业体系更加健全，人民精神文化生活日益丰富，中华文化影响力进一步提升，中华民族凝聚力进一步增强；生态文明建设实现新进步，国土空间开发保护格局得到优化，生产生活方式绿色转型成效显著，能源资源配置更加合理、利用效率大幅提高，主要污染物排放总量持续减少，生态环境持续改善，生态安全屏障更加牢固，城乡人居环境明显改善；民生福祉达到新水平，实现更加充分更高质量就业，居民收入增长和经济增长基本同步，分配结构明显改善，基本公共服务均等化水平明显提高，全民受教育程度不断提升，多层次社会保障体系更加健全，卫生健康体系更加完善，脱贫攻坚成果巩固拓展，乡村振兴战略全面推进；国家治理效能得到新提升，社会主义民主法治更加健全，社会公平正义进一步彰显，国家行政体系更加完善，政府作用更好发挥，行政效率和公信力显著提升，社会治理特别是基层治理水平明显提高，防范化解重大风险体制机制不断健全，突发公共事件应急能力显著增强，自然灾害防御水平明显提升，发展安全保障更加有力，国防和军队现代化迈出重大步伐。

全会提出了到 2035 年基本实现社会主义现代化远景目标，这就是：我国经济实力、科技实力、综合国力将大幅跃升，经济总量和城乡居民人均收入将再迈上新的大台阶，关键核心技术实现重大突破，进入创新型国家前列；基本实现新型工业化、信息化、城镇化、农业现代化，建成现代化经济体系；基本实现国家治理体系和治理能力现代化，人民平等参与、平等发展权利得到充分保障，基本建成法治国家、法治政府、法治社会；建成文化强国、教育强国、人才强国、体育强国、健康中国，国民素质和社会文明程度达到新高度，国家文化软实力显著增强；广泛形成绿色生产生活方式，碳排放达峰后稳中有降，生态环境根本好转，美丽中国建设目标基本实现；形成对外开放新格局，参与国际经济合作和竞争新优势明显增强；人均国内生产总值达到中等发达国家水平，中等收入群体显著扩大，基本公共服务实现均等化，城乡区域发展差距和居民生活水平差距显著缩小；平安中国建设达到更高水平，基本实现国防和军队现代化；人民生活更加美好，人的全面发展、全体人民共同富裕取得更为明显的实质性进展。

党的第三个历史决议，展望了新时代的中国共产党。明确提出，全党要牢记中国共产党是什么、要干什么这个根本问题，把握历史发展大势，坚定理想信念，牢记初心使命，始终谦虚谨慎、不骄不躁、艰苦奋斗，从伟大胜利中激发奋进力量，从弯路曲折中吸取历史教训，不为任何风险所惧，不为任何干扰所惑，决不在根本性问题上出现颠覆性错误，以咬定青山不放松的执着奋力实现既定目标，以行百里者半九十的清醒不懈推进中华民族伟大复兴。

"十四五"规划、党的第三个历史决议和2035年远景目标，为全党全国各族人民指出了光明的前景和奋斗方向。在以习近平同志为核心的党中央坚强领导下，我们一定能夺取建设社会主义现代化国家新胜利。到21世纪中叶，中国将建成富强民主文明和谐美丽的社会主义现代化强国。到那时，中国物质文明、政治文明、精神文明、社会文明、生态文明将全面提升，实现国家治理体系和治理能力现代化，成为综合国力和国际影响力领先的国家，全体人民共同富裕基本实现，中国人民将享有更加幸福安康的生活，中华民族将以更加昂扬的姿态屹立于世界民族之林。

– 结束语 –

　　全面建成小康社会，是"两个一百年"奋斗目标的第一个百年奋斗目标，是实现中华民族伟大复兴中国梦的关键一步，是中国共产党对人民和历史作出的庄严承诺。如期实现全面建成小康社会，具有极为重大的意义。

　　全面建成小康社会，是中华民族的伟大光荣！全面建成小康社会，实现了千百年来中华民族的热烈期盼。从百年前饱受欺凌屈辱到实现全面小康，中华民族无比自豪地站立在世界民族之林。全面建成小康社会，全面见证了中国奇迹，中国人民在解决温饱的基础上，过上殷实宽裕的生活。全面小康，是没有人掉队的小康，是惠及全体人民的小康，这是中国历史上亘古未有的伟大跨越，彰显了中华民族对美好生活的向往追求和历经磨难始终不屈不挠、敢于斗争、敢于胜利的精神品格，极大增强了民族自信心自豪感，极大增强了中华民族实现伟大复兴的能力和力量。全面建成小康社会是中华民族伟大复兴承上启下的关键阶段，具有里程碑意义，将为实现中华民族伟大复兴创造新的历史起点，为实现第二个百年目标奠定坚实基础。中华民族从来没有像今天这样目标一致、万众一心，中国人民从来没有像今天这样展现出空前的奋发精神。

全面建成小康社会，是中国人民的伟大光荣。从百年前受奴役受压迫到物质上富起来、精神上强起来，中国人民无比自豪地行进在中国特色社会主义道路上。幸福美好的小康生活，凝聚着中国人民的聪明才智，浸透着中国人民的辛勤汗水，淬炼了中国人民自强不息的奋斗精神，彰显了中国人民为实现梦想顽强拼搏、"敢教日月换新天"的意志品质。中国人民是勤劳勇敢的人民，是伟大、光荣、英雄的人民。

全面建成小康社会，是中国共产党的伟大光荣。从百年前只有50多名党员到拥有9600多万名党员、领导着14亿多人口大国、具有重大全球影响力的世界第一大执政党，中国共产党无比自豪地走在时代前列。2016年7月1日，习近平总书记在庆祝中国共产党成立95周年大会上的讲话中指出："全面建成小康社会，是我们党向人民、向历史作出的庄严承诺，是13亿多中国人民的共同期盼。"他强调这一庄严承诺"必须实现，而且必须全面实现，没有任何讨价还价的余地"。如期实现全面建成小康社会，我们党兑现了对人民和历史的庄严承诺，彰显了党为中国人民谋幸福、为中华民族谋复兴的初心使命，彰显了中国共产党是中国人民攻坚克难、开拓前进的领导者和主心骨。这对加强和巩固我们党的领导地位和执政地位，确保中国这艘巨轮行稳致远具有极为重要的历史意义。党用实际行动，赢得了人民的信赖和拥护。

全面建成小康社会在世界社会主义发展史和人类社会发展史上具有重大意义。世界社会主义在500多年的发展进程中，有高潮也有低谷。20世纪80年代末90年代初的东欧剧变、苏联解体，使社会主义陷入低谷。在这种情况下，中国特色社会主义成为世界社会主义事业的主要代表。如期全面建成小康社会是中国特色社会主义理论和实践探索取得重大胜利的重要标志，展现了中国特色社会主义事业的美好前景，充分展现了社会主义制度的巨大优越性和强大生命力，将极大鼓舞世界上赞同和向往社会主义的人们进一步坚定社会主义和共产主义信念。在全面建成小康社会的历史进程中，中国开展了大规模的系统性扶贫减贫行动，书写了人类历史上最为波澜壮阔的减贫篇章，为人类减贫事业贡献了中国智慧和中国方案，也为世界其他发展中国家提供了有益借鉴。全面建成小康社会，是中国对世界的伟大贡献。不断富裕起来的中国人民，不断发展进步的中国，为维护世界和平、促进共同发展注入了正能量，彰显了构建人类命运共同体、建设美好世界的中国力量。

全面建成小康社会后，中国共产党将继续带领全国各族人民为实现第二个百年奋斗目标而努力，开启全面建设社会主义现代化国家的新征程。前路不会平坦，前景光明辽阔。在生机勃勃的新时代，伟大斗争在考验着我们，伟大工程在锻造着我们，伟大事业在引领着我们，伟大梦想在感召着我们，让我们更加紧密地团结在以习近平同志为核心的党中央周围，全面贯彻习近平新时代中国特色社会主义思想，真抓实干、埋头苦干，中华民族伟大复兴的中国梦一定会实现！

经济社会发展统计图表：建档立卡户"两不愁三保障"和饮水安全有保障实现情况
——国家脱贫攻坚普查主要结果之一

单位：%

指标	国家贫困县	非国家贫困县
不愁吃（平时能吃得饱且能适当吃好）	全面实现	全面实现
其中：随时能吃肉蛋奶或豆制品的户数比重	98.94	99.03
不愁穿（一年四季都有应季的换洗衣物和御寒被褥）	全面实现	全面实现
义务教育有保障	全面实现	全面实现
义务教育阶段适龄少年儿童中在校的人数比重	98.83	99.06
义务教育阶段适龄少年儿童中送教上门的人数比重	0.26	0.57
义务教育阶段适龄少年儿童中因身体原因不具备学习条件、休学、延缓入学、已初中毕业等不在校的人数比重	0.91	0.37
基本医疗有保障	全面实现	全面实现
建档立卡人口中参加城乡居民基本医疗保险的人数比重	99.85	99.74
建档立卡人口中参加职工基本医疗保险的人数比重	0.14	0.24
建档立卡人口中新生儿等正在办理参保手续、处于参军等特殊保障状态或暂时不需要的人数比重	0.01	0.01
住房安全有保障	全面实现	全面实现
现住房鉴定或评定安全，或有其他安全住房居住的户数比重	43.74	58.26
享受危房改造政策的户数比重	42.25	34.70
享受易地扶贫搬迁政策的户数比重	14.01	7.04
饮水安全有保障	全面实现	全面实现
供水入户的户数比重	93.67	84.25
未供水入户但取水方便的户数比重	6.33	15.75
全年不缺水的户数比重	99.86	99.95
全年供水有基本保障但有少量天数缺水的户数比重	0.14	0.05

注：按照党中央、国务院决策部署，我国于 2020 年至 2021 年年初分两批在中西部 22 省（区、市）开展了国家脱贫攻坚普查。普查对 832 个国家扶贫开发工作重点县和集中连片特困地区县、享受片区政策的新疆维吾尔自治区阿克苏地区 7 个市县（统称国家贫困县），以及在中西部 22 省（区、市）抽取的 100 个非国家贫困县，共计 939 个普查县，19 万普查行政村和 1563 万建档立卡户逐一实地完成数据采集报送。本表数据均为普查登记时的数据，第一批普查登记时间为 2020 年 7 月至 8 月，第二批普查登记时间为 2020 年 12 月至 2021 年 1 月。由于四舍五入的原因，个别指标的分项之和不等于合计项。

（国家统计局提供）

经济社会发展统计图表：国家贫困县建档立卡户享受帮扶政策及基础设施和基本公共服务情况

——国家脱贫攻坚普查主要结果之二

指标	单位	数值
建档立卡户享受帮扶政策情况		
享受过产业帮扶政策的户数	万户	1465.8
享受过就业帮扶政策的户数	万户	1390.6
享受过健康帮扶政策的户数	万户	1476.6
享受过教育帮扶政策的户数	万户	807.1
享受过危房改造政策的户数	万户	626.2
享受过易地扶贫搬迁政策的户数	万户	207.7
享受过残疾人帮扶政策的户数	万户	338.3
享受过生态扶贫政策的户数	万户	1111.3
享受过资产收益扶贫政策的户数	万户	944.5
借过扶贫小额信贷发展产业的户数	万户	521.1
纳入最低生活保障范围的人数	万人	1109.0
生产生活基础设施		
通硬化路的行政村比重	%	99.6
通动力电的行政村比重	%	99.3
通信信号覆盖的行政村比重	%	99.9
通宽带互联网的行政村比重	%	99.6
医疗卫生设施及服务		
至少有一所县级公立医院（含中医院）的县比重 *	%	99.8
符合基本医疗有保障标准无需单独设立县级公立医院的县比重 *	%	0.2
所在乡镇有卫生院的行政村比重	%	99.8
符合基本医疗有保障标准所在乡镇可不设置卫生院的行政村比重	%	0.2
有卫生室或联合设置卫生室的行政村比重	%	96.3
符合基本医疗有保障标准可不设置卫生室的行政村比重	%	3.7
教育文化设施及服务		
有小学（教学点）的行政村比重	%	47.7
有小学的乡镇比重 *	%	98.5
有初中的乡镇比重 *	%	70.3
有初中的县比重 *	%	100.0
有寄宿制学校的乡镇比重	%	94.1
有公共图书馆的县比重 *	%	98.1
有综合文化站的乡镇比重 *	%	99.4
有图书室或文化站的行政村比重	%	98.9

注：国家脱贫攻坚普查对 832 个国家扶贫开发工作重点县和集中连片特困地区县、享受片区政策的新疆维吾尔自治区阿克苏地区 7 个市县（统称国家贫困县）的建档立卡户享受帮扶政策及基础设施和基本公共服务情况进行了调查，涉及 17 万个行政村、1482 万建档立卡户。本表数据标 * 的为 2019 年末数据，其他均为普查登记时的数据，或为建档立卡以来至普查登记时的数据。

（国家统计局提供）

经济社会发展统计图表：国民经济与社会发展取得辉煌成就

指标	单位	1978 年 绝对量	2020 年 绝对量	1979—2020 年 平均增速 (%)
国内生产总值（GDP）①	亿元	3678.7	1015986.2	9.2
第一产业	亿元	1018.5	77754.1	4.3
第二产业	亿元	1755.1	384255.3	10.2
第三产业	亿元	905.1	553976.8	10.2
国民总收入（GNI）①	亿元	3678.7	1008782.5	9.2
粮食产量	万吨	30477	66949	1.9
主要工业产品产量				
原煤	亿吨	6.2	39.0	4.5
原油	万吨	10405	19477	1.5
发电量	亿千瓦小时	2566	77791	8.5
粗钢	万吨	3178	106477	8.7
汽车	万辆	14.9	2532.5	13.0
铁路营业里程	万公里	5.17	14.63	2.5
公路里程 ②	万公里	89.02	519.81	4.3
全社会固定资产投资 ③	亿元	961	527270	19.0
社会消费品零售总额 ④	亿元	1558.6	391980.6	14.1
货物进出口总额 ⑤	亿元	355.0	321556.9	17.6
全国居民人均可支配收入 ⑥	元	171.2	32188.8	8.2
全国居民人均消费支出 ⑥	元	151.0	21209.9	7.5
一般公共预算收入 ⑦	亿元	1132.26	182894.92	12.9
一般公共预算支出 ⑦	亿元	1122.09	245588.03	13.7
外汇储备	亿美元	1.67	32165.22	—
年末参加基本养老保险人数	万人	5710 ⑧	99865	—
年末参加基本医疗保险人数	万人	400 ⑨	136131	—
医疗卫生机构床位数	万张	204.2	911.3 ⑩	3.6
在校学生数				
研究生 ⑪	万人	1.09	313.96 ⑩	14.4
普通本专科	万人	85.6	3285.3 ⑩	9.1
普通高中	万人	1553.1	2494.5 ⑩	1.1
贫困人口（2010 年标准）⑫	万人	77039	全部脱贫	—
贫困发生率（2010 年标准）	%	97.5	全部脱贫	—

注：①国内生产总值及国民总收入绝对量按当年价格计算，增速为不变价增速；1980 年后国民总收入与国内生产总值的差额为来自国外的初次分配收入净额；2020 年数据为初步核算数。② 2005 年起公路里程包括村道。③ 1978 年绝对量为 1981 年数据，1979—2020 年平均增速为 1982—2020 年平均增速。④社会消费品零售总额 1992 年及以前为社会商品零售总额，1997 年起不含居民购买住房。⑤1979 年以前为外贸部门数据，1980 年起为海关数据；2020 年数据为 2020 年 12 月海关月报数据。⑥1978—2012 年数据根据历史数据按住户收支与生活状况调查可比口径推算获得，2013—2020 年数据来源于住户收支与生活状况调查；居民收支平均增速为实际增速。⑦ 2019 年及以前各年数据为财政决算数，2020 年数据为预算执行数。⑧为 1989 年数。⑨为 1994 年数。⑩为初步数。⑪ 2017 年起，研究生在校生包含全日制、非全日制研究生和在职人员攻读硕士学位学生。⑫ 2010 年农村贫困标准为每人每年生活水平在 2300 元以下（2010 年不变价）。

（国家统计局提供）

经济社会发展统计图表：2021 年国民经济主要指标

指标	单位	12 月		1—12 月	
		绝对量	同比增长 (%)	绝对量	同比增长 (%)
一、国内生产总值	亿元	—	—	1143670	8.1
二、规模以上工业					
增加值	亿元	—	4.3	—	9.6
出口交货值	亿元	14866	15.5	145254	17.7
利润总额	亿元	—	—	87092	34.3
其中:国有控股企业	亿元	—	—	22770	56.0
其中:私营企业	亿元	—	—	29150	27.6
发电量	亿千瓦小时	7234	-2.1	81122	8.1
三、工业用电量	亿千瓦小时	—	—	55090	9.1
四、服务业生产指数	%	—	3.0	—	13.1
五、固定资产投资 (不含农户)	亿元	—	—	544547	4.9
其中:民间投资	亿元	—	—	307659	7.0
其中:房地产开发投资	亿元	—	—	147602	4.4
六、社会消费品零售总额	亿元	41269	1.7	440823	12.5
其中:实物商品网上零售额	亿元	—	—	108042	12.0
七、居民消费价格	%	—	1.5	—	0.9
商品零售价格	%	—	2.2	—	1.6
工业生产者出厂价格	%	—	10.3	—	8.1
八、城镇调查失业率	%	5.1	—	—	—
其中:31 个大城市城镇调查失业率	%	5.1	—	—	—
九、全国居民人均可支配收入	元	—	—	35128	8.1
全国居民人均消费支出	元	—	—	24100	12.6
十、全国一般公共预算收入	万亿元	—	—	20.25	10.7
全国一般公共预算支出	万亿元	—	—	24.63	0.3
十一、广义货币余额 (月末)	万亿元	238.3	9.0	—	—
社会融资规模存量 (月末)	万亿元	314.1	10.3	—	—
十二、制造业采购经理指数 (PMI) *	%	50.3	0.2		
非制造业商务活动指数 *	%	52.7	0.4		

注：国内生产总值、规模以上工业增加值、全国居民人均可支配收入和全国居民人均消费支出增速均为实际增速。31 个大城市是指 4 个直辖市和 27 个省会和首府城市。城镇调查失业率、31 个大城市城镇调查失业率、制造业采购经理指数、非制造业商务活动指数均为当月数。带 * 指标同比增长为比上月增减百分点。

（国家统计局提供）

经济社会发展统计图表：2021年全国各省（自治区、直辖市）主要经济指标

单位：%

地区	地区生产总值同比增速	规模以上工业增加值同比增速	固定资产投资（不含农户）同比增速	社会消费品零售总额同比增速	进出口总额同比增速	居民消费价格同比涨幅	居民人均可支配收入同比增速
北京	8.5	31.0	4.9	8.4	30.6	1.1	8.0
天津	6.6	8.2	4.8	5.2	16.3	1.3	8.2
河北	6.5	4.9	3.0	6.3	21.5	1.0	8.3
山西	9.1	12.7	8.7	14.8	48.3	1.0	8.8
内蒙古	6.3	6.0	9.8	6.3	17.2	0.9	8.3
辽宁	5.8	4.6	2.6	9.2	17.6	1.1	7.2
吉林	6.6	4.6	11.0	10.3	17.3	0.6	7.8
黑龙江	6.1	7.3	6.4	8.8	29.6	0.6	9.1
上海	8.1	11.0	8.0	13.5	16.5	1.2	8.0
江苏	8.6	12.8	5.8	15.1	17.1	1.6	9.5
浙江	8.5	12.9	10.8	9.7	22.4	1.5	9.8
安徽	8.3	8.9	9.4	17.1	26.9	0.9	10.0
福建	8.0	9.9	6.0	9.4	30.9	0.7	9.3
江西	8.8	11.4	10.8	17.7	23.7	0.9	9.3
山东	8.3	9.6	6.0	15.3	32.4	1.2	8.6
河南	6.3	6.3	4.5	8.3	22.9	0.9	8.1
湖北	12.9	14.8	20.4	19.9	24.8	0.3	10.6
湖南	7.7	8.4	8.0	14.4	22.6	0.5	8.9
广东	8.0	9.0	6.3	9.9	16.7	0.8	9.7
广西	7.5	8.6	7.6	9.0	21.8	0.9	8.8
海南	11.2	10.3	10.2	26.5	57.7	0.3	9.1
重庆	8.3	10.7	6.1	18.5	22.8	0.3	9.7
四川	8.2	9.8	5.9	15.9	17.6	0.3	9.6
贵州	8.1	12.9	-3.1	13.7	19.7	0.1	10.1
云南	7.3	8.8	4.0	9.6	16.8	0.2	10.2
西藏	6.7	12.9	-14.2	8.7	88.3	0.9	14.7
陕西	6.5	7.6	-3.0	6.7	25.9	1.5	8.9
甘肃	6.9	8.9	11.1	11.1	28.4	0.9	8.5
青海	5.7	9.2	-2.9	8.0	36.4	1.3	7.8
宁夏	6.7	8.0	2.2	2.6	73.4	1.4	8.4
新疆	7.0	8.8	15.0	17.0	5.8	1.2	9.4

注：地区生产总值为初步核算数。地区生产总值、规模以上工业增加值增速按可比价计算，为实际增速。进出口总额增速以人民币计价计算，计算口径为进出口商品收发货人所在地。

（国家统计局提供）

经济社会发展统计图表：2021 年世界前十大经济体主要经济指标情况

单位：%

国家	指标	季度				全年
		一季度	二季度	三季度	四季度	
美国	GDP 同比增速	0.5	12.2	4.9	5.5	5.7
	失业率	6.0	5.9	4.7	3.9	5.4
	CPI 同比涨幅	2.6	5.4	5.4	7.0	4.7
	进出口总额同比增速	4.2	36.8	21.2	20.6	10.1
中国	GDP 同比增速	18.3	7.9	4.9	4.0	8.1
	失业率	5.3	5.0	4.9	5.1	5.1
	CPI 同比涨幅	0.4	1.1	0.7	1.5	0.9
	进出口总额同比增速	39.2	36.4	24.9	23.3	30.0
日本	GDP 同比增速	-1.8	7.3	1.2	0.4	1.6
	失业率	2.7	2.9	2.8	2.7	2.8
	CPI 同比涨幅	-0.4	-0.5	0.2	0.8	-0.2
	进出口总额同比增速	4.2	33.7	30.7	26.0	23.0
德国	GDP 同比增速	-2.8	10.4	2.9	1.8	2.9
	失业率	3.9	3.6	3.4	3.2	3.6
	CPI 同比涨幅	2.0	2.1	4.1	5.7	3.2
	进出口总额同比增速	1.4	30.7	11.2	13.6	13.4
英国	GDP 同比增速	-5.0	24.5	6.9	6.6	7.4
	失业率	4.9	4.7	4.3	4.1	4.5
	CPI 同比涨幅	0.7	2.5	3.1	5.4	2.6
	进出口总额同比增速	-8.5	18.1	9.8	3.0	4.9
印度	GDP 同比增速	2.5	20.3	8.5	5.4	8.3
	失业率	6.5	9.2	6.9	7.9	7.8
	CPI 同比涨幅	5.5	6.3	4.4	5.7	5.1
	进出口总额同比增速	19.3	98.2	53.8	45.8	49.3
法国	GDP 同比增速	1.7	19.0	3.5	5.4	7.0
	失业率	8.2	8.1	7.6	7.5	7.9
	CPI 同比涨幅	1.4	1.9	2.7	3.4	2.1
	进出口总额同比增速	-3.2	40.4	14.1	18.8	16.0
意大利	GDP 同比增速	0.1	17.7	3.9	6.2	6.6
	失业率	10.1	9.4	9.0	8.9	9.5
	CPI 同比涨幅	0.6	1.3	2.9	4.2	1.9
	进出口总额同比增速	3.1	48.5	19.0	19.6	21.1
加拿大	GDP 同比增速	0.2	11.7	3.8	3.3	4.6
	失业率	7.5	7.6	7.0	6.0	7.5
	CPI 同比涨幅	2.2	3.1	4.4	4.8	3.4
	进出口总额同比增速	3.4	37.5	13.2	17.2	16.8
韩国	GDP 同比增速	1.9	6.0	4.0	4.1	4.0
	失业率	3.9	3.7	3.0	3.8	3.7
	CPI 同比涨幅	1.9	2.3	2.4	3.7	2.5
	进出口总额同比增速	12.4	39.9	31.7	31.4	28.5

注：根据世界银行发布的 2020 年世界各国 GDP 总量进行排序。中国数据来源于各有关部门，其他国家数据来源于各国统计局官方网站。失业率各季度数据为当季最后一个月月度值，其中英国失业率为截至当月的 3 个月移动平均。CPI 同比涨幅各季度数据为当季最后一个月月度值。中国进出口总额同比增速以美元计价计算；美国、英国进出口总额同比增速包括货物贸易和服务贸易，其他国家仅指货物贸易。

（国家统计局提供）

《邓小平文选》第二卷，人民出版社 1994 年版。

《邓小平文选》第三卷，人民出版社 1993 年版。

《江泽民文选》第一、二、三卷，人民出版社 2006 年版。

《胡锦涛文选》第一、二、三卷，人民出版社 2016 年版。

《习近平谈治国理政》第一卷，外文出版社 2018 年版。

《习近平谈治国理政》第二卷，外文出版社 2017 年版。

《习近平谈治国理政》第三卷，外文出版社 2020 年版。

中共中央文献研究室编：《习近平关于实现中华民族伟大复兴的中国梦论述摘编》，中央文献出版社 2013 年版。

中共中央文献研究室编：《习近平关于全面建成小康社会论述摘编》，中央文献出版社 2016 年版。

中共中央文献研究室编：《习近平关于协调推进"四个全面"战略布局论述摘编》，中央文献出版社 2015 年版。

中共中央文献研究室编：《十四大以来重要文献选编》（上），中央文献出版社 2011 年版。

中共中央文献研究室编：《十五大以来重要文献选编》（中），中央文献出版社 2011 年版。

中共中央文献研究室编：《十六大以来重要文献选编》（上），中央文献出版社 2011 年版。

中共中央文献研究室编：《十六大以来重要文献选编》（中），中央文献出版社 2011 年版。

中共中央文献研究室编：《十六大以来重要文献选编》（下），中央文献出版社 2011 年版。

中共中央文献研究室编：《十七大以来重要文献选编》（上），中央文献出版社 2009 年版。

中共中央文献研究室编：《十七大以来重要文献选编》（下），中央文献出版社 2013 年版。

中共中央文献研究室编：《十八大以来重要文献选编》（上），中央文献出版社 2014 年版。

本书编写组：《中国共产党简史》，人民出版社、中共党史出版社 2021 年版。

本书编写组：《中华人民共和国简史》，人民出版社、当代中国出版社 2021 年版。

本书编写组：《改革开放简史》，人民出版社、中国社会科学出版社 2021 年版。

中共中央党史研究室：《中国共产党的九十年》，中共党史出版社、党建读物出版社 2016 年版。

中共中央党史和文献研究院：《中国共产党的一百年》，中共党史出版社 2022 年版。

中共中央文献研究室编：《社会主义精神文明建设文献选编》，中央文献出版社 1996 年版。

中央文明办组织编写：《改革开放以来社会主义精神文明建设大事记》，辽宁人民出版社 2001 年版。

中华人民共和国国家统计局编：《科学发展谱新篇：从十六大到十八大》，中国统计出版社 2012 年版。

中华人民共和国国务院新闻办公室：《中国农村扶贫开发的新进展》，人民出版社 2011 年版。

中华人民共和国农业部编：《辉煌历程——纪念中国农村改革三十年》，中国农业出版社 2008 年版。

中共中央组织部党员教育中心组织编写：《小康中国——全面建成小康社会十讲》，人民出版社 2013 年版。

中共中央宣传部理论局编：《新中国发展面对面》，学习出版社、人民出版社 2019 年版。

中国科学院《科技纲要》编写组编：《邓小平科技思想学习纲要讲解》，中共中央党校出版社 1998 年版。

本书编写组：《全面建设小康社会专题讲座》，中共中央党校出版社 2002 年版。

农业部农村经济研究中心编：《农村改革发展与全面建成小康社会》，中国农业出版社 2013 年版。

国家发展改革委宏观经济研究院社会发展研究所：《民生：中国全面建设小康社会 40 年》，人民出版社 2018 年版。

国家统计局国民经济综合统计司编：《新中国六十年统计资料汇编》，中国统计出版社 2010 年版。

全国干部培训教材编审指导委员会组织编写：《决胜全面建成小康社会》，人民出版社、党建读物出版社 2019 年版。

全国干部培训教材编审指导委员会组织编写：《推动社会主义文化繁荣兴盛》，人民出版社、党建读物出版社 2019 年版。

中共中央文献研究室小康社会研究课题组编著：《小康社会理论与实践发展三十年》，中央文献出版社 2009 年版。

"改革开放口述史丛书"编委会：《云南改革开放口述史》《浙江改革开放口述史》，中共党史出版社 2018 年版。

欧阳淞、高永中主编：《改革开放口述史》，中国人民大学出版社 2018 年版。

金冲及：《二十世纪中国史纲》，社会科学文献出版社 2009 年版。

陈晋等：《为了初心和使命——中国共产党一路走来的故事》，人民出版社 2019 年版。

李颖：《细节的力量：新中国的伟大实践》，上海人民出版社、学林出版社 2019 年版。

马洪等主编：《当代中国经济》，中国社会科学出版社 1987 年版。

彭明主编：《20 世纪的中国——走向现代化的历程》，人民出版社 2010 年版。

马忠主编：《四个全面战略布局之全面建成小康社会》，人民出版社 2017 年版。

武力主编：《小康之路——生态文明篇》《小康之路——综述篇》《小康之路——政治篇》《小康之路——文化篇》《小康之路——社会篇》，北京时代华文书局 2013 年版。

黄蓉生主编：《全面建设小康社会研究》，中国人民大学出版社 2009 年版。

袁明全主编：《强国富民之路》，解放军出版社 1994 年版。

吴振坤:《经济体制改革与经济发展战略》,经济科学出版社 1998 年版。

顾海良、张雷声主编：《邓小平的经济思想》，中国经济出版社 1996 年版。

李君如：《全面建设小康社会综论》，江西高校出版社 2003 年版。

韩振峰：《从"总量翻两番"到"人均翻两番"——全面建设小康社会奋斗目标的新要求》，人民出版社 2008 年版。

李慎明主编：《马克思主义中国化与全面建设小康社会》，社会科学文献出版社 2005 年版。

钱念孙、罗晓帆：《世纪壮举：中国扶贫开发纪实》，安徽教育出版社 2000 年版。

张磊主编：《中国扶贫开发政策演变（1949—2005 年）》，中国财政经济出版社 2007 年版。

韩俊等：《破解三农难题：30 年农村改革与发展》，中国发展出版社 2008 年版。

孟彩云主编：《中国社会主义精神文明建设研究》，河南大学出版社 2004 年版。

雷明、李浩等：《中国扶贫》，清华大学出版社 2020 年版。

宋晓梧主编：《新中国社会保障和民生发展 70 年》，人民出版社 2019 年版。

文建龙：《中国共产党与中国扶贫事业》，社会科学文献出版社 2018 年版。

陈光金等：《改革开放与中国民生发展（1978—2018）》，社会科学文献出版社 2018 年版。

王汉斌：《王汉斌访谈录——亲历新时期社会主义民主法制建设》，中国民主法制出版社 2012 年版。

朱力宇主编：《彭真与我国的社会主义民主法制建设》，中国人民大学出版社 2014 年版。

《党的文献》《人民日报》等报刊，国家卫健委官网、中国网、中国政府网、央视网等网站资料。

后记

全面建成小康社会，实现第一个百年奋斗目标，在中国共产党奋斗史、新中国发展史、中华民族伟大复兴史上具有里程碑意义。

为生动记录中国共产党团结带领全国各族人民全面建成小康社会的光辉历程和伟大成就，特别是重点展示党的十八大以来，以习近平同志为核心的党中央团结带领全国各族人民攻坚克难、奋发有为、决战决胜，夺取了全面建成小康社会伟大胜利，历史性地解决了绝对贫困问题，书写了彪炳史册的人间奇迹，我们组织编写了《全面建成小康社会通俗读本》一书。本书被列入中宣部主题出版重点出版物选题和中央党史和文献研究院五年规划重点项目。

本书编写工作在中央党史和文献研究院院务会的指导下进行。王均伟同志确定书稿提纲并全程指导，纪晓华同志具体组织实施。张东明、单伟、朱志伟、李平、翟佳琪、孙迪、沈鹤、刘颖、成靓同志承担具体写作任务。王林育、毛胜、李红喜、吴伟锋、胡昌勇、闫笑岩同志提出修改建议。第七研究部宣教处承担了具体协调工作。

由于时间仓促和水平所限，本书难免存在一些差误和不妥之处，敬请读者批评指正。

2022 年 7 月

图书在版编目（CIP）数据

　全面建成小康社会通俗读本 / 中共中央党史和文献研究院
第七研究部著 . -- 北京：中央文献出版社，2022.11
　ISBN 978-7-5073-4909-2

　Ⅰ．①全… Ⅱ．①中… Ⅲ．①小康建设－中国－通俗读物
Ⅳ．① F124.7-49

　中国版本图书馆 CIP 数据核字（2022）第 123297 号

全面建成小康社会通俗读本
QUANMIAN JIANCHENG XIAOKANG SHEHUI TONGSU DUBEN

著　　　者：中共中央党史和文献研究院第七研究部

出 版 人：杨茂荣
出版统筹：吕奇伟
责任编辑：江　潮　叶　涛
装帧设计：尽　心
印刷监制：郑　刚

出版发行：中央文献出版社
地　　址：北京西四北大街前毛家湾 1 号
邮　　编：100017
网　　址：www.zywxpress.com
电子邮箱：zywx5073@126.com
销售热线：010-83089394 / 83072509 / 83072511 / 83089404 / 83072503
经　　销：新华书店
排　　版：北京星昊天展览展示有限公司
印　　刷：北京华联印刷有限公司

787mm×1092mm　16 开　22.25 印张　243 千字
2022 年 11 月第 1 版　2022 年 11 月第 1 次印刷
ISBN 978-7-5073-4909-2　定价：45.00 元